BEKH: DIE MÜNCHNER MALER

WOLFGANG JOHANNES BEKH

Die Münchner Maler

Von Jan Pollak bis Franz Marc

ILMGAU VERLAG PFAFFENHOFEN/ILM

Schutzumschlag unter Verwendung einer Fotographie von Joachim Blauel: Ölgemälde von Georg Desmarées, 1760: „Der Künstler mit seiner Tochter Maria Antonia"; Bayerische Staatsgemäldesammlungen, München

Satz und Druck: Ilmgaudruckerei Pfaffenhofen/Ilm
Printed in Germany
ISBN 3-7787-3049-5

München ist kein Zirkel mit
einem Zentrum und kaum eine
Ellipse mit zwei Brennpunkten,
überall sind nur Mittelpunkte.

Jean Paul

INHALT

mit geschichtlichem Abriß

HANS MIELICH

Vom Mittelalter zur Neuzeit

LIBERALITAS BAVARICA steht über dem Eingang der Pollinger Stiftskirche. In welchem Sinn aber? Gewiß nicht — weil es an dieser Stelle abwegig wäre — im Sinne von „Toleranz", sondern von „Freigebigkeit". Also: „Bayerische Freigebigkeit zur Ehre Gottes", Freigebigkeit, die an verschwenderische Kraftentfaltung grenzt, oder was der Münchner mit dem derberen Ausspruch von den „Bayerischen Spendierhosen" meint. Schließlich wurde jenes viel strapazierte Pollinger „Gewährenlassen" hinaufgesteigert zu einem „Das Andersartige gewähren lassen". Der jungen Zeit religiöser Inbrunst waren unsere späten Begriffe fremd. Wäre es anders, müßten wir auch auf die grausam inbrünstige Malerei solcher Zeit verzichten, an der sich die Verfechter der Pollinger Freisinnigkeit geschmäcklerisch delektieren.

Wenn wir von der Pollinger Kirche sprechen, werden wir uns daran erinnern, daß sie jahrhundertelang eines der bedeutendsten Werke mittelalterlicher Münchner Bildkunst barg, die Altäre des Meisters der Pollinger Tafeln aus der Mitte des 15. Jahrhunderts.

Die Anfänge der Münchner Malerei reichen noch weiter zurück, jedenfalls sind Maler in München seit den Jahren um 1390 und 1400 nachweisbar.

Von diesen Tagen ehrwürdigen Anfanges her sind zwei große Altartafeln der Augustinerkirche erhalten, deren Schöpfer namentlich nicht bekannt ist. Zu beiden Seiten eines überschlanken gekreuzigten Christus krümmen sich Maria und Johannes in namenlosem Schmerz, und ganz in solche Stimmung des Jammers ist die trübe, finstere Hintergrundslandschaft getaucht. Auf der zweiten Tafel ist das Wunder der Totenerweckung dargestellt, das der Apostel und Evangelist Johannes mit eindringlicher Gebärde an Drusiana vollzieht. Bei seiner Rückkehr von Patmos begegnet er am Stadttor von Ephesus einem Zug mit dem Leichnam der frommen Frau, die während seiner Abwesenheit das Volk unterwiesen hat. Er erweckt sie zu neuem Leben. Der Farbkörper des Bildes erhebt sich vor einem Silber- und Goldgrund, der an manchen Stellen in gleißender Helligkeit frei zu liegen scheint. Ebenso bei anderen Beispielen früher Malerei wirkt die Farbe wie vom Goldgrund durchglüht. Kaum mehr zugänglich ist uns die Frömmigkeit solcher Malerei und ihrer Meister, deren Werke Gebete waren. Gold, der edelste und teuerste Stoff, sollte Folie der Darstellung des Edelsten und Teuersten, der Heilsgeschichte, sein.

Als ein echt bayerischer Vorläufer barocker Votivtafelmalerei ist der Münchner Meister des 1422 gemalten Schlachtdankbildes an der Wand des Kirchleins von Hoflach bei Fürstenfeldbruck bezeichnet worden. Immerhin steht er dem bedeutenden Münchner Maler Angler nahe.

Von Gabriel Angler, dem Sohn eines begüterten Münchner Handwerksbürgers, wissen wir mehr. Er besaß ein stattliches Haus an der Nordseite des Schrannenplatzes, wo sich heute Hauberrißers viel zu mächtiger Rathausbau erhebt. Aber dennoch, dieser Maler, einer der ganz Großen, ist zu wenig bekannt. Vom Jahre 1434, in dem er zum ersten Mal erwähnt wird, bis 1437 schuf er ein wahres Wunderwerk, die vieltafelige Hochaltarfolge für die Marienkirche, die 1488 in den neuerbauten Liebfrauendom übernommen wurde. Nach vorhandenen Urkunden erhielt er dafür 2275 Gulden ausbezahlt. 1620 mußte der große Altar einem Werk Peter Candids weichen und ist seitdem verschollen, einer der schweren Verluste abendländischer Kunst.

Es ist vorgeschlagen worden, Gabriel Angler mit dem „Meister der Pollinger Tafeln“ zu identifizieren. Manche seiner Gemälde werden im Erzbischöflichen Klerikalseminar von Freising, auch in der Galerie des Stiftes Kremsmünster aufbewahrt. Als sein Hauptwerk aber dürfen die Pollinger Tafeln angesehen werden, auf die man seinen Notnamen zurückführte. Wenn wir diese auf Nadelholz gemalten Tafeln in der Alten Pinakothek besichtigen, verweilen wir zunächst bei den Flügelbildern des Marienaltars. Der Zyklus hebt mit der Verkündigung an. Außer der Jahreszahl 1444 sind zwei Wappen in die dargestellte Architektur gefügt. Wie sie besagen, ist der Altar eine Stiftung Herzog Albrechts III. von Bayern und seiner Gemahlin Anna, der rechtbürtigen Ehenachfolgerin Agnes Bernauers. Das Bild ist in ungebrochenen Farben gehalten, das Gemach zeigt einen roten Boden, weißgekalkte Wände und ein blaues Gewölbe mit goldenen Sternen. Die Geburt Christi mit den musizierenden und betenden Engeln, mit den vielzähligen Weidetieren, ist eine echte bayerische Krippe.

Der Pollinger Kreuzaltar dürfte wenige Jahre früher als der Marienaltar entstanden sein. Die Flügel zeigen die Legende der Gründung des Klosters Polling. Herzog Tassilo reitet, von drei Knappen begleitet, auf die Jagd. Eine Hirschkuh scharrt das Erdreich auf, aus dem das Stück eines Holzkreuzes sichtbar wird. Tassilo holt den Bischof zur Erhebung des Kreuzes. Das Kreuz wird von zwei Knechten vollends ausgegraben und in Gegenwart Tassilos vom Bischof geweiht. Die naiven Farbgegenüberstellungen des Werkes sind buchmalerisch illustrativ; bayerisches Naturerleben verraten die moosiggrünen Kräutl-, Gras- und Baumlandschaften.

Ein Meister ganz anderer Prägung als Gabriel Angler war der „junge Gabriel", der in München von 1439 bis 1467 ständig genannt wird, wohl wesensgleich mit Gabriel Mäleßkircher oder „Malitzkiercher", wie er seit 1461 heißt. Ein Erzbayer auch er, aber alles andere als naiv, hell und buchmalerisch. Vermutlich in der Weilheimer Malerschule gebildet, reifte er zu einsamer Größe. Er hatte eine Schwester des kunstliebenden Tegernseer Abtes Konrad Ayrinschmalz zur Frau und war hauptsächlich für das Kloster Tegernsee tätig. Von Mäleßkirchers für die Klosterkirche geschaffenen vierzehn großen Bildaltären haben sich nur Reste erhalten, und selbst sie sind namentlich ungesichert: Ein Breitbild der Schleißheimer Galerie, die Kreuztragung Christi, befindet sich im Bayerischen Nationalmuseum. Dort verwahrt man außerdem zwei Altarflügel, auf deren Vorderseiten Christus in Gethsemane und die Entkleidung des Heilands dargestellt sind, während beide Rückseiten die Enthauptung und Bestattung des heiligen Quirinus zeigen. Zum Vorrat der Münchner Pinakothek zählen Bilder mit Darstellungen von Benedikt, Scholastika und Quirinus, ferner ein Altarflügel mit dem heiligen Veit auf dem Wege zum Bankett und in der Löwengrube. Bei Aibling, in Lippertskirchen, hängt ein Flügel mit der Kreuzannaglung Jesu und der Beisetzung des heiligen Quirin. Gar ins Kaiser-Friedrich-Museum nach Berlin verschlug es einen Flügel mit der Auferstehung Christi und der Ermordung des Moabiterkönigs Eglon. Der aufgeklärte Minister Montgelas hat solche Zersplitterung zugelassen; als 1803 das Tegernseer Kloster aufgelöst wurde, hat man, was der Zerstörung entging, in alle Winde verstreut.

Das älteste erhaltene, lange Zeit Mäleßkircher zugeschriebene Fragment ist zweifellos die Grisailletafel der Alten Pinakothek, die sich im Stil wesentlich von den übrigen Tafeln unterscheidet, so daß man auf altburgundische Einflüsse geschlossen hat. In monochromer, steinfarbener Grau-in-grau-Malerei wird das Kreuzigungsgeschehen mit einer Deutlichkeit, Wucht und Grausamkeit abgehandelt, die ihresgleichen sucht. Man muß staunen, welcher Wirkung feinste Helldunkelabstufungen fähig sind. Der Architekturrahmen in den Ausmaßen von zwei mal drei Metern zeigt Prophetenstatuetten; hinter den von Skulptursäulen gelassenen Ausschnitten tut sich ein atemberaubender Blick auf: die hochragenden drei Kreuze, umwimmelt von Fußvolk und Reisigen, Johannes, den beiden Marien, Veronika mit dem Schweißtuch, den römischen Hauptleuten, den Knechten und würfelnden Soldaten. Feinst verästelte Gewandfalten, rieselnde Locken, hitzige Bewegungen, glänzende Rüstungen, massige Pferdeleiber, Leitern und Lanzen – alles in allem ein Bild von apokalyptischer Eindringlichkeit, das Max Beckmann (1884–1950) wieder und wieder staunend betrachtet hat. Neuere Forschung hat den Schöpfer dieser und verwandter

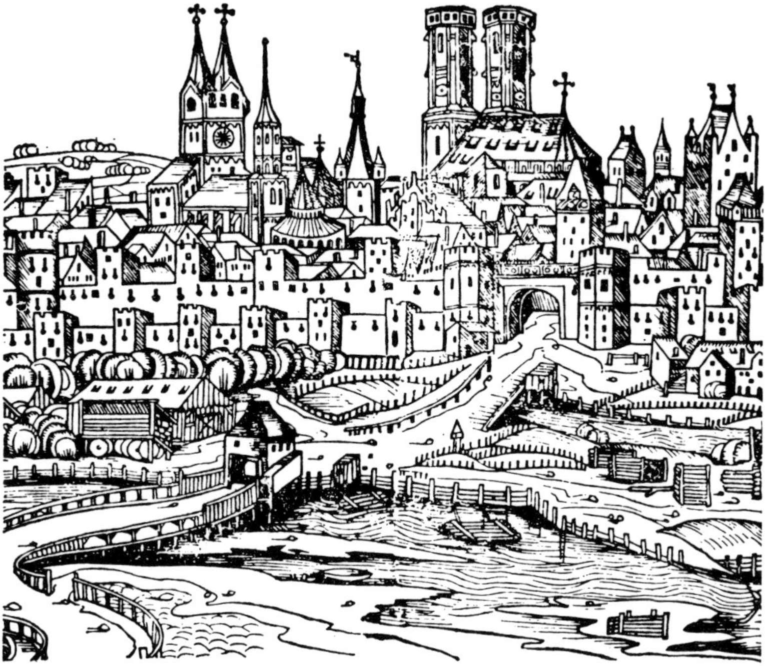

Michael Wolgemut: Ausschnitt der ältesten Darstellung Münchens in Schedels Weltchronik

Tafeln vorsichtiger „Meister der Tegernseer Passionstafeln“ genannt.

In einer Zeit, da sich der Künstler zu allererst als Diener Gottes verstand, gab es keine Signierungen. Nichts war unwichtiger als der Name. So können wir über jeden Zweifel erhabene Sicherheit nur selten haben. Urkundlich belegt ist dagegen, daß Mäleßkircher zweiter Bürgermeister von München war und daß in seiner Werkstatt um 1471 Michael Wolgemut (1434—1519) als Geselle diente, Albrecht Dürers nachmaliger Lehrmeister, von dem die erste Darstellung Münchens mit den ungekrönten Türmen der Frauenkirche stammt.

Wie groß die herrschende Unsicherheit ist, zeigt, daß die Werke eines unserer bedeutendsten Meister bis vor nicht allzu langer Zeit als „bayerisch“ oder „münchnerisch“ geführt werden mußten. Erst seit der Auffindung der entscheidenden Weihenstephaner Urkunden durch Michael Hartig im Jahre 1908 und der von Hans Buchheit 1909 betreuten Ausstellung der Altmünchner Tafelmalerei im Bayerischen Nationalmuseum wurde seine künstlerische Persönlichkeit eindeutig erkennbar. Der Münchner Meister, von dem die Rede ist, hatte längst, als Mäleßkircher 1495 starb, den Gipfel seiner Kunst erklommen: Jan Pollak. Der Name bezeichnet das Herkunftsland des vermutlich in Krakau geborenen Künstlers. Laut dem Münchner Steuerbuch wohnte er 1482 in der „inneren Stadt Petri“, seit 1486 in der Äußeren Schwabinger Gasse, der heutigen Theatinerstraße. Gleich Angler und Mäleßkircher war er mehrfach „Vierer“ (das baierische Wort „der Vierer“ bedeutet „der Vorderste“) der Münchner Malerzunft. Seine Arbeitskraft grenzte ans Unglaubliche. Er führte Altäre, Bildtafeln und Fresken für zahlreiche Kirchen und Klöster Münchens, so für die Augustiner-, Franziskaner-, Peters- und Frauenkirche, aber auch in der näheren und weiteren Umgebung, für Benediktbeuern, Altenhohenau, Traxl, Ilmmünster, Freising, Schliersee, Scheyern und Blutenburg, aus.

Die früheste bekannte Arbeit Pollaks ist vermutlich der 1479 gemalte Freskenzyklus des Pippinger Kirchleins, den Herzog Sigismund, der Anreger der Liebfrauenkirche, gestiftet hat. Münchens Pinakothek besitzt zwei Tafeln des in den Jahren 1484 und 1485 gemalten, mit den Pippinger Fresken verwandten Weihenstephaner Hochaltars: das Bärenwunder des heiligen Korbinian und den Tod des heiligen Korbinian mit weitem Ausblick auf die zwei Hügel von Freising und Weihenstephan.

Im Jahre 1489 malte Pollak die Pullacher Altäre, von denen heute noch zwei Flügel überraschender Schmuck des Pullacher Kirchleins sind, die Steinigung des heiligen Stephanus und die Veitslegende. Diese Arbeiten leiten zu dem reicheren und volleren Stil der neunziger Jahre über, der mit dem wuchtigen, kraftstrotzenden, vieltafeligen Münchner Petersaltar anhebt, einem Werk, das Herzog Albrecht IV. (Sigismunds Bruder) veranlaßte. Fünf Tafeln des ehemaligen Hochaltars mit Szenen aus der Petrus-und-Paulus-Legende gehören noch zur Ausstattung der Peterskirche. Ganz keck versetzte der Münchner aus Leidenschaft die Geschichte der Apostel in Straßenbilder Münchens. An dem Bild „Petrus im Gefängnis" hat Mair von Landshut mitgearbeitet, jener Hans Mair (um 1450 bis 1520), dessen Fußwaschung Petri (heute in der Domsakristei von Freising) bereits 1495 ein ganz anderes, ornamental-symmetrisches Streben erkennen läßt. In solchen Flächen und Geraden kündigt sich eine neue Zeit an. Ganz anders etwa Pollaks Fischzug Petri in der Sankt-Peters-Kirche: Vom Goldgrund hebt sich eine erregt zackige Landschaft ab. Der See trägt im Hintergrund das Boot, strotzend voll von den Aposteln, die ihre Netze einziehen. Im Vordergrund streckt der untersinkende Petrus zu dem links am Ufer stehenden Herrn hilfeflehend die Arme empor. Alles, von den aufgewühlten Wellen bis zum hochwirbelnden Mantel Petri, ist hier gespreizte Bewegtheit und aufpeitschende Unruhe. – Sechs weitere Tafeln des Meisterwerks werden heute im großen Kirchensaal des Bayerischen Nationalmuseums verwahrt: Sie zeigen Begebenheiten aus der Petrus-und-Paulus-Legende und Passionsszenen. Auch hier, bei der „Heilung des Besessenen", erkennen wir die mitarbeitende Hand Mairs von Landshut.

Unbeschadet der recht bescheidenen Hilfe seiner Gesellen war das eine gewaltige Aufgabe für ein einziges Jahr, denn schon 1491 finden wir Pollak am Werk in Herzog Sigismunds Schloßkirche von Blutenburg, wo er drei Altäre malt, den Flügelhochaltar mit dem goldgrundtiefen, zerklüftet-bewegten Gnadenstuhl (als „Not Christi" weltberühmt), der Taufe Jesu, der Marienkrönung und den vier Evangelisten, weiter den linken Seitenaltar, auf dem wir Christus mit Reichsapfel, Krone und Krönungsmantel als Weltenrichter und die Vierzehn Nothelfer sehen, sowie den rechten Seitenaltar mit der heiligen Sippe und jener unfaßbar schönen Verkündigung Mariä.

1492 vollendete Pollak den Hochaltar der Münchner Franziskanerkirche (wiederum eine Stiftung Albrechts IV.), der heute gleichfalls zu den Schätzen des Nationalmuseums zählt. Hier knien unter einer Darstellung der Geißelung Christi Herzog Albrecht IV. und seine Gemahlin Kunigunde; ein Schriftband gibt ihr Gebet wieder: „O Herr erparm Dich yber uns." – Die Pinakothek besitzt seine Darstellung der drei Stifter Benediktbeuerns aus dem Jahr 1494, der Zeit seiner höchsten Meisterschaft. Man wird nicht fertig, will man Pollaks Werke nennen. Die Frauenkirche weist vier Passionsszenen, Ölberg, Gefangennahme, Kreuzigung und Grablegung, auf, ihr schönster Besitz ist wohl die Schutzmantelmadonna.

Mit Jan Pollak findet die spätgotische Malerei Altbayerns ihren krönenden Abschluß. Die Luft einer bayerischen Stadt, die Nährkraft bayerischen Landes, die Ungebrochenheit bayerischen Bauernvolkes, hier haben sie einen fremden Künstler mit Haut und Haar erfaßt. Was ist es denn, das Eigentliche dieser Stadt, dieses Landes, dieses Volkes? Zeigt sich nicht mimische Ausdrucksfreudigkeit und Schaulust zugleich schon bei den Hinterglasmalereien, bei den Perchten, beim Volksschauspiel, beim Passionsspiel, bei den skurrilen, ineinander verschränkt bewegten Moriscatänzern Erasmus Grassers, dieser bayrischbürtigen Parallelgestalt Pollaks? Derbe Drastik und ungestüme Brutalität tritt, wie wir sahen, schon bei der früheren heimischen Malerei zutage, und als ihr enger Verwandter zeigt sich Pollak, wenn er mit wildem Temperament überscharf und ungebärdig charakterisiert, jäh die Handlung zuspitzt. Was Pollak schuf, widerspricht der gängigen Schulmeinung von München, und doch fand er hier ungeschmälerte Anerkennung, war selbst ein Ausdruck dieser alles andere als sanftmütigen Stadt.

Nichts als ein Vorurteil spricht auch aus dem Gemeinplatz vom „finsteren Mittelalter", auf dem es der Aufklärung so wohl gefiel. Wie grau ist die Zeit der Aufgeklärten, wenn man sie am Mittelalter mißt. Die einzigartigen Glasgemäldefenster der Augustinerkirche sind zwar verlorengegangen, Franziskanerkirche und Lorenzkirche sind verschwunden, die Fenster der Salvatorkirche, wohl die schönsten, sind im letzten Krieg zu Klumpen geschmolzen, so gibt uns einzig die reiche Altverglasung des Doms noch einen Begriff von der Farbenpracht des Mittelalters: Diese Glasbildfenster glimmen, leuchten und lodern, das silbrig-blaue Speculumfenster bezwingt uns, das Scharfzandtfenster mit dem Themenkreis des urbairischen Weihnachtsfestes ist gar ein einziger rot und grün glühender Farbenrausch. Die finsteren Hinterhöfe des neunzehnten Jahrhunderts mit ihren Reparaturwerkstätten und dem verrosteten Gerümpel des „Gewerbefleißes“ waren im Mittelalter blühende Gärten, von buntbemalten Loggien umrahmt. An allen Wänden prangte Malerei: Schmuck war die Seele der Architektur. Dazu denke man sich die leuchtendfarbigen, goldglänzenden Altäre und die Farbigkeit der Gewandung: Leben und Stadtbild waren eine einzige Malerlust.

Im vierzehnten Jahrhundert, zu Kaiser Ludwigs des Bayern Zeit, wird namentlich öfters ein Isan genannt, der für die Ludwigsburg, Mittelpunkt des Heiligen Römischen Reichs (den jetzigen „Alten Hof“), arbeitete. Vielleicht stammt von seiner Hand die 1963 freigelegte Bemalung mit großflächigen weiß-blauen und schwarz-goldenen Wecken. Gleichfalls neuerdings wurden farbenreiche figürliche Bemalungen von 1444 (dem Jahr der Pollinger Tafeln) in den Fensterleibungen freigelegt. Nicht viel, wenn man weiß, was verlorengegangen ist. Da malte Mäleßkircher seinen „Sankt Onuphrius“ an die Fassade eines Bürgerhauses nächst dem Alten Rathaus. Von Pollak ist ein Kreuzigungsfresko unter „unsers herrn thor“ (dem Schwabinger Tor an der Stelle der heutigen Feldherrnhalle) bezeugt, von seiner Hand auch stammte die Bemalung der vier Haupttore mit Mönch und Rauten, ferner am Schiffertor beim Viktualienmarkt, am Schönen Turm in der Kaufingergasse und am Rathausturm. Von ihm rührte auch ein recht aufwendiges Fresko her: „das Baierlandt an zwen thurn bei der Neuen Vest“ (der Vorläuferin der Residenz). Auch Ulrich Füetrer – eigentlich Furtter – (1430–1496), ein Zeitgenosse Pollaks, vorwiegend Buchminiaturmaler und glänzender Illustrator seiner eigenen Schriften, malte am Rathaus und am Rathausturm. Manches antikische Fabulieren in den Gemälden des freigeistigen Mannes verweist schon auf die Renaissance, die die Freskenkunst der Spätgotik fortsetzen sollte.

An dieser Zeitschwelle war der Maler Wolfgang Mielich in München tätig. Draußen in der Schwabinger Gasse hatte er Heim und Werkstatt, wo auch höchst alltägliche Anstreicherarbeiten von Dachrinnen und Fensterstöcken erledigt werden mußten. Wolfgang Mielichs künstlerische Erscheinung tritt als Rückwirkung des Ruhmes seiner zahlreichen Schüler ins Licht. Da stand 1520 Hans Schöpfer bei Wolfgang Mielich als Lehrling ein und wurde nach fünf Jahren als Meister entlassen. Zahlreiche Bildnisse, meist mit den Initialen HS und einem Schöpflöffel gezeichnet, der herzoglichen Auftraggeber und mancher Hofdamen, werden in Schleißheim und im Nationalmuseum verwahrt. Der genialische Bildnismaler und Kupferstecher Barthel Beham, 1502 in Nürnberg geboren, war Geselle in Wolfgang Mielichs Werkstatt. Die Pinakothek besitzt seine mit vollem Namen und dem bayerischen Wappen umständlich bezeichnete „Erprobung des Heiligen Kreuzes". Die Aufträge des bayerischen Herrscherhauses für den selbstbewußten jungen Hofmaler häuften sich, und Herzog Wilhelm IV. schickte ihn schließlich „von Erfahrenheit und Kunst wegen nach Italien", wo ihn im Jahre 1540 der Tod jäh aus einer ruhmreichen Laufbahn riß. Behams Witwe vermählte sich mit Ludwig Refinger (1510/15 bis 1549), einem dritten Schüler Wolfgang Mielichs. Refinger zahlte in der Vorderen Schwabinger Gasse, wo er wohnte, für seine Stiefkinder, die Kinder Barthel Behams, Steuern. Außer für die Schmückung der Landshuter Stadtresidenz wurde er von Herzog Wilhelm IV. für die Folge von Bildern zur alten Geschichte herangezogen, an der auch Barthel Beham mitgearbeitet hatte und deren bedeutendstes Stück Altdorfers Alexanderschlacht war. Refingers Beitrag „Der Opfertod des Marcius Curtius" schmückte neben vielen anderen dieser „Weltbilder" des Herzogs Lusthaus bei der Münchner Residenz. Die höfische Galerie war der Grundstock einer der bedeutendsten Gemäldesammlungen der Welt.

Vor allem schließlich müssen wir eines vierten Schülers Wolfgang Mielichs gedenken: seines Sohnes Hans. Drei Jahre war der Bub alt, als 1519 im Nachbarhaus der große Jan Pollak starb. Wie hatte sich die Welt verändert. Der erste Münchner Maler, der mit allen Lebensumständen und seinem ganzen Werk als klarumrissene Persönlichkeit vor uns hintritt, ist der Münchner Stadtmaler Hans Mielich.

Barthel Behams „Erprobung des Heiligen Kreuzes" mag von dem Vierzehnjährigen nicht schlecht bestaunt worden sein, zeigte das Bild in seiner „welschen Schönheit" doch eine ganz neue Kunstgesinnung. Auch der Einzug Kaiser Karls durchs Isartor, den Beham gemalt hatte, muß einen unauslöschlichen Eindruck auf den jungen Mielich gemacht haben. 1536 schließlich zog es den lernbegierigen Jüngling mit Macht hinaus aus den engen Mauern der Herzogsstadt, nicht nach Süden zunächst, sondern nach Norden, zu Meister Altdorfer, der in Regensburg als letzter Großer der klassischen Zeit noch wirkte. (Altdorfer starb 1538.) Der gegen Ende dieses Jahres entstandene „Heilige Hieronymus" zeigt recht deutlich, was er im Donautal gelernt hat: glückliches Erfassen der Landschaft. Seine Allegorie der Vergänglichkeit läßt in der Landschaft einen Blick auf das Kloster Sankt Emmeram zu. Auch die „Kreuzigung" von 1539 steht noch unter Altdorfers Einfluß.

Dem 1540 in seine Vaterstadt heimgekehrten Mielich wurden sogleich ehrenvolle Aufträge zuteil: Er malte das Porträt des Münchner Patriziers Andreas Reitmor, Mitglied des Äußeren Rates der Stadt und Herr auf Deutenhofen, ein Bild, dessen gewissenhafte Durchführung uns einen höchst lebendigen, charaktervollen Kopf zeigt. Unmittelbar darauf saß ihm der Münchner Ratsherr Andreas Ligsalz, von dem die Ratsprotokolle 1536 meldeten: „Burgermaister Andre Ligsalz Ist auf den 22. Tag octobris das burgermaister ampt zuverwalthen angestanden." Der rehbraune Pelzaufschlag der Schaube, beide Hände, die wahre Kabinettstücke des Pinsels sind, gütige, kluge Augen eines Mannes von Maß — alles in allem ein Bild, das den blutjungen Hans schon als bedeutenden Künstler ausweist. Wir können uns gut vorstellen, daß Wolfgang, der Vater, stolz auf solchen Nachwuchs in seiner Werkstatt gewesen ist. Hans nahm sich vor, nun bald sein Meisterstück zu liefern. Als aber Barthel Beham 1540 in Italien starb, sollte eine große, von ihm selbst nicht erwartete Wende in seinem Leben eintreten. Herzog Wilhelm IV., der eines italienisch gebildeten Künstlers an seinem Hofe nicht gern entriet, mag sich nach einem Ersatzmann umgesehen haben. So fiel seine Wahl auf Mielich.

Bis nach Rom führte der Weg des jungen Künstlers, wo Michelangelo gerade sein „Jüngstes Gericht" in der Sixtinischen Kapelle malte. Am 31. Oktober 1541 wurde die Altarwand der Sixtina enthüllt. Tagelang saß Mielich vor dem mächtigen Fresko, um eingehend zu studieren, zu kopieren und von Grund auf alle Bewegungen und Verkürzungen des menschlichen Körpers zu erfassen.

Hatte ihm Barthel Behams Tod die Tür zum Hof geöffnet, war ihm bei seiner Rückkehr im frühen Sommer 1542, als er mit dickleibigen Skizzenmappen wieder in seine Heimatstadt München einzog, auf tief schmerzliche Weise weiterer Platz gemacht — der Vater Wolfgang war in seiner Abwesenheit gestorben.

Mielichs erste Arbeit gleich nach der Heimkehr war das Porträt der Ligsalzin, ein Auftrag, dessen Ausführung durch die überstürzte Romreise verschoben worden war, und siehe da — ein anderer Maler hat es gemalt als der Maler des Andreas Ligsalz, ein Maler mit geweitetem Gesichtskreis. Daß die Dargestellte, eine geborene Ridler, 39 Jahre alt war, wissen wir, weil Mielich, sich auf das Entstehungsjahr des Gattenbildes beziehend, in die linke untere Ecke geschrieben hat: „Do man 1540 zahlt do wart ich 37 Jar alt." Noch recht patrizierhaft zugeknöpft steht sie da in ihrem schwarzen Kleid mit nonnenartiger weißer Stirnverschleierung, aber während hinter den Schultern des Ehegatten der faltenwerfende lindgrüne Vorhang fest geschlossen ist, öffnet er sich beim Bildnis der Frau und läßt den Blick auf eine mit Stolz gezeigte mailändische Landschaft frei. Bei näherem Zusehen entpuppt sie sich allerdings als recht artig verfremdete Donaulandschaft, wie Mielich sie von Altdorfer gelernt hatte. Welcher Gegensatz tritt durch solche auf Tieferes deutende Öffnung der Raumgeborgenheit zutage! Die Familie Ligsalz hatte in ihrer Prunkstube zwei als

Drusianameister: Auferweckung der Drusiana.
Aus der Augustinerkirche in München.

Meister der Pollinger Tafeln: Geburt Christi

Meister der Tegernseer Passionstafeln: Kreuzigung Christi

Jan Pollak: Der Fischzug Petri.
Vom ehemaligen Hochaltar der Peterskirche in München. 1490.
„Gespreizte Bewegtheit und aufpeitschende Unruhe“.

Pendants gedachte Bilder hängen, die nicht recht zusammenpassen wollten.

Nun, im Jahre 1543, malte Mielich sein Meisterstück, zwei Bilder gleich, eine Verspottung und eine Grablegung Christi, die des Romfahrers Erkenntnisse nicht verleugnen. Die Ratsprotokolle notierten: „Mittwoch den 11. July: Hans Muelich Maler hat die Maisterstuckh nach erkhanntnus der vierer und gemains Hanndwerchs vasst wol gemacht, ist derwege sunnderlich auff das gebreuchlich gelübd zu Maister angenummen."

Wenig fruchtete es, daß der Münchner Stadtschreiber Simon Schaidenraisser 1537 die erste deutsche Odyssee-Übersetzung lieferte: Der erklärte Liebling blieb Vergil, und in seinen „Vier Gesprächen über die Malerei, geführt zu Rom" schrieb 1548, auf der Oberfläche des Zeitstroms schwimmend, auch Francisco de Hollanda: „Einzig und allein die Werke, welche in Italien entstehen, verdienen wahre Kunstwerke genannt zu werden." Später sollte sich der Kunsthistoriker M. J. Friedländer in ganz anderem Sinne äußern: „Ein merkwürdiges Verhängnis traf die nordische Kunst: Derselbe Marc Anton, der einst Dürer kopiert und einem Blatte des Lukas van Leyden ein Landschaftsmotiv entlehnt hatte, den gewiß die unerreichbare Geschicklichkeit des holländischen Kupferstechers beunruhigt hatte, blieb schließlich Sieger, wenn auch nicht vermöge eigener Kraft, sondern als Vertreter der nach Norden dringenden Großmacht, der Raffaelschen Kunst."

Und wirklich, auch Mielich hat für das Tympanonbild des südlichen Seitenportals der Alten Kapelle zu Regensburg den Leichnam Christi einem Kupferstich Marc Antons entnommen, der freilich seinerseits eine Kopie Raffaels gegeben hatte. Was für ein Glück, daß Mielich im Porträtfach, wo es ihm kaum einer gleichtat, so viel in Anspruch genommen war. So kennen wir allein aus dem Jahr 1545 mindestens vier hervorragende Bildnisse von seiner Hand, des Freiherrn Pankraz von Freyberg und seiner Gemahlin Maria einmal, dann vor allem das vornehme Porträt des Erbprinzen Albrecht, das in der Manieristischen Abteilung der Alten Pinakothek hängt. Es zeigt den Prinzen, den nachmaligen Herzog

Albrecht V., einen der Gründer und Mehrer der bayerischen Kunstsammlungen, im Alter von 17 Jahren. Sicher sah es Albrecht, der früh zur Zeitidee des Weltmanns Gereifte, gern, daß Mielich ihn so ernst und bärtig schilderte, wie er da, ritterlich breitschultrig, mit wuchtig-weichen Pelzaufschlägen, reichen Geschmeidegehängen, blitzenden Ringen, preziösen Spitzenmanschetten und gleißendem Degen vor uns steht. Seine keusche Zurückhaltung, die feingliedrigen Hände und das elfenbeinblasse Antlitz freilich verbinden ihn noch mit der Spätgotik. Vielleicht war Mielichs Porträt dazu bestimmt, schreibt Bernhard Hermann Röttger, „nach Wien gesendet zu werden im Anschluß an den im Jahre 1545 eifrig betriebenen Plan Wilhelms IV., seinen Thronfolger mit einer Tochter des römischen Königs Ferdinand I. zu vermählen. Auf solchen Zweck dieses Porträts deutet wohl auch das Granatapfelmuster des Grundes, denn von alters her war die Granatfrucht mit ihren ungezählten Kernen ein unübertreffliches Symbol gesegneter Fülle, während die scharlachroten Blumen ein nicht minder schönes Sinnbild glühender Liebe darstellten."

Das vierte Bildnis, von dem wir sprachen, auf Lindenholz wie Mielichs meiste Porträts gemalt, stellt den Hofnarren Mertl dar. Als Leihgabe des Historischen Vereins von Oberbayern hängt es wie so viele Gemälde Mielichs in der Münchner Alten Pinakothek. Das rote spanische Wams des Mannes ist – gleichsam als Paraphrase der albertinischen Brust – über und über mit billigen Halbedelsteinen und blindem Glasschmuck behängt. Aus gefälteltem Hemdsaum tritt das schwärzlich bartstoppelige Gesicht hervor, dessen Unterlippe von einem herausragenden Zahn vorgeschoben wird. Auffallend ist seine unmittelbare Nachbarschaft mit dem wildfunkelnden Gesicht eines Löwen, der auf der Schulter des Narren kauert. (Den von Albrecht V. als Symbol seiner Regierung am Hof gehaltenen Löwen hat übrigens der Maler öfters dargestellt.) Mit solchem Meisterstück der Komposition geht Mielich dem Spanier Velasquez um hundert Jahre voraus. Die Situation ist verwandt: Hier wie dort Drôlerie als gern wahrgenommene Erholung vom Repräsentationsbild.

Die Zunftgesetze erforderten, daß der Handwerksgeselle ledigen, der Meister verheirateten Standes sei. So hatte auch Mielich, seit er Meister war, sich bald verehelicht. Seine Gattin Elisabeth war eine geborene Schrenkmairin vom Tal. Mielich hatte Werkstatt und Haus seines Vaters Wolfgang Mielich in der Schwabinger Gasse übernommen, was als „Teil Haus, Hofstatt, Stadel und Garten an der äußeren Schwabinger Gasse“ bezeichnet wird. Das Sandtnersche Stadtmodell zeigt hinter dem an der Gasse gelegenen Hauptbau einen kleinen hübschen Hof, Mielichs Heimat und Werkstatt aber als Rückgebäude, das mit säulengetragenem Vorbau in den grünen Garten hinausstrebt. Auch eine Zeichnung des Bauwerks (von Gustav Steinlein) ist bekannt. Es macht einen recht stattlichen Eindruck, dieses Gartenhaus, immerhin weist es zwei Stockwerke und ein Dachgeschoß auf. Zu ebener Erde gibt es zwischen Rundbögen und schlanken Säulen, die den Vorbau tragen, einen Gartensaal, der weit unter das Haupthaus hineinreicht. Belaubtes Spalier bedeckt die Mauer, und regelmäßig geschnittene Bäume zieren den Garten. Die Ehrentafel des im Krieg zerstörten Hauses Theatinerstraße Nummer 10 besagte, daß hier der berühmte Maler Hans Mielich lebte, malte und starb. Das Haus hatte im Jahr 1735, wohl durch Johann Gunetzrhainer, den Nachfolger Effners im Hofbauamt, eine festliche Rokokofassade vorgeblendet bekommen. Nach der Kriegszerstörung erhebt sich an dieser Stelle wieder ein Gebäude — die Tafel wurde weggelassen. Die Frage wurde laut: Was kann uns die Heimat ohne ihre Geschichte, die nicht zuletzt die Geschichte ihrer Kunst ist, bedeuten? (Schließlich, 1967, wurde in der Theatinerstraße wieder eine Mielich-Gedenktafel angebracht.)

Nach all den anderen Bildnisaufträgen war ein Porträtauftrag im Grunde auch Albrechts an Mielich ergangener Wunsch, den gesamten herzoglichen Kleinodienbesitz getreu abzubilden. Auch hier galt es wieder, nach der frischen Natur und nicht nach verführerischen Vorbildern zu arbeiten. Die köstlichen Blätter mit Mielichs Miniaturen der Kronjuwelen befinden sich im Bayerischen Nationalmuseum. Bis 1555 war er mit der Katalogisierung des herzoglichen Schatzes beschäftigt, fand aber daneben Zeit und Kraft zu einer Reihe bedeutender anderer Werke: So hat er 1550 Wilhelm IV. auf dem Totenbett gemalt. Auf die Vorderseite der Birnbaumtafel schrieb der Maler die Worte: „Den 7. Tag Marzi 1550 H M" und auf die Rückseite mit zittrigem Pinsel: „hora mala." Der fahle Kopf des Toten ist vom faltigen Leinenzeug umschlungen, seine Züge sind vom Todeskampf zu abstoßender Häßlichkeit verzerrt. Solch krasse Wirklichkeitsliebe, auch dem höchsten Herrn im Lande gegenüber, zeugt von einem unmittelbaren Verhältnis zum Tod, der sich ja auf zeitgenössischen Darstellungen sogar nicht scheut, mit Kaiser und Papst seinen „Tanz" zu wagen. Nichts mehr ist auf Mielichs Bild von all der lebensprallen Machtfülle geblieben, in der Hans Wertinger (um 1465 Landshut — 1533) einst den Vater Albrechts malte.

Wohl hatte Mielich im Hofkammermeister Wiguläus Hundt, dem einflußreichen Ratgeber des neuen Herzogs und Mitbegründer der Hofbibliothek, einen großen Verehrer seiner Kunst. Dessen fördernder Hilfe aber bedurfte er nicht mehr, als Albrecht V. ihm, dem Bayern, einen wahrhaft fürstlichen Auftrag erteilte, nämlich, einen Folianten mit vom Herzog selbst ausgewählten Motetten des ruhmreichen Cyprian de Rore durch Buchmalereien zu einem Prachtwerk auszugestalten. 1557, im besten Alter von 41 Jahren, war Mielich an diese gewaltige Arbeit gegangen, die ihn zwei Jahre lang vollauf beschäftigen sollte. Noch mitten aus dieser Tätigkeit heraus wurde er von seinen Münchner Malerkollegen zum Führer ihrer Gilde ernannt. Sein Ruhm nahm zu, die Ehren häuften sich. Am Schluß des Motettenbandes findet sich ein Bildlein, das uns Einblick in Mielichs Atelier gewährt. Allerhöchster Besuch ist zugegen! Der Herzog betrachtet das auf der Staffelei stehende Gemälde, während der im Hintergrund versammelte Hofstaat einen Schuster offenbar davon abzubringen sucht, seinen Pfriem mit dem Pinsel zu vertauschen. Wie anders das Verhältnis zum Handwerk als in der Zeit der Gotik! Der Maler selbst aber, der sich hinter die Staffelei verzogen hat, deutet auf die Bildüberschrift: „ne sutor ultra crepidam" (gemeinhin ungenau übersetzt: „Schuster bleib bei

Jan Pollak: Der Tod des heiligen Korbinian.
Vom ehemaligen Hochaltar in Weihenstephan.

Hans Mielich: Ornamente aus der Zeit der Illustrationen
zu den Bußpsalmen Orlandos

deinem Leisten“), wobei er immerhin Albrecht mit Alexander dem Großen vergleicht, dessen Hofmaler, nach Plinius, besagten Ausspruch getan haben soll. Manchen Scherz, wie wir sehen, gestattete der humane freie Umgang Mielichs mit seinem Herrscher.

Des Herzogs Kunstverständnis war wirklich über jeden Zweifel erhaben. Von seinen Schöpfungen, der Kunstkammer und dem Antiquarium, den ersten Museen nördlich der Alpen, bekannte noch im Jahre 1611 der Augsburger Hainhofer: „So vil Antiquiteten in ainen Zimer beysamen habe ich nie gesehen, auch zu Rom und Florentz selbsten nit.“ Die Worte König Ludwigs I. an die Künstler, des einzigen vielleicht, der wieder solche Universalität erreichte, könnten von Albrecht V. stammen: „Betrachtet mich nicht als Gast, sondern als einen der Eueren."

Albrecht war von Mielichs Motettenmalereien so begeistert, daß er zwei weitere Bände mit Psalmen des bayerischen Hofkapellmeisters Orlando di Lasso zusammenstellte und sie zu ihrer noch weit prächtigeren Ausschmückung in Mielichs Atelier bringen ließ. Die Miniaturmalereien dieser beiden Bände sind Mielichs Haupt- und Meisterwerk. Tausende von Bildern und Bildlein fluten, wie Wellen und Wogen der Brandung, immer gleich, immer aber neu und anders, auf den überwältigten Beschauer ein.

Angesichts dieses Prunkstücks in der Cimeliensammlung der Bayerischen Staatsbibliothek kann Joseph Stockbauer seine Bewunderung nicht verhehlen, wenn er 1875 schreibt: „Es erscheint beim Durchblättern der Pergament-Folianten geradezu unbegreiflich, wie Ein Mann im Stande war, nicht nur alles zu malen, sondern den ganzen Kompositionsreichtum zu erdenken und zu ordnen und die Gedanken in Bilder zu kleiden und dem jeweiligen Texte anzupassen und räumlich zu verbinden. In der Kunst der Verzierung der Bücher steht Mielich unerreicht für alle Zeiten da." Karl Schottenloher gar schreibt 1911: „Die Musikbände ... sind das Kostbarste, was das Buchwesen der Wittelsbacher aufzuweisen hat, ein wahrhaft fürstliches Geschenk des Herzogs an die Nachwelt, das in der Tat reichlich das gewährt hat, was sich Albrecht V. davon versprach, unbestrittenen Ruhm für alle Zeiten." Schließlich, im Jahre 1925, schreibt Bernhard Hermann Röttger: „Raffaels Stanzenfresken für Papst Julius II. können als römisches Analogon in diesem Sinne angeführt werden."

Wie sein Lehrer Altdorfer ist Mielich im Ornament von Vorbildern unabhängig. Tausendmal wechselnde Blattumrahmungen enthüllen – Blatt um Blatt – den unerschöpflichen ornamentalen Einfallsreichtum des Miniators. – Was ist nun ornamentale Phantasie, dieser Prüfstein jeder Kunstzeit, anderes als die blutvolle Schöpferkraft selbst? – Die Welt der Bibel und das Reich Vergils werden in denselben Rahmen gespannt: Landschaften in allen Färbungen der Jahreszeiten, Weltgegenden von Pol zu Pol, Pflanzen und Tiere aller erdenklichen Klassen, der Mensch von Säuglingstagen bis ins Greisenalter, ausführlich und eindringlich genug, um glauben zu lassen, Shakespeares Jacques habe seine sieben Menschenalter dem Meister Mielich abgeschaut, alle Berufe, die es damals gibt, alle Musikinstrumente, kostbarste Schmuckstücke, mythologische Allegorien, reiche Architekturen, Paläste, steildachige Häuser, Kirchen — was die Wimper hält, kann das Auge aus diesem Mammutwerk trinken.

Bis 1571, ganze elf Jahre lang, hielt diese Arbeit Meister Mielich in ihrem Bann. Unser Glück ist, daß des Herzogs Goldddukaten reichlich flossen und der Maler frei von wirtschaftlichen Sorgen seiner Muße leben konnte. Trotzdem bleibt das Werk ein Wunder, und mit voller Berechtigung stellte Mielich dem Bildnis Orlando di Lassos selbstbewußt sein eigenes gegenüber, schrieb auch in den ovalen Rahmen mit schönen Lettern: „PICTOR IOHANNES MIELICH." Er zeigt sich mit festem, rundlichem Kopf nach der heimischen baierischen Art. Unter breiter Stirn und den hochgeschwungenen Brauen eines schönheitshungrigen Sinnes blitzen zwei ganz prächtige Augen. Alles in allem: Vor uns steht der schaffensfrohe, feingebildete Mann, von dem man gern glaubt, daß er der berühmteste Maler im Herzogtum war.

Es gibt kaum ein Gebiet der Malerei, das er nicht bearbeitet hätte. Dessenungeachtet hat er seine bleibende Leistung mit den Bildnissen und den Bußpsalmen vollbracht. Dahinter tritt auch seine Freskomalerei weit zurück, von der die 1963 freigelegten Malereien, abwechslungsreiche Architekturformen wie Säulen und Karyatiden am Haus der Stadtschreiberei, dem späteren Weinstadl in der Burggasse, ein beredtes Zeugnis ablegen. Andere Meister leisten hier Treffliches, so der fast dreißig Jahre jüngere, ebenfalls in München geborene Christoph Schwarz (1545—1592), der mit Mielich bei der Ausschmückung einer Turnierbahn auf dem Marienplatz schon einmal zusammengearbeitet hat. (1568 zur Hochzeit des Erbprinzen Wilhelm mit Renata von Lothringen, einem der glanzvollsten Hochzeitsfeste aller Zeiten, mit dem auch die Ruhmestage der Bayerischen Hofkapelle verknüpft sind.) Christoph

Schwarz war ein Schüler des Melchior Bocksberger aus Salzburg, mit Zunamen „Hieronymus“ (gestorben 1589), der in seinen großangelegten mythologischen Fresken vitale baierische Dekorationslust bekundet. Die Fassadenmalereien seines Lehrers übertraf der Schüler Schwarz, und echt bairisch war sein Beitrag des Landschaftlichen. „Pictor Germaniae primus“ nannte ihn der Freisinger Dompropst Fugger. Der Jesuit Jakob Balde besang seine Bilder, auch den „Sturz Luzifers“, das Hochaltarbild der Münchner Michaelskirche (1591). Mehrere Generationen später ließ Ludwig I. gar seine Büste in der Bayerischen Ruhmeshalle aufstellen. Und doch war zu dieser Zeit kein einziges seiner Fresken mehr erhalten, die doch ehedem Hunderte von Münchner Häusern geschmückt hatten. Noch im Jahre 1675 schrieb Joachim von Sandrart, der Weltreisende, über Schwarz: „Ferner ist in der Kauffinger-Gassen, in einer Behausung, worinnen Handelsleute wohnen, ein schöner Gibel, den er ganz gemahlt, und darbey sehr vernünftig alles ordinirt, von ihme zu sehen, woselbst die Fenster mit stucco, Figuren und andern ornamenten umfasset, sonderlich, wie Romulus die eingeladene Sabinen, durch seine Kriegsknechte, ihrer Weiber und Töchter beraubet, welches alles zusammen, und ein jedes absonderlich, in seinem Wesen und an Invention und Zeichnung, auch guten colorit in fresco von so großer Würde, daß die Kunstverständige in Teutschland und Italien niemals etwas Schöners und ruhmwürdigers so gemahlt zu Gesicht bekomen.“

Ganz anders Hans Mielich, der sein Hauptwerk bereits geschaffen hatte, als Christoph Schwarz die leuchtenden Fresken malte. Und dennoch: Kaum war das ungeheuere Opus der Musikfolianten abgeschlossen, wurde ihm eine nicht minder gewaltige Aufgabe gestellt: Die Feier des hundertjährigen Bestehens der bayerischen Landesuniversität in Ingolstadt stand bevor, und pünktlich im Jubiläumsjahr 1572 war der neue Hochaltar der Ingolstädter Frauenkirche vollendet, der eine Folge von nicht weniger als 91 Bildern umschloß. Wohl haben sich zahlreiche Gesellen an der Ausführung beteiligt – der Gesamtentwurf lag bei Hans Mielich, und von seiner Hand stammt auch der wesentliche Teil der Arbeit.

Auf dem Stifterbild breitet die schwebende Himmelskönigin ihren Mantel zu Häupten der herzoglichen Familie. Diese Gruppe kann als eine der geglücktesten der Zeit gelten. Neben dem betenden Herzog Albrecht V. kniet sein Sohn Prinz Ernst, späterer Bischof von Freising, Lüttich und Münster, der als Erzbischof von Köln die Erhaltung des katholischen Glaubens am Niederrhein entschied. Hinter Albrechts Schulter steht ein anderer Sohn, sein Erbprinz, der als Wilhelm V. ihm in der Regierung folgen sollte. Auf der Seite des Herzogs leuchten helle weißblaue Wappenschilde und Rautenbanner aus der dunklen Gruppe, gegenüber, wo die Herzogin Anna kniet, halten, ihrer Herkunft gemäß, die Prinzessinnen Maria und Maximiliana den österreichischen rotweißroten Wappenschild mit Spangenhelm und Pfauenschweif. Albrecht, der den Beinamen „Der Großmütige" führte, hätte auch „Der Fromme" heißen können, denn sein Weg ging, nach Benno Hubensteiner, „von religiöser Lauheit, ja völliger Gleichgültigkeit, hinüber zum glühenden Eifer für die Gegenreformation und den alten Glauben". Zum Sonntag Laetare des Jahres 1562 hatte denn Herzogin Anna von Papst Pius IV. die „Goldene Rose" empfangen.

Von seinem reichen Lebenswerk, vor allem wohl von der Überforderung beim Ingolstädter Hochaltar erschöpft und verbraucht, ist Hans Mielich – erst 57jährig – am 10. März 1573 gestorben. Aus seinem Garten hatte er immer schon den spitzen Turm der Sankt-Salvator-Kirche vor Augen gehabt. Wenige Schritte hinter seinem Haus hatte man dort einen Gottesacker geweiht, als der Friedhof beim Liebfrauendom zu klein geworden war. Ein richtiger Bauernfriedhof ist es gewesen, nahe beim Kühbogen, dieser Scheide von Stadt und Land, mit kunstvoll geschlungenen schmiedeeisernen Kreuzen, an denen der „Weichbrunn" nicht fehlen durfte. Dort hat Hans Mielich, der „ehrnvest und hochberiemt Maister" an der Seite des schon zwölfjährig gestorbenen Töchterleins Scholastika die letzte Ruhe gefunden. Seine Frau Elisabeth Schrenkmairin hat ihn um fast dreißig Jahre überlebt.

Bei der Auflassung des Friedhofs im Jahre 1789 erwarb der Münchner Kunsthändler Felix Halm für wenige Gulden das gemalte Epitaph der Familie Mielich. „Denn das Brett, worauf es gemalt“, schreibt er, „ist so morsch und wurmstichig, das es in andern Händen und bey noch längerem herumfahren, leicht zugrunde gegangen wäre. Ich will es nun aufs fleißigste repariren und in eine Rahm fassen lassen . . .“ Leider hat Halm seinen Vorsatz, den Epitaph der Frauenkirche zu überlassen, nicht wahrgemacht. Die Tafel ist verschollen.

Was die Beurteilung von Mielichs Erscheinung schwierig macht, ist der Umstand, daß seiner Kunst von Anfang an eines fehlt, das für die gotische Baukunst etwa und für den bayerischen Spätbarock kennzeichnend ist – die lebhafte Anteilnahme breiter Volksschichten mit ihrem unmittelbaren schöpferischen Verhältnis zu Form und Farbe. Sein Werk war von dem großartigen Kunstwillen des Herzogs getragen. Das ist aber eine recht eigentliche Eigenschaft der manieristischen Epoche. Hans Mielich steht als großer Meister da, weil er Werke schuf, die, wie Jakob Burckhardt einmal sagte, „nur durch ihn innerhalb seiner Zeit und Umgebung möglich waren“, als einer, „der zu den wenigen zählt, die unersetzlich sind“.

NIKLAS PRUGGER

Der Hofmaler aus Trudering

Brockhaus, Herder und Meyer verschweigen ihn. Nicht mehr als billig wäre doch ein kurzer nüchterner Eintrag: „Prugger Niklas, bayerischer Hofmaler, geboren in Trudering bei München."

Sagen wir es freundlicher: Den Eheleuten Philipp und Veronika Prugger aus Trudering wurde im Jahre 1620, nicht lang nach Ausbruch des Dreißigjährigen Krieges, ein Bub geboren, der in der Dorfkirche Sankt Peter und Paul auf den Namen Nikolaus getauft wurde. Das Kind war nicht auf Rosen gebettet. Ein schlichtes Häuslein bewohnten seine Eltern, mit bescheidener Landwirtschaft, einem Krautacker und wenigen Geißen. Niklas, wie er sich später selbst nannte, sollte einer der bedeutendsten Maler seiner Zeit und überdies ein Stammvater bayerischer Künstlergeschlechter werden.

Es sei gestattet, daß wir uns ein wenig umsehen, wo Niklas seine Kindheit verbrachte.

Ein Gang durch Trudering ist ein Gang durch Bayerns Frühgeschichte. Truderings nachweisliche Gründung geht auf die Jahre der bajuwarischen Landnahme um 500 zurück, als Truchtharo, der Stammvater der „Truchtharinger", hier seinen Stab in die Erde stieß. Ein bajuwarisches Reihengräberfeld aus diesem 6. Jahrhundert wurde freigelegt, Skelette, Schwerter, römische Münzen, Glasschmuck, Beinkämme und eiserne Schuhschnallen hat man in die prähistorischen Sammlungen verbracht.

Eng sind Truderings morgendliche Tage mit der Emmeramsgeschichte verknüpft. Auf der Reise nach Pannonien, dem heutigen südlichen Ungarn, Slowenien, Bosnien, Kroatien und Krain, war der Wanderbischof Emmeram aus Poitiers in der zweiten Hälfte des 7. Jahrhunderts nach Regensburg gekommen und von dem Agilolfingerherzog Theodo I. gebeten worden, die Leitung der bayerischen Kirche zu übernehmen. Drei Jahre zog Emmeram von Ort zu Ort und predigte mit überwältigender Rednergabe.

Über das traurige Ende des Bischofs erfahren wir: Des Herzogs Tochter Uta soll von einem Adligen aus dem Geschlecht der Trotzka verführt worden sein und dem Bischof ihre Sünde gebeichtet haben. Emmeram, heißt es, erlaubte der Herzogstochter, um sie vor dem Tod zu retten, ihn selbst der Verführung zu bezichtigen. Er begab sich neuerlich auf Reisen, und alsbald zeigte Uta den Bischof als ihren Verführer an. Zornbebend eilte Utas Bruder, der älteste Sohn Theodos, Lantbert, dem Bischof nach und holte ihn nächst der Ortschaft Kleinhelfendorf ein. In der Emmeramskirche von Kleinhelfendorf findet sich eine in Holz geschnitzte lebensgroße Figurengruppe, die Aufschluß über des Bischofs grauenvollen Martertod gibt. Lantberts Knechte banden den Unglücklichen auf eine Leiter und trennten ihm bei lebendigem Leib Glied um Glied vom Rumpf. Der gräßlich verstümmelte Martyrer wurde auf einem Karren nach dem herzoglichen Gut Aschain (Aschheim) gefahren. Auf dem Weg dorthin, der nah an Trudering vorbeiführte, in Feldkirchen, verschied er unter schrecklichen Leiden. Auch an die Stelle, wo der Heilige seinen Geist aufgab, erinnert mitten im Feld eine Kapelle mit einer Reliquie; es ist allerdings ein Neubau von 1842, nachdem die mittelalterliche der Säkularisation zum Opfer gefallen war. Die Dorfkirche von Aschheim birgt ein Denkmal aus Sandstein, das früher in den Boden der Kirche eingelassen war, genau über dem Grab des heiligen Emmeram. Darauf ist seine Gestalt eingemeißelt, um den Rand aber läuft ein Schriftband, das besagt: „Allhie ist begraben gewest der heilig Bischof Haimeran 40 Tag und 40 Nacht und leit nun zu regenspurg zu seinem pistum." Durch einen Vertrauten des Bischofs, den Priester Wolfleck, wurde bald Emmerams Unschuld aufgedeckt und die Tochter vom Hofe verbannt. Emmerams Leiche brachte man über die Isarbrücke von Oberföhring, wo gleichfalls eine Emmeramskapelle an den Weg

Hans Mielich: Erbprinz Albrecht von Bayern. 1545.

des Toten gemahnt, nach Regensburg, um sie dort feierlich beizusetzen.

Uta, die ohne Gewissensbisse den Martertod Emmerams zugelassen hatte, bezog einen nahe dem herzoglichen Gut Aschheim gelegenen Edelsitz in Trudering. Wir müssen annehmen, daß ihr Schloß eine viertel Fußstunde ostwärts Kirchtruderings, unmittelbar an der heutigen Wasserburger Landstraße, stand. Uta soll an der Seite eines hartherzigen Mannes, der seine leibeigenen Bauern bis aufs Blut peinigte – vielleicht jenes Herrn von Trotzka – ein bußfertiges Leben in der Nähe des Sterbeortes und der Reliquie des Heiligen geführt haben. Das Schloß ist der Zerstörung anheimgefallen. Sein Untergang wurde, was nicht ausbleiben konnte, von Sagen umwoben: Das Bauwerk soll, als der Wüterich in stürmischer Nacht ein Zechgelage hielt, mit Mann und Maus versunken sein. Das fromme Weib, von einem mildtätigen Gang aus dem Dorf zurückkehrend, heißt es, sah gerade noch den Kamin verschwinden. An dieser Stelle ist eine tiefe Mulde im Ackergrund, die sogenannte „Utahöhle", zu erkennen, die, so oft man sie mit Erdreich füllte, immer wieder zu ihrer alten Tiefe einsank. Die heimstattlose „Frau von Uta" wurde von den Straßtruderinger Höfen „beim Oberbauer" und „beim Kurzhuber" aufgenommen und wohnte abwechselnd bei den beiden Bauern.

Als Sühne für begangene Untat ist die Herzogstochter zur Wohltäterin geworden: Testamentarisch verschenkte sie ihren ungeheuren Grundbesitz zu gleichen Teilen an sämtliche Truderinger Ansässige, bedachte besonders fürstlich jene zwei Bauern, bei denen sie Herberge gefunden hatte. Das läßt sich anhand der Katasterblätter gut nachweisen, und viele Grundstücke werden heute amtlich noch als „Utateil" oder „Utaische Brüche" geführt. Als besonders eindrucksvolles Zeugnis echt baierischen Festhaltens am Hergebrachten kann es gelten, daß 1200 Jahre lang, herauf bis 1939, als der Zweite Weltkrieg ausbrach, allsonntäglich in der Kirche verkündet wurde: „Wir gedenken unserer Verstorbenen und besonders der ehrengeachteten Frau von Uta, der großen Wohltäterin unserer Gemeinde." Diese Kirche mit den Patronen

Peter und Paul war von iro-schottischen Missionaren gegründet worden; ihre Mauern standen bei Utas Tode schon, denn die Frau übergab dem Pfarrer jenes Testament, dessen einzige Bedingung war, „daß meiner armen Seel gedacht werd nach einer jeden Meß“.

Aus der Uta-Zeit auch stammt Truderings erste urkundliche Erwähnung anno 747 als „Truchtaringen im Westergau“. Am 13. September 772 vermachte Hildebrand, ein naher Verwandter des agilolfingischen Hauses, das Dorf dem Hochstift Freising. (Neuerdings ist Uta auch mit der Gemahlin des Pfalzgrafen Kuno I. von Rott am Inn identifiziert worden.)

Als seit 1158 die große Salzstraße durch Trudering führte, gewann „Straßtrudering“, nicht zuletzt sein Wirtshaus, erheblich an Bedeutung, auch eine zweite Schmiede konnte der Kirchtruderinger Dorfschmied in Betrieb nehmen, eine echte Straßenschmiede. Die erste Tulpenzwiebel ist von der Türkei nach Holland auf dieser Straße durch Trudering gefahren worden, Mozart ist mehr als ein dutzendmal durch das Dorf gekommen und soll einmal in der Straßenwirtschaft zu Mittag gegessen haben.

Trudering war jahrhundertelang eines der reichsten Dörfer der Gegend, denn hier wuchs ein schweres Getreide. Seine Wohlhäbigkeit wurde mit einem launigen Lied besungen:

Mir san ma Leit,
Mir ham a Schneid,
Mir ham a Geld,
Drum san ma gstellt,
Ring ham ma -r- aa an dö Finga,
Drum san ma dö lustinga Truderinga.

Auch auf den Herrn Hochwürden vergaß man nicht; darum wurde weitergesungen:

Mir ham an Herrn,
Der hat ins gern,
Der für ins bürgt,
Daß koan' ebbs gschiagt,
Daß ma koan krumpn Weg nöt nehma,
Und daß ma pfeigred an Himme' kemma.

Trudering war ein Dorf nach Art des prallen Dachauer Hinterlandes; sogar der Volkstanz, der hier heimisch war, und die Tracht, die getragen wurde, alles erinnerte ein wenig an Dachau. Der Hut war der gleiche, nur wurden über der knöchellangen schwarzen Lederhose keine Stiefel, sondern Schnürschuhe getragen, und nicht die schwarze Zwirnjoppe, sondern die blausamtene Weste wies zwei Reihen blanker Silbertaler auf.

Später schoben sich dann dichte Autokolonnen hinaus, nicht mehr auf der Wiener Straße (so geheißen, weil sie über die Talbrücke, den Gasteig, Riem, Hohenlinden, Mühldorf und Braunau bis Wien führt), nein: auf der „Einsteinstraße", und auch die Truderinger Straße, Bayerns uralte Salzstraße, die von Ebersberg, Traunstein und Salzburg kommt, wurde halb und halb umbenannt, denn amtlich hieß sie nun „Bundesstraße 304".

Wenig erinnert in Straßtrudering mehr an ein Dorf. Die Bauernhöfe zerbrechen an ihren eingebauten Tankstellen, Selbstbedienungsläden, Glasfronten, Betonbalkonen, Kinoplakaten und schreienden Leuchtreklamen. Von 36 Bauern mit insgesamt 4000 Tagwerk Grund im Jahre 1902 gibt es 1964 nur noch sechs. Kein Wunder, wenn man bedenkt, daß München in dem einzigen Jahr 1962 um mehr als das Doppelte jener Bevölkerungsmenge wuchs, die zur Glanzzeit unter Kurfürst Maximilian dem Großen die Gesamteinwohnerzahl des „zweiten Rom" war: 16000. Jammerschade – dieser Gedanke drängt sich auf – um einen Boden, der an Fruchtbarkeit nicht seinesgleichen hat. Freilich, Massensiedlungen tragen größeren – vielleicht auch vergänglicheren – Gewinn. Geld macht die Herzen hart. Stifterin Uta, wenn du wüßtest! Von 1949 bis 1963, in diesen 14 Jahren, hat sich wohl mehr verändert als in den vorhergegangenen 1400 Jahren.

Aber *noch* sind nicht alle Zeugnisse der Truderinger Bauernkultur verloren, noch finden wir Höfe, deren Mauerwerk auf allerälteste Zeit zurückgeht, Flachgiebel neben Flachgiebel. Noch ragt der romanische Satteldachkirchturm, noch hockt hinter dem Straßengraben wie eine behäbige Glucke die Straßenschmiede, und auch das uralte Gasthaus „Zum Großen Wirt" steht noch da. Salettl und Kegelbahn hat man einem Geschäftsneubau geopfert, der die schattigen Kastanien in den Hinterhof verdrängte, aber die breit hingelagerte spätgotische Wirtschaft gilt als eine der schönsten im Umkreis Münchens. Der nächste Giebel gehört dem Kurzhuber-Hof, und nicht weit davon lugt des Oberbauern flacher Giebel hervor, unter dem Frau von Uta hauste. Das Geburtshaus Niklas Pruggers ist im Dorf unter dem Namen „Kastnerhäusl" bekannt, denn hier wohnte vor nicht allzulanger Zeit der Straßenwärter Kastner. Das Gebäude liegt ein wenig abseits, am Ostausgang Straßtruderings, unmittelbar an der Wasserburger Landstraße in eine kleine Grube geschmiegt. Älteste Truderinger entsinnen sich der Stallung und des schmalen Ackers, der jahrhundertelang von Häuslern bewirtschaftet wurde.

Der Ertrag des Gütleins langte zum Leben nicht hinten und vorn; so war Philipp Prugger, der Vater des kleinen Niklas, obendrein viel von der Gicht geplagt, genötigt, sich seinen Lebensunterhalt mit der Anfertigung von Hühnersteigen zu verdienen. Bald konnte der kleine Niklas seinem gebrechlichen Vater bei der Arbeit an die Hand gehen. Früh schon — und mit mehr Liebe — versuchte er sich im Schnitzen von allerlei Getier seiner Umgebung, von Geißen, Hühnern, Gänsen, Kühen, aber auch Menschen. Und am Dreikönigstag stellte er zur Überraschung der Eltern die selbstgeschnitzten Heiligen Drei Könige ins Kripperl. Auch der Umgang mit Pinsel und Farbe hatte es ihm früh angetan, so blieben selbst Tische und Wände nicht von seinen Landschaftsmalereien verschont.

Es war eine traurige Zeit, in die seine Jugend fiel, die Zeit der schwedischen Brandschatzungen und Plünderungen. Der zwölfjährige Niklas hat, am Fenster des elterlichen Häusleins stehend, die protestantischen Heerhaufen vorbeistürmen sehen und wohl auch den Schwedenkönig Gustav Adolf selbst zu Gesicht bekommen. Eines trüben Morgens aber zog mit Mann und Roß und Wagen der kurfürstliche Hof vor seinem winzigen Fenster vorbei, auf Salzburg zu, der Zufluchtsstätte während Münchens schwedischer Besatzung.

Es ist vermutet worden, daß Kurfürst Maximilian I. den kleinen

Hans Mielich:
Aus den Miniaturen zu den Bußpsalmen von Orlando di Lasso.
Die Bayerische Hofkapelle im Georgisaal der Neuveste.

Hans Mielich: Bildnis des Münchner Hofnarren Mertl. 1545.
„Drôlerie als Erholung vom Repräsentationsbild“.

Niklas Prugger: Kurfürst Maximilian I. von Bayern. 1648.
„Aliis lucendo consumor“.

Johann Andreas Wolff: Madonna mit Kind.
Legende von der Gründung des Klosters Ettal.

Niklas schon in Trudering gesehen hat. Manches Mal hatte ihn die Jagd auf sein Gut nach Aschheim geführt und wohl auch nach Trudering, wo ein bescheidenes Jagdschlößl aus der Renaissancezeit stand. Zu beiden Seiten des prunkvollen Gartentores wölbten zwei Linden ihre stattlichen Kronen und streckten sich die Stallungen hin. Vom Tor führte durch den Garten ein gerader Weg aufs Portal zu, in die weite Diele und ins stuckierte Treppenhaus. Hier war später die erste Schule Truderings untergebracht, als sonntags und an den Weihnachtsfeiertagen fünfzig oder sechzig Kinder mehr erbauenden als belehrenden Unterricht durch den Mesner erhielten. Eine mächtige Linde ist alles, was geblieben ist. Das arg verwahrloste Schlößl ist erst 1961 abgebrochen worden.

Wenn die Truderinger Bauern Eier, Butter und Schmalz zum Münchner Markt hinunterfuhren, rückten die Pruggerischen mit ihren Hühnersteigen an. Wahrscheinlich war es das zweite Mal, daß Niklas dem Kurfürsten zu Gesicht kam, als der Siebzehnjährige am Gründonnerstag 1637 mit der Mutter Veronika nach München fahren durfte. Der Blick auf die tausendzinnige Münchner Stadt mit ihren steilen Dächern, Befestigungen, Türmen, Kuppeln und Palästen muß vom östlichen Steilufer des Gasteigberges aus den ankommenden Truderingern ein überwältigendes Präludium gewesen sein. Das Wort vom „Goldenen Sattel“ war Gustav Adolf nicht von ungefähr auf die Lippen gekommen.

Durch die Gassen der Stadt bewegte sich an diesem Tag eine feierliche Bittprozession, bei der, wie es die Monarchen dieses Landes herauf bis 1918 hielten, mitten unter dem Volk auch Kurfürst Maximilian, der Herrscher, schritt. Niklas, ein sauberer Bursch mit auffallendem Lockenhaar, stand neben seiner Mutter unter den anderen Zuschauern auf dem Eiermarkt, wo die Hühnersteigen abgesetzt wurden, in nächster Nähe des Schrannenplatzes, des heutigen Marienplatzes. Während er so in Erwartung der Prozession herumblickte, mußte der kleine Niklas immer wieder die überlebensgroße Darstellung des Sankt Onuphrius betrachten, die gegenüber an einer Hauswand prangte. Das Gebäude, das heute an dieser Stelle steht, weist denselben Wandschmuck auf. — Der junge Niklas dachte, daß es wohl etwas Schöneres gäbe als Hühnersteigen machen: so etwas Herrliches schaffen zu dürfen!

Inzwischen zog die farbenprächtige Prozession heran und bewegte sich dicht an den Truderingern vorbei. Da konnte Niklas gut sehen, daß der Kurfürst ihm zulächelte. Was er aber nicht bemerkte: Auch die Kurfürstin, Maximilians Gemahlin Maria Anna von Österreich (nach dem Tode der Lothringerin Elisabeth Renata seine zweite Gattin), die von einem Balkon aus die Prozession betrachtete, sah den hübschen Knaben am Rand der Gasse mit Wohlgefallen. Und das war eigentlich eine seltsame Fügung, die uns wie ein Märchen anmutet, denn als die Prozession sich entfernt hatte, trat auf die beiden Truderinger ein kurfürstlicher Diener zu und gab ihnen bekannt, daß sie zur Kurfürstin befohlen seien.

Was muß dem jungen Niklas auf dem Weg zum Residenzportal durch den Kopf gegangen sein. Er wußte, wie hoch Maximilian die Kunst schätzte, ahnte vielleicht, daß sie diesem Herrscher, der selbst ausgezeichnet in Elfenbein schnitzte, innerstes Bedürfnis und nicht bloß Ausdruck fürstlicher Lebenshaltung war. Vor sechzehn Jahren hatte man den Münchner Maler Johann David Werl, Schöpfer der dunkelglühenden Hochaltarblätter in der Hofkapelle, zu Grabe getragen. – Vor neun Jahren erst war einer der Größten an Maximilians Hofe gestorben, einer der bedeutendsten Maler überhaupt, die in München gelebt haben, Peter Candid, eigentlich Pieter de Witte. Gebürtig aus Brügge, war er nach Studien in Italien mit 38 Jahren unter Herzog Wilhelm V. in den bayerischen Hofdienst getreten und 1598 von dessen Sohn Maximilian zum Hofmaler ernannt worden. Eines seiner schönsten Bilder ist das Porträt der Herzogin Magdalena, der jüngsten Schwester Maximilians, heute in der Pinakothek. Noch nie vorher sind die tausendfältig durchbrochenen Spitzen so durchlässig duftig und wie zum Greifen gemalt worden, die das Antlitz dieser faszinierenden Frau mit den schwermütigen schwarzen Augen umspielen. Candids Vielseitigkeit muß selbst den Zeitgenossen unbegreiflich gewesen sein. Er malte Fresken und Fassadenschmuck in der Residenz, vorzüglich im Grottenhof (darin ein Nachfahre des Christoph Schwarz),

Peter Candid: Pflügen und Eggen (Gobelin-Entwurf)

Tafelbilder und Altarblätter in Sankt Michael und in der Frauenkirche; das gewaltige Hochaltarblatt des Doms mit der Himmelfahrt Mariens geht auf ihn zurück. Von seiner Hand stammen Entwürfe für Plastiken, für den Erzguß und für die Maximilianische Teppichmanufaktur; bis zu Türbeschlägen und Türklopfern reichten seine künstlerischen Äußerungen — Zeugnis, daß alles in dieser Zeit der jungen Augen hohen Könnern anvertraut war. Selbst die Planung der Maximilianischen Residenz ist dem universalen Schöpfer zugeschrieben worden.

In dieser Maximilianischen Residenz, dem Dorado der Kunst, sehen wir den Truderinger Bauernbuben Niklas und Veronika, seine Mutter, vor der Kurfürstin Maria Anna und dem Kurfürsten Maximilian stehen. Dieser, als er der Erzählung Veronikas von den vielseitigen bildnerischen Versuchen des kleinen Niklas gelauscht hatte, ließ Holzkohle und Papier bringen, nahm ein Gemälde von der Wand — es war die Darstellung eines Einsiedlers —, winkte Niklas, der noch immer scheu in der Ferne stand, zu sich heran und fragte ihn:

„Kannst du diesen Einsiedler hier so nachzeichnen, daß wir ihn zu erkennen vermögen?“

Niklas wollte angesichts der schweren Aufgabe verzagen, aber ein freundlich aufmunternder Blick der Kurfürstin ließ ihn Mut fassen, und schnell hatte er die Gestalt des Einsiedlers in ihren Umrissen aufs Papier geworfen. Auch die Umgebung, Bäume und Felsen waren angedeutet.

Die Überraschung war groß. Aber der Wunsch der hohen Herrschaften ging nicht gleich in Erfüllung: Erst auf wiederholtes Bitten der Kurfürstin erklärte sich Veronika bereit, ihren Sohn Niklas zur weiteren künstlerischen Anleitung am Hof zu lassen.

Unter der Aufsicht des Hofkammerpräsidenten Johann von Mändl vollzog sich die Ausbildung des jungen Niklas. Als Lehrer werden genannt: der jüngere Sustris, der berühmte Maler Johann Ulrich Loth, der Maler Hans Donauer und der Bildhauer Balthasar Ableithner. Das waren bedeutende Künstler:

Ottheinrich Sustris stand schon in der dritten Generation des Malergeschlechts. Sein Großvater Lambert Sustris war 1515 in Amsterdam geboren worden; er hatte viele Beinamen getragen: d'Amsterdam — Fiammingho — tedesco — veneziano — und war schließlich als der berühmte „Paduano“ in Italien gestorben. (Auch sein Schwiegersohn Alexander, als Hofmaler Wilhelms V. 1596 in München gestorben, wurde Paduano genannt.) Friedrich Sustris, Ottheinrichs Vater, in irgendeinem Flecken Venetiens geboren, sollte sich für immer nach München wenden, wo er während seiner zwanzigjährigen ruhmreichen Tätigkeit als Baumeister (Sankt-Michaels-Kirche!) und Maler auf die heimischen Künstler maßgebend einwirkte und die Entwicklung des volkstümlichen Manierismus in Bayern beträchtlich förderte. Als er in den Pfingsttagen des Jahres 1599 starb, war München um einen Großen ärmer geworden. Der Nächste in der Reihe ist der Sohn Ottheinrich Sustris, der Lehrer des Niklas; seine drei Schwestern waren sämtlich mit Münchner Künstlern verheiratet, die eine mit dem Maler

Pieter de Witte, genannt Peter Candid:
Bildnis der Herzogin Magdalena
(der jüngsten Schwester des Kurfürsten Maximilian I.)

Johann Karl Loth: Engel (Tusche, laviert)

Jakob Sandtner, die andere, Livia, mit dem Maler Anton Maria Viviani (1560–1620), und Katharina, die dritte, mit dem Bildhauer Hans Krumpper. Es verdient in diesem Zusammenhang Beachtung, daß Münchens Gesellschaft „eingeschworen" war: Man hob des andern Kinder aus der Taufe, förderte, unterrichtete und – heiratete einander. Es ist nicht ganz zu Unrecht behauptet worden, daß Münchens Künstler von den Anfängen bis herauf an die Schwelle des 19. Jahrhunderts miteinander verwandtschaftlich verbunden waren. Auch dafür bieten die Sustris ein gutes Beispiel, daß seinerzeit die wenigen von außerhalb Bayerns in die Haupt-

und Residenzstadt eingetretenen Gebildeten – wer reiste sonst schon – im wahrsten Sinn des Wortes seßhaft wurden und sich, wie etwa Candids Töchter, bald mit Einheimischen verbanden.

Die Beispiele können vermehrt werden: Johann Ulrich Loth, dessen Vater, der Weilheimer Glasmaler Paulus Loth, sich in München niedergelassen hatte und hier 1642 gestorben war, wird als zweiter Lehrer Pruggers genannt. 1600 in München geboren, trat er bereits mit fünfzehn Jahren in die Dienste des Kurfürsten Maximilian. Er vermählte sich mit Livia Krumpper, der Tochter Hans Krumppers, war also mit Ottheinrich Sustris verschwägert. Johann Ulrich Loth muß ein Mann von unstetem Charakter gewesen sein, denn bereits 1626 sagte er dem Kurfürsten seine Dienste auf, was diesen nicht hinderte, ihm weitere Aufträge zu erteilen. Erst 1644 lieferte Loth das vorgeschriebene Meisterstück der Münchner Malerzunft, ein Abendmahl für die Peterskirche in München. In späteren Jahren neigte er mehr und mehr zur Trunksucht, und sein Vermögen verfiel. Unter seinen vollfarbigen, ausdruckskräftigen Bildern finden sich Werke wie das Altarbild des heiligen Georg in der Frauenkirche oder das Hochaltarbild der Heiliggeistkirche zu München. Als sein letztes Werk wird das Hochaltarblatt von Isen bezeichnet. Er starb 1662.

Das unruhige Künstlergeschlecht der Loth sollte München verlassen, die Söhne wendeten sich nach Venedig. Carl Loth, genannt „Carlotto“ (1632–1698), wurde dort als „gran miniatore“ gefeiert. In der Geschichte der Venezianischen Malerei muß der Altbayer als eine der großen Kräfte nach Tintoretto und vor dem späteren Dreigestirn Piazetta, Ricci, Tiepolo gelten. Zahlreiche bayerische Meister bildeten sich in seiner Werkstatt, so der bedeutende Freskenmaler Johann Michael Rottmayr (genannt „von Rosenbrunn“), 1654 in dem oberbayerischen (damals salzburgischen) Laufen an der Salzach geboren, dessen Ölbildnis des Münchner Stadtpatrons Benno in der Alten Pinakothek hängt. Er starb 1730. Ein weiterer Schüler Loths, der gleichfalls in Laufen geborene Hans Adam Weißenkirchner (1646–1695) wurde zum künstlerischen Erben seines Lehrers in München und Oberbayern. Der Einfluß Loths macht sich auch bei dem Münchner Johann Andreas Wolff (1652–1716) geltend, der als „kurfürstlicher Kammermaler" in den Steinzimmern der Residenz arbeitete und nach zahlreichen Altarmalereien als letztes Werk das Hochaltarbild der Münchner Dreifaltigkeitskirche schuf.

Ein altes Münchner Malergeschlecht sind die Donauer. Johann, der ältere, 1521 in München geboren, ist gleich Sustris auch als Baumeister hervorgetreten und hat im Schloß Dachau gemalt. Er war der Lehrer des großen Münchner Sohnes Johann Rottenhammer, der später in Augsburg leben sollte (1564–1625). Auch der Münchner Johann Käppler (1605 Meister), der im Theatinergang und in den Maximilianischen Steinzimmern malte, hat bei ihm gelernt. Unter Herzog Wilhelm V. schuf Donauer in den Jahren 1585 bis 1588, wohl als letzte große Arbeit, 102 Darstellungen von Städten und Landschaften Altbayerns „nach der Natur" für das Antiquarium der Münchner Residenz. (Einer seiner Mitarbeiter war der berühmte Münchner Hofmaler Engelhard de Pee, geboren um 1570 in Landshut, gestorben um 1605 in München.) Diese gewiß nicht zu unterschätzenden Beispiele früher bayerischer Landschaftsmalerei zieren noch heute, frisch wie am ersten Tag, Stichkappen und Fensterleibungen. Wir finden darunter, nicht ohne nachdenklich zu werden, Ansichten von Braunau und Schärding. – Mitglieder des Herzogshauses übernahmen die Patenschaft seiner Kinder, auch des Sohnes Johann Donauer des Jüngeren, Nachfolger in der Werkstatt des Vaters (1569–1644). Wir kennen seine Zeichnung des Donauerschen Künstlerwappens, das im Schild drei parallel-laufende gestutzte Baumstämme auf drei Hügeln zeigt. Die krönende Helmzier bildet ein Mann mit armlosem Oberkörper, bärtigem Gesicht und zwei fliegenden Bändern im Kopfhaar. Der eigenhändige Eintrag Donauers lautet: „1599 bin ich Hans Tonauer, Maler, Maister worden und allhie bei meinen Vattern dem alten Hannsen Tonauer gelernt." Peter Candids Einfluß, der bei Donauer dem Jüngeren nicht zu leugnen ist, mag auch auf den Schüler Prugger abgefärbt haben.

Unter allen Lehrern aber wurde dem jungen Prugger einer der

liebste: Mit dem nur sieben Jahre älteren, als Sohn eines Miesbacher Zimmermanns geborenen Bildhauer Balthasar Ableithner (1613—1705) verband den Schüler bald innige Freundschaft.

War Ableithner auf Kosten des Wittelsbacher Herzogs Albrecht von Leuchtenberg, des Bruders Kurfürst Maximilians, ausgebildet worden — die Kosten der Ausbildung Pruggers trug Maximilian selbst, und nicht nur das, er schickte ihn auch auf eine Studienreise nach Italien.

Wie die Hofzahlamtsrechnungen belegen, erfolgte Pruggers Ernennung zum Hofmaler Anfang des Jahres 1644. Das Jahresgehalt, das zunächst 80 Gulden betrug, wurde schon 1645 um 20 Gulden aufgebessert. Fünf Jahre später sollte ihm statt des Gehalts ein jährliches „Wartegeld" von 150 Gulden bewilligt werden. Die Kunstliebe war nicht bloße Redensart, anders wäre seine, für heutige Begriffe, wunderbare Entdeckung nicht denkbar, wäre auch nicht denkbar, daß der Hofmaler Prugger acht Jahre hindurch den Kurprinzen Ferdinand Maria im Zeichnen unterrichtete.

Prugger malte zunächst Tierstücke, darunter Pferde, Hirsche, Vögel (seinem heimischen Anfang in Trudering getreu), Holz- und Pergamentbildlein. Im Besitz des Bayerischen Nationalmuseums sind Pruggers Bildnisse der Herrin Maria Anna und des Freundes Balthasar Ableithner. Auch schuf er Porträts für die Schleißheimer Ahnengalerie, darunter ein weiteres der Gönnerin Maria Anna. Sehr bekannt geworden ist Pruggers Doppelbildnis des Kurfürsten Maximilian I. mit seinem kleinen Sohn Ferdinand Maria vom Jahre 1645, das heute dem Nationalmuseum zum Schmuck gereicht. Wirklich: Ein Schmuckstück ist dieses Bild mit seinem Schwarz und dem rätselvollen, offenbar Werkstattgeheimnis gebliebenen Rot.

Pruggers Hauptwerk, das lebensgroße Bildnis des „Großen Kurfürsten Maximilian" entstand — nach dem „reitenden Kurfürsten" von Schleißheim (Levade) — im Jahre 1648. Seit vielen Jahren hängt es im Treppenhaus der Münchner Alten Pinakothek. Eine Kopie befindet sich in der Altöttinger Kapell-Administration.

Maximilian allein hat unter allen Fürsten Europas den Dreißigjährigen Krieg durchlebt und durchkämpft bis zum Ende („gekostet bis zur Hefe"), und als ein Kämpfer steht er auf diesem Porträt Pruggers vor uns, in der starren schwarzen Rüstung, mit grauem Haupthaar und Bart, mit todernsten, durchfurchten Zügen, aber nicht müde, denn seine harten Augen verraten den ungebrochenen Willen. Während die Linke mit dem Panzerhandschuh das Schwert umgreift, liegt die entblößte Rechte weich auf dem goldenen Apfel, der die vom Kreuz überragte Weltkugel meint. Hier steht jener Mann, der einst geschrieben hat: „Dir gebe ich mich ganz zu eigen und weihe mich dir, virgo Maria, dies bezeugt mit seinem Blute und seiner Handschrift Maximilian." Das bescheidene Blättlein liegt noch heute gut verwahrt in einem Fach unter dem Altöttinger Marienstandbild. Und in der Heiligen Kapelle, wo der Fürst vor folgenschweren Entscheidungen so oft gebetet hat, ruht in silberner Urne sein Herz, „dieses Herz, des höchsten Strebens voll und voll der Liebe zur Gottesmutter". Ein bayerischer Fürst, ein katholischer Fürst, ein europäischer Fürst von unübertroffenen Gaben, voll herben Pflichtgefühls und unbestechlich, einer von jenen, die „brennenden Kerzen gleich sich selbst verzehren, um anderen zu leuchten". Wie er in den „Lehrstuck" für seinen Sohn Ferdinand Maria selber sagte: „Aliis lucendo consumor."

Kurz nach dem Tod Maximilians, im Jahre 1652, zog die schöne, kunstsinnige Prinzessin Adelaide von Savoyen, die Braut des Kurprinzen Ferdinand Maria, in München ein. Vorher hatte Prugger den Kurprinzen in Miniatur gemalt. Die Prinzessin ihrerseits hatte sich von dem berühmten Scorza porträtieren lassen. Beide Bilder wurden vor der ersten Begegnung des Brautpaares ausgetauscht. Mit allem Pomp, dessen die Wittelsbacher fähig waren, wurde Adelaides Einzug in Bayern gefeiert. Selbst der Mummenschanz fehlte nicht, denn Ferdinand Maria hatte sich die Neckerei ausgedacht, seine Braut im Kostüm eines Hofkavaliers, als Überbringer eines kurfürstlichen Schreibens in Kufstein zu erwarten. Diese aber, die sein von Prugger gemaltes Konterfei oft genug betrachtet hatte, erkannte ihn sofort, und vor den Augen der gewaltigen Volksmenge fielen sie sich um den Hals. Prugger selbst war Zeuge dieses Vorfalls. Als Kurfürst Ferdinand Maria und seine Gemahlin Adelheid, die Kurfürstin-Witwe Maria Anna und viele Adlige der Werkstatt des Malers, die ihm in der Residenz eingeräumt worden war, einen Besuch abstatteten, um ihm den Auftrag zu erteilen, diese Szene zu malen, zog er verschmitzt lächelnd ein Tuch von der Staffelei — da zeigte sich zur allgemeinen Freude, daß er dem Wunsch zuvorgekommen war: das halbfertige Bild stellte die Begegnung in Kufstein dar.

Für Ferdinand Maria sollte Prugger nach dem Porträt noch zahlreiche Miniaturen malen (von denen das Bayerische Nationalmuseum einige Beispiele bewahrt). Von seinen Werken aus den Jahren um 1654 seien besonders zwei Arbeiten hervorgehoben: einmal die Miniatur „Sieg der Religion über alles irdische Leben und irdische Größe", dann ein Porträt des Jesuitenpaters und neulateinischen Dichters Jakobus Balde, der seit 1638 als Hofprediger wirkte. Zur Beisetzung Maximilians hielt er die Grabrede. Das Bildnis des Dichters befindet sich im Jesuitenkolleg von Neuburg an der Donau, wo Balde zuletzt lebte und starb. Außerdem malte Prugger Kurfürstin Maria Anna in der Witwentracht für den Vorraum der Reichen Kapelle in der Maximilianischen Residenz.

Ein würdiges Denkmal aus Stein birgt Altötting, das Maria Anna mitgeschaffen hat und das bis vor gar nicht langer Zeit ihren Namen trug. Es ist die ehemalige Franziskaner-Klosterkirche.

Einem Vetter des Kurfürsten Maximilian, dem Altöttinger Stiftsprobst und Kardinal Franz Wilhelm Graf von Wartenberg, ist der Bau des Klosters zuzuschreiben. Er hatte dabei viele Widerstände zu überwinden. In allen Bausorgen stand ihm die Kurfürstin Maria Anna als Förderin und Helferin zur Seite. Im Jahr 1654 legte Stiftsprobst Wartenberg den Grundstein zur Klosterkirche; als er das neue Gotteshaus der heiligen Anna weihte, wollte er damit zugleich die Verdienste der Kurfürstin um das große Werk ehren. Hofmaler Niklas Prugger wurde von seiner Herrin, die ihn von Jugend auf gefördert hatte, dazu bestimmt, das Hochaltarblatt für diese Altöttinger Franziskaner-Klosterkirche zu malen. 1657, im Vollendungsjahr des Bauwerks, bekam er dafür — wie die „Hof-

Selbstbildnis

zahlamtsrechnungen“ belegen – die am Ertrag anderer Arbeiten gemessen hohe Summe von 742 Gulden ausbezahlt.

Das Bild befindet sich nicht mehr an seinem ursprünglichen Platz. Die alte Sankt-Anna-Kirche wurde zur Grabkirche des dort beigesetzten heiligen Bruders Konrad von Parzham umgestaltet. Pruggers Hochaltarbild hängt seitdem, neben anderen Gemälden aus der ehemaligen Sankt-Anna-Kirche, den Augen der Öffentlichkeit entzogen, im weiträumigen Wandelgang des früheren (von Herzog Wilhelm V. 1592 gegründeten) Altöttinger Jesuitenkollegs, des jetzigen „oberen“ Kapuzinerklosters Sankt Magdalena.

Es ging recht handwerksmäßig in den Werkstätten der Altmünchner Künstler zu. Ausbesserungsarbeiten in der Galerie sind bei Prugger keine Seltenheit, und auch „beim Vergulden in den neuen Zimmern“ treffen wir ihn an. Seine Schüler, darunter der Maler Unterstainer und der Bildhauer Wolf Leithner, standen ihm zur Seite. Daß sich in Pruggers Werkstatt die Lehrlinge und Gesellen drängten, ist auf einen sinnfälligen Zuwachs an künstlerischer Unabhängigkeit zurückzuführen. Im Jahr 1656 wurde Prugger nämlich eine Gnade der Witwe Maria Anna zuteil: Sie erwirkte ein Privileg des römisch-deutschen Kaisers Ferdinand des Dritten, ihres Bruders, das den Maler von jedem Zunftzwang entband und ihm zugestand, frei der bürgerlichen Bürden Lehrbuben und Gesellen halten zu dürfen, die gleichfalls vom pflichtmäßigen Meisterstück befreit waren. „... und also darwider nit thuet, noch das jemand anderen von Euch zu thun gestattet in keine Weis als lieb einem jeden seye, unsere schwere Ungnad und Straf und darzu ein Pöen nemblich 10 Markh lötiges Golds zu vermeiden, die ein jeder so oft er freventlich hierwider thete uns halb in unser und des Reichs Kammer und den andern halben Theil vielbesagtem Niclaus Pruckher oder den Seinigen so hiermit beleidigt wurden unmaßleßlich zu bezahlen verfallen sein solle. Mit Urkund dieß Briefs besiegelt mit Unserem Kayserlichen anhangenden Insiegel. Der geben ist Wien, den 7. Februar 1656.“

Seit Jahren wohnte Prugger in einem Haus an der äußeren Schwabinger Gasse, der späteren Theatinerstraße, unweit der Sal-

Joseph Vivien: Kurfürstin Theresia Kunigunda.
Tochter des Polenkönigs Johann III.,
zweite Gemahlin Kurfürst Max Emanuels.

vatorkirche. Nicht nur Hans Mielich hatte in dieser Gasse gewohnt, sondern auch Hans Krumpper und Peter Candid, bevor er nach der Graggenau in Orlando di Lassos Haus am Platzl zog. Auch Bildhauer hatten ihre Heimstatt hier aufgeschlagen, Christoph Angermayer und der große Barockmeister Andreas Faistenberger aus Kitzbühel, Ableithners Schüler, von den zahlreichen Gold- und Silberschmieden ganz zu schweigen. Nun wohnte auch Prugger in der stillen Gasse, und die Eltern hatte er von Trudering in sein Haus genommen. Auf dem Selbstbildnis aus dieser Zeit fallen ihm üppige Locken über den Spitzenkragen. Der hübsche Prugger-Bub läßt sich trotz der behäbig-schweren Kleidung nicht verleugnen.

Endlich, erst als reifer Mann, sollte Meister Prugger die Frau finden, mit der er den Bund fürs Leben zu schließen gedachte. Aber noch galt es, manche Schwierigkeiten zu überwinden, um die geliebte Maria, die Tochter seines Freundes, des Hofkammerpräsidenten Johann von Mändl, zu gewinnen. Prugger hatte nämlich einen Rivalen in Mändls Vetter Hohenegger, einem bejahrten, übel beleumdeten Lebemann. Mändl geriet über dessen Unverfrorenheit in Zorn. Zwar empfing er Hohenegger in seinem Amt, aber nur um ihm sein bisheriges ausschweifendes Leben vorzuhalten und ihm die geziemende Abfuhr zu erteilen. Der enttäuschte Hohenegger ließ sich in seiner Wut hinreißen, als er den Saal verließ, Hofschranzen gegenüber Zweifel an Mändls Redlichkeit im Amt laut werden zu lassen und über Prugger, den „hergelaufenen Bauernbuben von Trudering“, seinen beißenden Spott auszugießen.

Die vom Kurfürsten angeordnete Überprüfung der Amtsführung Mändls hatte allerdings tatsächlich erhebliche Fehler aufgedeckt. Es handelte sich um Unstimmigkeiten beim Rechnungsabschluß, Ungeschicklichkeiten im Grund, zu große Entgänge, die Mändl durch Einsparungen auszugleichen suchte. Genug, er hatte das Vertrauen des Kurfürsten verloren und wurde trotz Pruggers dringender Fürbitten seines Amtes enthoben. Prugger soll über die dreiste Verspottung seiner niederen Herkunft derartig in Wut geraten sein, daß nur das Flehen Marias ihn davon abhalten konnte, eine große Torheit zu begehen, nämlich „den Hohenegger stehenden

Fußes zu erwürgen". Um sein aufgewühltes Inneres zu beruhigen, begab er sich zum nahe gelegenen Sankt-Salvator-Friedhof. Der gedemütigte Mändl verließ München und setzte sich auf seinem Gut in Deutenhofen bei Dachau zur Ruhe.

Inzwischen, 1665, war die Kurfürstin-Witwe Maria Anna gestorben und hatte ihren Sohn Ferdinand Maria zum Testamentsvollstrecker bestimmt. In diesem Testament hatte Maria Anna ihren Schützling Prugger reich bedacht: Ein Dokument wurde ihm ausgehändigt, das sich als gerichtliche Übereignung des kleinen, nahe der Salvatorkirche gelegenen Hauses (später Theatinerstraße 39) erwies, in dem seine Eltern gelebt hatten und gestorben waren. Prugger eilte nach Deutenhofen, wo er bei Mändl um Marias Hand anhielt. Die Schwiegereltern gaben ihren Segen. Als Prugger andern Jahres, am 1. Februar 1667, in der Liebfrauenkirche Maria zum Altar führte, hatten sich seine Freunde eingefunden. Das Hochzeitsmahl hielt man in der kleinen „Herrentrinkstube" beim Fischbrunnen. Unter vielen Glückwunschschreiben war auch ein Brief von Claude Lorrain eingetroffen.

Die verbreitete Meinung, München sei erst im 19. Jahrhundert zur Stadt der Künstler geworden, ist vielfach widerlegt. In der Regierungszeit Maximilians I. und Ferdinand Marias, nahezu durch ein halbes Jahrhundert, bildete Prugger, zusammen mit dem tüchtigen Ableithner, den Mittelpunkt des damaligen künstlerischen München. Und zwei weitere Namen gesellten sich zu dieser erlauchten Corona, der Hofmaler Kaspar Amort der Ältere einmal, 1612 in der Jachenau geboren und wie Prugger ein Schüler Johann Donauers. Von seiner Hand stammen die architektonischen Fassadenmalereien der Residenz, Gemälde in der Frauenkirche, auch Landschaften mit Figuren. Amort, der Begründer einer Malerdynastie, starb 1675. — Der zweite, Andreas Faistenauer aus Rosenheim, trat seit 1638 als selbständiger Maler in München auf; Werke seiner Hand, mit dem ihnen eigenen dunkelleuchtenden Kolorit, befanden sich in der ehemaligen Franziskanerkirche auf dem Max-Joseph-Platz, in der heute profanierten Augustiner-

Johann Andreas Wolff: Engel tragen das Kreuz

kirche, in der Karmeliterkirche und sind noch in der Theatinerkirche zu sehen. Andreas Faistenauer starb 1664.

Im weiteren Umkreis schuf der Münchner Jonas Wolff (gestorben 1680) seine Fassadenmalereien am Kaiserhof der Residenz und seine Altarblätter. (Der bedeutendere Sohn, Johann Andreas Wolff, Schüler Balthasar Ableithners, erwarb vom Bayerischen Hofmaler Anton Triva — 1626 bis 1699 — das Anwesen Josephspitalgasse 9.) Da malte endlich Johann Ulrich Mayr (gestorben 1704) seine Bildnisse der Wittelsbacher Herrscher.

Genau genommen neigte sich Pruggers Stern zur Zeit seiner Eheschließung. Fast scheint es, als suchte er ein anderes Glück, als ihn das eine verließ. Noch finden wir ihn tätig: er malt das Brustbildnis des heiligen Korbinian für den Korbiniansaltar der Peterskirche.

Die Ausführung des Hochaltars der Theatinerkirche war dem Italiener Antonio Zanchi (1631–1722) übertragen worden, dessen Ruhm als Maler der Venezianischen Pest (in der Scuola di San Rocco) nach Bayern gedrungen war. Aber auch Prugger wurde mit einem Auftrag bedacht: Das Gemälde „Unser Herr Christus unter den Kindern" entstand, eines der umfangreichsten von seiner Hand. Und da traf Prugger, der sich aus kleinen Verhältnissen emporgearbeitet hatte und so vielen Anfeindungen ausgesetzt war, ein schwerer Schlag: Der größte Teil der kurfürstlichen Residenz fiel im Jahre 1674 einer Feuersbrunst zum Opfer; auch Pruggers Werkstatt war in Windeseile vernichtet.

Dieses Ereignis ist in seiner bis in die Gegenwart reichenden Bedeutung nie so recht gewürdigt worden, kostete es doch Prugger den Nachruhm. Ein Raub der Flammen wurde nicht nur seine Werkstatt, sondern auch das Hauptbild „Christus unter den Kindern", das Gemälde „Begegnung nächst Kufstein" sowie das große Konterfei der Adelheid von Savoyen und viele andere Bilder. Prugger konnte die Verluste nicht mehr ersetzen; seine Hauptschaffenszeit neigte sich, als er im eigenen Haus eine neue Werkstatt einrichtete, dem Ende zu, auch ergingen Aufträge an ihn seltener; die Konkurrenz italienischer Künstler wurde erdrückend. (Im Gartenschloß Lustheim etwa malten die wandernden Künstler Antonio Bernardi und Domenico Valeriani zusammen mit dem in München seßhaft gewordenen Graubündener Meister Johann Andreas Trubilio, der 1721 in München gestorben ist.)

Maria Anna von Österreich, Tochter des römisch-deutschen Kaisers Ferdinand II., eines Mitschülers ihres Gemahls auf der Ingolstädter alma mater, war Pruggers eigentliche Patronin und Förderin gewesen, vom Tag jener Bittprozession an, bis hin zu ihrem Testament. Sie hatte den notwendigen Sinn für die heimische Kunst und mag nicht immer der Meinung ihrer Schwiegertochter Adelaide von Savoyen gewesen sein.

Pruggers Förderin war lange tot, auch drohten die Sorgen um

Joseph Vivien: Kurfürst Maximilian Emanuel von Bayern

Joseph Georg Edlinger: Graf Sigismund von Haimhausen.
Der erste Präsident der Bayerischen Akademie der Wissenschaften
und Initiator der Nymphenburger Porzellanmanufaktur.
Hauptwerk der Frühzeit.

sein Hauswesen mit einem halben Dutzend Töchtern, die alle genährt und gekleidet sein wollten, ihm über den Kopf zu wachsen. Und nun kam das Unheil Schlag auf Schlag. Das erst 1680 geborene Söhnlein, das auf den Namen Nikolaus getauft wurde, starb bald nach der Geburt. Dann vertraute Prugger fast sein gesamtes Erspartes gegen ehrliche Verzinsung einem Unwürdigen. Ehe man sich's versah, hatte sich der Betrüger mit dem Notgroschen aus dem Staub gemacht.

Joachim von Sandrart (1606—1688), der vielgereiste Maler, dessen größere Leistung uns heute auf dem Gebiet der Kunstkritik zu liegen scheint, der mit Rubens, van Dyck, Guido Reni, Nicolas Poussin und Claude Lorrain befreundet war, gibt andere Gründe dafür an, daß Prugger auf keinen grünen Zweig kam: „Prugger wäre vermög seines guten Geists noch höher gestiegen, wann er nicht mit allzu schwerem Hauswesen sich beladen oder zuviel Zeit an seine Vögel, sonderlich Staren, reden zu lehren angewendet hätte", auch wenn er nicht zuviel Zeit geopfert hätte für die „Erbauung seiner kleinen Lusttheatren zu Komödien und Schauspielen, worauf er kleine tanzende mit Drähtlein zusammengeheftete Döcklein gestellt", damit sie zum Ergötzen seiner Mägdlein und der Nachbarkinder „fein lustig herumhupfen sollten", wozu er mit der Laute „einen lustigen Galliard oder andern Tanz aufspielte". Auch hätte er sich nicht zu viel mit der Herstellung eines vollkommen beweglichen Gliedermanns befassen sollen. Nach Sandrarts Worten bedauerte Prugger, daß ihm nur eines fehle, „die Erfindung eines Pinsels, der für sich selbst malt".

Nach den Hofzahlamtsrechnungen wurde an Prugger die letzte Auszahlung für Farben im Jahre 1690 geleistet. Danach geriet er in Not. Daran änderte auch die Konzession für den Ausschank von Weißbier nichts, die auf seine Bitte mit dem Besitz des Hauses in der Schwabinger Gasse verbunden war. Hatte ein Malerfreund Michelangelos einst das Florentiner Weinbeisl „Al Pennello" aufgemacht, hier mauserte sich gar ein Hofmaler zum Schankwirt! Schließlich — welches Spiel des Schicksals — wurde er wieder der alte Truderinger, verfertigte, was er in Bubentagen schon getan hatte – Hühnersteigen, und pflegte sie auch selbst auf den Eiermarkt beim Rathaus zu bringen.

Eine von Pruggers letzten Freuden war die Feier der silbernen Hochzeit mit seiner Frau Maria im Jahre 1692. Freund Ableithner mit der Frau Katharina war gekommen. Der junge Kurfürst Max Emanuel hatte ein Glückwunschschreiben gesendet, in dem er der Frau Pruggerin im Fall des Ablebens ihres Gemahls eine Rente von jährlich 50 Gulden aussetzte.

Der „Blaue König" – wie ihn die besiegten Türken nannten – ließ sich freilich von eines anderen Malers Pinsel verherrlichen: Joseph Vivien aus Lyon (1657–1734). Sein anderer Porträtist, Martin Maingaud, wirkte von 1692 bis 1705 in München. Er malte die Kinder des Herrschers. Max Emanuels späterer Schleißheimer Freskant war Jacopo Amigoni aus Venedig (1675–1752). Im Viktoriensaal hängt über dem Kamin das Amigoni-Gemälde: „Kurfürst Max Emanuel empfängt türkische Gesandte." Von der Lagunenstadt sollte nachmals auch der berühmte Canaletto – eigentlich Belotto (1720–1780) – zu den prunkvollen höfischen Festen in die bayerische Hauptstadt kommen. Er hinterließ das bekannteste Gesamtbild Münchens mit seinem bezwingenden Blick von den Gasteighöhen auf die ausgebreiteten Türme und Giebel (datiert 1761). Trotz allem: auch im Zeitalter Max Emanuels – dem Prugger im Grunde nicht mehr angehörte – schmückten und priesen genug heimische Künstler die alte Fürstenstadt: Zum Beispiel die Innsbrucker Johann Anton Gumpp, geboren 1654, gestorben 1719 in München (Deckengemälde des „Zimmers der Welt" in der Münchner Residenz), und Johann Paul Waxschlunger (geboren um 1660, gestorben 1724 in München). Sie beide übertraf und überlebte, bis hinein in die Regierungszeit Max III. Josephs, der Münchner Maler und Radierer Franz Joseph Winter, der 1737 das Dreifaltigkeits-Hochaltarbild für die Tölzer Franziskaner-Kirche geschaffen hatte ...

Zu Allerheiligen anno 1693 standen Prugger und Ableithner für sich allein in der Michaelsgruft betend an den Särgen des Kurfürsten Maximilian und der Maria Anna von Österreich. Dann

Johann Paul Waxschlunger: Hasen

gingen sie zur Theatinerkirche hinüber. Nahe bei Sandrarts Altarblatt mit der Fürbitte des heiligen Cajetan fallen die Stufen zur Gruft ab, und im Hinuntergehen mochte Ableithner noch einen Blick auf die vier kolossalen Evangelistenstatuen im Chor, Werke seiner Hand, geworfen haben. In der Gruft verweilten sie im stillen Gebet vor den Särgen Ferdinand Marias und der Adelaide von Savoyen.

Den Winter überstand der kränkelnde Prugger. Als die steigende Sonne den Schnee weggeschmolzen hatte, gegen Ende März, begaben sich die Freunde auf den Eiermarkt. Dort schauten sie hinauf zum Sankt Onuphrius. Prugger, der schon seit längerem am Stock ging, wurde von einem Schwindel ergriffen, stützte sich schwerer und mußte sich an Ort und Stelle niederlassen – auf eine seiner Hühnersteigen. Ableithner schleppte den halb Ohnmächtigen nach seiner Wohnung in der Schwabinger Gasse, wo sofort ein Medikus herbeigerufen wurde. Dessen Stärkungsmittel fruchteten nichts mehr. Prugger, der wußte, daß sein Ende nahe war, verlangte nach einem Geistlichen. Wohlversehen durch den Hochwürdigen Ambrosius Holzner verschied er in den Armen seiner Frau.

Nicht weit hinter seinem Haus, am Sankt-Salvator-Friedhof, hat man ihn an der Seite von Hans Mielich und Kaspar Amort am 26. März 1694 zur letzten Ruhe gebettet. Sein Grab lag an der Außenmauer, nahe den Resten des Jungfernturms.

Die Pruggertöchter sind gute Künstlerfrauen geworden: Den Bildhauer und Wachsbossierer Franz Ableithner, den Sohn Balthasars, nahm die eine. (Von ihm stammt die Sitzende Madonna über dem Portal der Münchener Bürgersaalkirche.) Den Maler Kaspar Stuber aus Weißenhorn in Bayern, einen Schüler Pruggers (1650—1724), nahm Klara. Seine Familie sollte sich mit anderen Münchner Künstlerfamilien versippen, auch der des Hofmalers Balthasar Augustin Albrecht aus Berg bei Starnberg (1687—1765), der den Bildhauer Johann Baptist Straub 1763 für die Schleißheimer Galerie gemalt hat. — Der Sohn Kaspar Stubers und Klara Pruggers war Nikolaus Gottfried Stuber, der geförderte und gefeierte Maler Max Emanuels und Karl Albrechts (1688—1749). Ihm, einem der berühmtesten Künstler des achtzehnten Jahrhunderts, verdanken wir nicht nur Freskogemälde in Kirchen und Schlössern Münchens, von seiner Hand rührt auch der geniale Entwurf zum Hochaltar der Peterskirche her.

Als der Sohn des Klosterbräumeisters aus Rott am Inn, Hans Georg Asam (1649—1711), als Malergeselle bei Prugger einstand, kam bald auch die dritte unter die Haube. Die Prugger-Resi, die selbst Miniaturen malte, ist ihrem Mann, dem Schöpfer der sattfarbigen Gewölbe-Fresken in Benediktbeuern und Tegernsee, eine gute Frau geworden und die Mutter jener Großmeister sakralen bayerischen Spätbarocks — des Bildhauers Egid Quirin Asam (1692 bis 1750) und des Malers Cosmas Damian Asam (1686—1739). Die Durchdringung von Glorie und Cumedi in Sankt Johann Nepomuk und in der Himmelfahrt Mariens von Rohr mag ein Erbe des theaternärrischen Prugger sein. Der Truderinger Bauernbub wurde der Großvater der Brüder Asam.

Nikolaus Gottfried Stuber: Architektur-Entwurf

JOSEPH GEORG EDLINGER

Ein Maler aus der Herzogspitalgasse

Eine stille Gegend war die alte Münchner Herzogspitalgasse – oder Rörnspeckhergasse –, wie sie bis ins 18. Jahrhundert hinein hieß. Das Sandtnersche Stadtmodell zeigt, daß hier zwischen niederen Häusern und hochgiebeligen Städeln einsame Gärten lagen. Blüten dufteten über ein Stück weißer Mauer herüber, Vogelsang drang in die Stille, alte Linden wölbten ihr Gezweig über die Gartenhäuser. Früh schlugen hier Künstler ihre Heimstatt auf. Heute noch tritt ein lang hingestreckter, zweistöckiger Bau mit nobler Fassade von 1808 hervor. Von den Giebelfeldern seiner hohen Fenster grüßen Frauenköpfe aus feinem Stuck. Friedrich Sustris wohnte hier einst, seit 1580 fürstlicher Hofmaler und Baumeister, Schöpfer der gewaltigen Michaelskirche und des Grottenhofes der Residenz. Das bescheidene Sustris-Haus in der Herzogspitalgasse war Mittelpunkt des Münchner Kunstlebens; Peter Candid, der Maler, und Orlando di Lasso, der Hofkapellmeister, dessen Schwiegersohn der Maler Johann von Achen (1552–1615) war, verkehrten hier. Eines Tages gab es ein frohes Fest im Hausgarten, als Sustris, wie eine alte Rechnung meldet, „... sein liebes Töchterlein ausgeheurathet gehabt an Hansen Krumpper aus Weilheim“.

Wenn man rechts vom Sustris-Haus, dem späteren Gregorianum, das schmale Eisenmanngaßl überquerte, am heutigen hinteren Pschorr-Eck, fand man ein kleines Haus, versteckt hinter einem Garten mit schattiger Laube und plätscherndem Springbrunnen. Hier stand oft ein alter Herr am Wasser und schaute den Fischen zu. Es war der Maler Franz Beich, der als Witwer mit seiner alten

Köchin hier hauste. Der Geist Spitzwegs war schon eingekehrt, lange bevor er selbst, nur einen Steinwurf weit, vorn an der Neuhauser Gasse, das Licht der Welt erblicken sollte. Von Beich kennen wir die großen Schlachtenbilder Kurfürst Max Emanuels im Schloß Schleißheim. Frühe Darstellungen der Heimatlandschaft haben wir in seinen schon 1723 abgeschlossenen Ansichten bayerischer Schlösser vor uns (in der nördlichen Galerie von Nymphenburg). Der Direktor der kurpfalzbaierischen Gemäldesammlungen zu München und Schleißheim, Hofmaler Christian von Mannlich (1740 bis 1822), schrieb: „Er starb zu München 1748 im 83. Jahr seines Alters. Alle Wallfahrtsorte in Baiern mit ihren herrlichen Aussichten sind von ihm auf dem Münchnerischen Bürgersaale abgebildet."

Eines der wenigen Häuser in der Herzogspitalgasse, die noch an seine Zeit erinnern, ist das sogenannte Pössenbacher-Haus. Es hat die Nummer 11. Nicht die Fassade freilich hat überdauert, der Stuck wurde in nüchterner Zeit abgeschlagen; aber eine schlichte Tafel berichtet: „In diesem Hause starb am fünfzehnten September des Jahres achtzehnhundertneunzehn Maler Johann Edlinger."

Hinter diesen trockenen Zeilen verbirgt sich eine reiche Lebensgeschichte, die Geschichte eines der größten Künstler, die diese stille Gasse beherbergte. Die Alte Pinakothek besitzt sein Selbstbildnis im dunklen Rock. Es ist ein spätes Bild und zeigt einen trotzig-traurigen alten Mann. Was erzählt uns der schmerzliche Zug um Mund und Augen in diesem einfachen Gesicht? Woher kam der Mann? Was mag er erlebt haben, bis es ihn in die Herzogspitalgasse verschlug? –

In Graz wurde er als Sohn des Gärtners Joseph Edlinger und dessen Frau Theresia am 1. März 1741 geboren. Am gleichen Tag bei der Taufe in der Kirche Heiligblut erhielt er den Namen Joseph nach dem Vater und als zweiten Namen Georg. Später, durch den Irrtum eines Magistratsschreibers, wurde er vielfach statt Joseph auch Johann genannt. Der bedeutende Nazarener Maler August Graf Seinsheim (1789–1869) berichtet über den Werdegang des jungen Edlinger:

„Den ersten Zeichenunterricht hat Edlinger bei einem Franziskanerpater in Graz genossen, der ihn wohl aus Erwägung handwerklichen Verdienstes zu dem Grazer Maler Embert brachte. Schon 1752 ging Edlinger bei ihm, wie er sich ausdrückte, in die Lehre. Dieser Embert soll eigentlich ein ganz gescheiter Portraitmaler gewesen sein und war auch Historienmaler. Der junge Edlinger mußte unter seiner Aufsicht bei der Ausmalung von Kirchen und der Anfertigung von Votivbildern und dergleichen helfen. Dieses handwerksmäßige Arbeiten, das aber zum großen Teil in Farbenreiben bestand, bekam der junge Edlinger gegen das fünfte Jahr seiner Lehrzeit recht satt, so daß der Drang zu selbständiger künstlerischer Betätigung ihm keine Ruhe mehr ließ. Im Jahr 1757, eines Sonntagnachmittages ließ er seinen ältesten Bruder insgeheim zu sich kommen und versuchte sein Portrait, den Kopf in Größe eines Talers, in der Abwesenheit seines Lehrherrn auf ein ordinäres Brett, welches auf der Staffelei stand, zu malen. Der Lehrherr hatte nämlich bei seinem Ausgehen auf das Sorgfältigste alle Leinwand versperrt. Nach zwei Stunden war das Portrait vollendet, und Edlinger entließ recht zufrieden seinen Bruder. Als der Lehrherr abends nach Hause kam, so mußte er zufälligerweise in seinem Malzimmer etwas suchen, und als er mit dem Licht herumging, bemerkte er auf der Staffelei den frischgemalten Kopf. Er verwunderte sich darüber und rief den jungen Edlinger und fragte ihn, welch ‚ein fremder Maler dagewesen wäre, der diesen Kopf gemalt habe‘. Der junge Künstler antwortete bescheiden, daß niemand dagewesen sei, und daß er ihn gemalt habe. Darauf erkannte sein Herr auch, daß es seinen Bruder vorstellte und lobte den jungen Edlinger und sagte ihm: ‚Ich sehe, daß du ein Genie für die Portraitmalerei hast, und du wirst, wenn du so fortfährst, in diesem Fache etwas leisten.‘“

Die frühesten Bildnisse, die Edlinger ohne Anleitung, allein durch einen sich Bahn brechenden Kunsttrieb schuf, trugen ihm in der Vaterstadt Beifall ein. Bald ließ er die Stätte der Kindheit hinter sich und suchte als Autodidakt auf Wanderungen weitere Entwicklungsmöglichkeiten: Er ging in die habsburgischen Erb-

Bernardo Bellotto, genannt Canaletto:
Schloß Nymphenburg, Parkseite. 1761.

länder, wohin wissen wir nicht genau. Seit 1761 soll er in Ungarn mehrere Altarbilder gemalt haben; 1765 treffen wir ihn in Wien an, wo er unter der Anleitung des Rokokomalers Tuchmeier arbeitete. Doch diese Tätigkeit scheint ihn nicht befriedigt zu haben, denn gern folgte er dem nach Wien dringenden Ruf der 1766 unter Kurfürst Max III. Joseph gegründeten „Zeichnungsschule" — der späteren Akademie der Bildenden Künste — nach München. Wahrscheinlich hat ihn der Münchner Straub-Schüler Roman Anton Boos, der damals in Wien weilte, dazu bestimmt.

Münchens Künste hatten jahrzehntelang geblüht. In der Dreifaltigkeitskirche, wo Andreas Wolff mit seinem Hochaltarblatt sich verabschiedet hatte, begann ein anderer, der 29jährige Cosmas Damian Asam, sein Lebenswerk, knüpfte an, erweiterte, verherrlichte auf dem Kuppelfresko den dreieinigen Gott. Während Egid Quirin Asam sich in der Sendlinger Gasse niederließ und neben seinem bescheiden aus der Gotik übernommenen Haus auf eigene Kosten, wie immer in Gemeinschaftsarbeit mit dem Bruder, die Johann-Nepomuk-Kirche errichtete, schmückte Cosmas Damian sein Schlößl „Maria Einsiedel" in Thalkirchen über und über mit feiner Lüftlmalerei. Die beseelte Ausmalung der Damenstiftskirche, die jubelnden Fresken und Altarbilder der Klosterkirche Sankt Anna auf dem Lehel, die leuchtenden Deckenmalereien so vieler altbayerischer Kirchenjuwele, die alle Himmel zu öffnen scheinen, möchten wir als Ausfluß göttlichen Ingeniums nehmen. Von Religiosität durchglüht, überschüttet Cosmas Damian Asam binnen kurzer Jahrzehnte sein Land mit Werken von unbegreiflicher Schönheit und weist sich vor Tiepolos Erscheinen als größte Kraft der spätbarokken Monumentalmalerei aus. Unter Kurfürst Karl Albrecht, Max Emanuels Sohn, dem späteren römisch-deutschen Kaiser Karl VII., fand solche Kraft letzten übersteigert-überschwenglichen Ausdruck. Johann Adam Müller aus Erding, ein Asamschüler, gab der Münchener Heiliggeist-Kirche und der Schärdinger Stadtpfarrkirche ihren züngelnden, duftigen Freskenschmuck (gestorben 1738). Der monumentale Rokokomaler Johann Michael Kaufmann trat 1745 in bayerische Dienste. Mit seinem Schüler Christian Winck (1738 bis 1797), der seit den frühen sechziger Jahren in München und in der weiteren Umgebung wirkte (Stiftskirche von Reichersberg am Inn), setzte schon die Beruhigung ein, klang die hohe Erregung ab. Unter dem neuen Herrscher, dem dritten Max, hatten auf einmal Künstler wie der Münchner Landschafter Joseph Stephan (gestorben 1786), der Miniator Joseph Adam Mölkh (gestorben 1794), der als Genre- wie als Bildnismaler gleich bedeutende Peter Jakob Horemans, der in der Amalienburg arbeitete (gestorben in München 1776), und der Porträtist Joseph Lander, Luzern (1725—1790) den zusagenden Wirkungskreis. Ein Bildnismaler wie Johann Nikolaus Grooth (1723—1797) hatte Erfolg. Aus dem ornamentalen Bildaufbau, aus dem Rahmen der spätbarocken Werkkunst, dieser „Gesamtkunst", löste sich, auf gesonderter Bildfläche, die Staffeleimalerei ab. Kirchliche Aufträge traten zurück — das individuellere Porträt rückte in den Vordergrund.

Im Jahr 1770 — dem Geburtsjahr der Münchner Porträtistin Marianne Kürzinger, genannt „Bayerische Angelika Kauffmann", deren Bruder Ignaz (1777—1840) und Vater Franz (1730—1795) vor ihr den Weg vom Altarblatt zum Porträt gegangen waren — ist der Bildnismaler Edlinger in der bayerischen Haupt- und Residenzstadt angelangt, seiner eigentlichen Heimat, zu der er von jetzt ab als Künstler gehört und die er — von kleineren Reisen abgesehen — nie mehr verlassen soll. Er besuchte den Winter 1770 hindurch die „Zeichnungsschule", wo er die letzte Malausbildung bei dem Hofmaler und frühesten Professor der Zeichnungsakademie, Franz Ignaz Oefele, genannt „Bavarese" (1721—1797), erhielt. Seine Studienzeit wurde durch mehrere Kunstreisen unterbrochen; Porträtaufträge führten ihn in die Schweiz, nach Schwaben, Franken und in die Rheinpfalz. Die Schwester des Landesherrn, Maria Antonia, die sich selbst als Porträtmalerin versuchte, schenkte dem jungen Edlinger ihre fördernde Gunst. Neben die biblischen Stoffe und Genreszenen, die jedoch schon mehr Kopf- und Charakterstudien als Sittenbilder waren, traten jetzt die Porträtaufträge des Hofes; doch stand der wirkliche Erfolg noch aus,

Peter Jakob Horemans: Sitzender

denn freilich fehlte ihm bei aller Begabung das so wichtige Talent, sich in Szene zu setzen.

Zunächst — wie Zeitgenossen berichten — hauste er in der Pfarrei zu „Unserer Lieben Frau“ mit seiner Köchin zusammen, der armen Tochter des Musketiers Johann Weller oder Welser, wie er bisweilen genannt wird. Und es will sich in Edlingers bescheidene Art fügen, daß er die Köchin Maria Anna Barbara, die treue Seele, am 23. Oktober 1774 zur Ehefrau erhob. Als Trauzeugen finden wir den kurfürstlichen Direktorialrat Sebastian Ludwig Edlen von Krempelhuber auf Emming verzeichnet, der in der Neuhauser Gasse drüben seine Haushaltung hatte. Der Maler überlieferte uns getreu das Bildnis des Mannes, der auch den Edlinger-Kindern der geliebte „Herr Göd“ wurde. Im nächsten Jahr schenkte „Mariandl“ ihrem Mann das erste Kind, den Sohn Joseph Sebastian. Nach der Geburt des zweiten Sohnes im Jahr 1776 wurden ihm, nach Auskunft der Matrikelbücher der Pfarrei Sankt Peter, bald auch zwei Töchter geboren. Wie aus dem Bericht eines Freundes hervorgeht, wohnte Edlinger nun in der Kreuzgasse. In welchem Jahr schließlich die Familie, nach Auflösung des Jesuitengymnasiums im Herzogspital, das Pössenbacher-Haus bezog, kann kaum mehr geklärt werden. Dieser Umzug ging jedenfalls nur um ein paar Hausecken herum. Von dem, was wir heute hier sehen, können wir mit Sicherheit sagen, daß auch Edlinger es schon so gesehen hat: den umgrünten, von Hollerbüschen bestandenen Hof, in den der alte Turm der Herzogspitalkirche mit seiner gemütlichen Kupferhaube hereinlugt. Edlingers Andachtsstätte war diese stille Kirche mit ihrem Muttergottesbild, in der Kurfürsten neben Bürgern und Bauern zu knien pflegten. Wohl mag auch Edlinger mit den Münchnern gebangt haben an jenem Morgen des 30. Dezembers 1777, als Kurfürst Max III. Joseph im Sterben lag und wünschte, noch einmal das Gnadenbild zu schauen, an dem er seit seiner Kindheit mit so innigem Vertrauen hing. In feierlichem Zug wurde das Marienbild zur Residenz geleitet, durch die verschneiten, mit knienden und betenden Menschen erfüllten Gassen.

Auch die steile, knarzende Stiege des Pössenbacher-Hauses hat

Joseph Lander: Dame im Profil

Edlinger schon betreten und sich auf ihr geschnitztes Geländer gestützt. Gewiß, es ist ein altes Haus, ohne Aufwand, aber sauber gehalten, und was es uns zeigt ist: daß bescheidene Art und guter Geist nahe beieinanderwohnen. Friedrich Pecht (1814–1903) trifft das Rechte, wenn er 1888 in seiner „Geschichte der Münchner Kunst“ schreibt: „Welcher Kontrast existiert aber zwischen diesem im zweiten Stock eines kleinen Hauses in der Herzogspitalgasse wohnenden und mit seiner Marianne, einer zur Ehefrau erhobenen, sehr handfest aussehenden Köchin, die als Atelier benutzte Stube teilenden Meister und unseren heutigen, alle Pracht der Welt in ihren Sälen versammelnden Artisten!“

Edlinger führte ein stilles, einfaches Leben, auch zur Zeit seiner Erfolge, und seine Wohnung können wir uns nicht bescheiden genug denken. Am ehesten vielleicht gibt uns davon jene Anekdote einen Begriff, die Spitzweg, der Nachfahr, oft schmunzelnd zum besten gab und die Karl Trautmann wortwörtlich aufgezeichnet hat:

Edlinger sitzt am Fenster der Wohnstube, an der Staffelei, und malt an dem Porträt des Grafen Preysing, der gravitätisch vor ihm auf dem Stuhle thronte. Und am Tisch hinten richtet die Mariandl den Teig her, zu ihren „geschnittenen Nudeln“.

Edlinger: „Urschl! Da komm her!“

Barbara: „Was wolln S' denn, Herr Edlinger?“

Edlinger: „Schau dir amal den Herrn Grafen an. — Wia findst'n?“

Barbara: „Ja — ganz schön is er — aber d' Nasn, moan i — waar a bißl z' groß.“

Edlinger: „No, mach ma s' halt kleiner. — So, jetz kannst wieder gehn.“

Und die gute, treue Alte schlurft ganz zufrieden zu ihrem Nudelteig zurück.

In der nahen Residenz verstand man sich auf auserlesene musikalische Genüsse zu Edlingers früher Münchner Zeit. Der erzbischöfliche Konzertmeister Mozart, der so gern ein kurfürstlicher geworden wäre, hatte für den Münchner Karneval eine Opera buffa komponiert, „La finta giardiniera“, die im Redoutensaal an der Prannerstraße aus der Taufe gehoben wurde. Auch die Oper „Idomeneo“ fand in München ihre Uraufführung; Mozart dirigierte sie in Cuvilliés' heiterem Haus, inmitten der goldstrotzenden allegorischen Schnitzereien Straubs, der Stuckdekors und Malereien Johann Baptist Zimmermanns aus Wessobrunn (1680—1758) — der uns auch den einzigartigen Freskenschmuck im steinernen Saal von Nymphenburg hinterlassen hat —, inmitten all der türkischen Janitscharen, der äolischen Oboen und Flöten. Man schrieb das Jahr 1781: Eine glänzende Kunstepoche war unter dem neuen Kurfürsten Karl Theodor angebrochen, die ihre Wirkung auf

Ignaz Günther: Marienkrönung

Edlingers Entwicklung nicht verfehlte. Das Tor zum kurfürstlichen Hof war durch die Bekanntschaft mit der Prinzessin Maria Antonia schon einen Spalt geöffnet. In diesem Jahre 1781 aber gelang Edlinger endlich der für seinen ferneren Weg entscheidende Wurf mit einem prunkvollen Porträt der Kurfürstin Elisabeth Augusta. Ein Repräsentationsbild im Stil des 18. Jahrhunderts gewiß! Auf einem Tisch die Kroninsignien, im Hintergrund der bei Hofmalern übliche Vorhang. Doch überraschend und damals nicht üblich ist Edlingers Wahrheitsliebe: Bei wohlberechneter feiner Kontrastierung und breiter Pinselmanier bleibt die Kurfürstin trotz Purpurmantel, Orden und Puder die gutmütige, alternde Matrone mit den klugen Augen. Kurfürst Karl Theodor kam zu Edlinger ins Atelier, staunte über das Bild und sagte in seiner kurzen Art zu unserem Meister: „Er kann mehr, als er glaubt."

Lorenz Westenrieder, der als erster auf die Bedeutung einer von hohen Gesichtspunkten getragenen Kunstpflege und alljährlicher Kunstausstellungen hinwies, war es auch hier, der einen Weckruf zugunsten Edlingers erscheinen ließ. In den „Bayerischen Beiträgen" von 1781, verlegt bei Johann Baptist Strobel, schreibt er:

„Johann Georg Edlinger, ein hiesiger Portraitmaler, hat das Portrait Sr. regierenden Durchlaucht Churfürstin (sitzend) in Lebensgröße, und mit einem Leben und einer Ähnlichkeit gemalet, welche von allen Kennern mit größtem Vergnügen betrachtet und bewundert wird. Dieser äußerst bescheidene Künstler verdienet mit vielen andern, deren Werke keinen Redner finden, bekannter zu sein, als er es, leider, mit vielen andern nicht ist. Seine Art ist ungemein, sanft im Umriß, weich, und fleischigt in der Ausführung, so daß man bei seinen Portraiten gerne lange verweilet, und von einer geheimen Lust dabei angehalten wird."

Im Staatsarchiv für Oberbayern befindet sich noch die Urkunde mit der Ernennung zum Hofmaler: „Seine churfürstliche Durchlaucht, unser gnädigster Herr, haben vermög des zu Höchst Ihro Hofkammer gefertigten Special-Decrets de dato 5. currentis gnädigst beschlossen, den Maler Johann Georg Ettlinger in mildester Anbetracht seiner bewährten Fähig- und Geschicklichkeit zu dero

Georg Desmarées: Der Künstler mit seiner Tochter Maria Antonia.
1760 für Kurfürst Max III. Joseph gemalt.

<

Hofmalern mittelst ausgefertigten Decrets huldreichest an- und aufzunehmen, auch selbigem zu mehrerer Aufmunterung ein jährliches Gehalt von Vierhundert Gulden a Prima January anni currentis dergestalten und in so lang zu verwilligen, bis derselbe in ein ordnungsmäßiges Gehalt eingetreten sein wirdet. München, den 15. Mai anno domini 1781."

Als weiterer Beweis fürstlicher Huld findet sich noch im Besitz der Familie Edlinger eine reizende silberne Rokokouhr, verziert mit den goldenen bayerischen Löwen auf dem Zifferblatt. Westenrieder war es vor allem, der immer wieder die Öffentlichkeit auf den zurückgezogen lebenden Edlinger hinwies, so in seinem „Jahrbuch der Menschheitsgeschichte in Bayern" von 1782 und seiner „Beschreibung der Haupt- und Residenzstadt München" von 1783. Er betont: „... daß Edlinger unstreitig zu den besten deutschen Portraitmalern gehöre."

Westenrieder ist die Beziehung des Malers zu dem Münchner Professor Johann Baptist Strobel zu danken. In dem bekannten Verleger und Buchhändler erwuchs dem Künstler ein begeisterter Verehrer und tatkräftiger Förderer. Diesem Strobel, einem von Einfällen sprühenden Mann im Umkreis der neugegründeten Akademie der Wissenschaften, verdankte Edlinger viele Aufträge, und von den Wänden des Festsaales der Akademie blickte noch lange manch bedeutender Kopf herab, den Edlingers Pinsel überliefert hat. Strobel erfaßte eine wahre Leidenschaft für Edlingers Porträtmalerei, und er ließ den Meister im Lauf der Jahre wahrscheinlich sämtliche Münchner Mitglieder des 1776 gegründeten und schon 1784 verbotenen Geheimbundes der Illuminaten porträtieren: Vorab sich selbst mit zwei Kindern, die Buchhändler Lentner und Lindauer (das Bild ist noch im Besitz der Familie), den Universitätsrektor Rottmanner mit Frau, dann Johann Georg von Lori, den Gerichtsdirektor Zwack, den Prediger Mutschelle von Baumkirchen und wahrscheinlich auch Westenrieder, der diesem Kreis nahestand, aber später wie Strobel den Bestrebungen der Aufklärer den Rücken kehrte. Laut Naglers Künstlerlexikon besaß Strobel rund zweihundert Porträts um Bayern verdienter Männer, die meisten von Edlingers Hand.

Der höfische Rokokomaler Georg Desmarées, der Hugenottensproß (geboren 1697), der in München zur Katholischen Kirche übergetreten war, zeigte sich unter Kurfürst Max III. Joseph als Meister im Porträtfach (Bildnis der Maria Anna Gräfin Holnstein aus Bayern). Als er am 3. Oktober 1776 in München gestorben war (er ist neben Beich an der Salvatorkirche begraben), öffnete sich für Edlinger der Weg zum Porträtmaler des bayerischen Adels. So hat er uns noch das Altersbildnis des Grafen Sigismund von Haimhausen hinterlassen, des Herrn auf dem Amperschloß zwischen Dachau und Freising, des ersten Präsidenten der Bayerischen Akademie der Wissenschaften und Initiators der Nymphenburger Porzellanmanufaktur. Das Bild stellt einen ähnlichen Höhepunkt wie das Gemälde der Elisabeth Augusta dar. In der Folge porträtierte er den Grafen Rumford, den Hofsekretär Valloni, den Grafen Törring und den Freiherrn von Branca, 1783 die Reichsgräfin Maria Theresia von la Rosée. Über die Herkunft ihrer Mutter, der bildhübschen Freiin Topor Morawitzky, breitete der bayerische Hof den Mantel geflissentlichen Schweigens. Vom Kurfürsten Karl Albrecht hatte sie ein von Zuccali errichtetes Palais an der Promenadestraße als Geschenk erhalten. Sie ließ es von François Cuvilliés in den Formen des Rokoko umgestalten. Am Gitterwerk sind in kunstreicher Schmiedearbeit heute noch die Initialen F T M zu lesen. Ihre Tochter Maria Theresia von la Rosée, die uns Edlingers Bild zeigt, war Herrin auf Schloß Possenhofen, der späteren Heimat von Kaiserin Sissi.

Unter Edlingers höfischen Bildern dieses Jahrzehnts ist auch das Porträt des kurfürstlichen Hofkapellmeisters Christian Cannabich, des gleich Edlinger zu Unrecht vergessenen Meisters, der mit Karl Theodor von Mannheim nach München gekommen war.

Nah beisammen lagen damals die einfachen Behausungen der Münchner Künstler. Bei Roman Anton Boos, dem Hofbildhauer, ging Edlinger ein und aus; er mußte nur nach rechts in die Damenstiftgasse biegen und sich nach links durch die Brunngasse ums scharfe Eck der Hackengasse wenden, um vor dessen Haus, der „Hundskugel“, zu stehen.

Der Sage nach sollen vor langer Zeit Hunde eine Kugel durch das Neuhauser Tor hereingewälzt und an dem Haus Nummer zwei in der Hackengasse niedergelegt haben. 1741 (im Geburtsjahr Edlingers) ließ sich hier Johann Baptist Straub, der berühmte Rokokobildschnitzer, Ignaz Günthers (1725–1775) Lehrer, durch seinen Freund, den Kirchenbaumeister Johann Michael Fischer, jenes Haus aufrichten, das wir heute noch sehen. Unter der von einem Baldachin beschirmten Madonna standen auf einem Spruchband bis in die vierziger Jahre des zwanzigsten Jahrhunderts die Worte: „Causa Nostrae Laetitiae“ — Ursach unserer Freude. Straubs Schwiegersohn Boos brachte als Füllwerk über der Tür eigenhändig ein Relief aus gebranntem Ton an. Es zeigt sechs Hunde, die mit einer großen Kugel spielen. Dort war Edlinger ein vertrauter Gast, führte Kunstgespräche mit dem treuen Freund Boos, spielte mit den Kindern, und schuf eines Tages auch ein Porträt der Familie des Hofstatuarius.

Das Gemälde ist seit vielen Jahren im Besitz des Bayerischen Nationalmuseums. Es zeigt uns die Mutter, behäbig-münchnerisch, daneben den Vater, ernst und versonnen, dazwischen die beiden in duftigen Tüll gekleideten Töchter, weiter hinten die ältere, den Arm zärtlich um die Schulter des Vaters geschlungen, davor die kleinere, spielerisch dem Vater einen glänzenden Apfel entgegenstreckend, den sie einer mächtigen Fruchtschale entnommen hat, die breit ausladend links unten das Bild beherrscht, von Trauben, Äpfeln und Nüssen überquellend.

In der Darstellung des rührigen Weingastgebers Franz Joseph Albert (dessen Wirtsstube im Münchner Stadtmuseum aufgebaut ist) und den späteren Bildnissen des Münchner Bürgermeister Joseph Utzschneider und der Torbräuwirtin Katharina Duschl, etwa um 1800, zeigt sich der allmähliche Vollzug einer entscheidenden Wandlung in Edlingers Maltechnik. Es kommt zu dem meisterhaften Bildnis jener unbekannten alten Frau, deren Spitzenhaube und knittriges Halstuch sich mit den Gesichtsfalten zu einem lichtdurchtränkten Filigranwerk „verästeln“, einem Bildnis, das uns heute fast an Goya erinnern möchte. Schonungslos erfaßt Edlinger das tiefere, eigentliche Wesen seines Gegenüber. Der Mensch als solcher, auch der alltäglichste, der alte, der arme, wird darstellungswürdig. Vielleicht hängt diese Wendung in seiner Malerei mit den Erfahrungen zusammen, die er jetzt in steigendem Maß an sich selbst verspüren muß. Der Adel scheidet als Auftraggeber mehr und mehr aus. Der Höfling, auch im Bilde auf Distanz bedacht, wendet sich von dem Einzelgänger ab; die wenigen Urkunden und Briefe aus dieser Zeit deuten auf Edlingers wirtschaftliche Sorgen. So schreibt er einmal in einer Eingabe an den Hof: „Mein niedergeschlagenes Gemüt wird, wenn ich die Meinigen unter sicherem Obdach fortgewärmt und gekleidet sehe, notwendig ruhig, und ich dadurch befähigt werden, bloß der Kunst nachzuhängen, um darin diejenige Stafel zu erreichen, die sich etwa von meinem Talent hoffen läßt.“

Auf die hier vorgetragene Bitte erhielt Edlinger freie Wohnung zugesprochen und winterlich sechs Klafter Holz. Ein weiteres Gesuch um Zulagegewährung von 1796 blieb erfolglos. Kriegsnot und Teuerung zwangen ihn, 1799 zu bitten, man möge – „in Erwägung meiner starken unversorgten Familie und der äußerst schweren Zeiten, welche meine Bestrebung hemmen und mich als Künstler außerstand setzen, zu leisten, was ich vermag, mir eine gnädigste Zulage zufließen lassen, wogegen ich mich – da ich nicht allein Portraits male – gerne verbinden wollte, jährlich ein Stück der churfürstlichen Galerie zu liefern“.

Aber kein Antwortschreiben ging mehr ein auf dieses Gesuch von 1799 und auch alle weiteren blieben erfolglos. Erschütternd ist die Klage Edlingers: „Ich habe erfahren und erfahre es noch täglich, wie unglücklich der Künstler sei, und wie sehr er in seiner Kunst zurück gesezet werde, wenn er mit Brod-Sorgen ringen, und diejenige Zeit, die er auf das Studium verwenden sollte, durch handwerksmäßige Brodarbeit hinbringen muß. Ein Weib mit vier Kindern erforderen, auch bei der mäßigsten häuslichen Einrichtung, schon ein Ziemliches, und oft war ich der Verzweiflung nahe, als ich sahe, daß all meine Anstrengung dennoch zur Notdurft nicht erglöcke.“

So war der große Künstlertraum ausgeträumt und Edlinger darauf angewiesen, Aufträge zu bekommen, je mehr, je besser; erhielt er doch für ein lebensgroßes Brustbild gewöhnlich nicht mehr als sechs Kronentaler (das sind 1964 rund 160 Mark) gezahlt. Er war zum Tagwerker geworden und konnte froh sein, daß er mit seiner alten Mariandl im Winter wenigstens eine warme Stube hatte. Auch ihr Bildnis hat er hinterlassen, mit dunkler Haube und Halspelz. Treuherzig schaut sie uns aus ihrem abgearbeiteten Gesicht an; Bitternis und Enttäuschungen haben tiefe Furchen hineingegraben. Es ist ein ergreifendes Bild. Aber seltsam, je weiter er in seiner Kunst fortschritt, um so weniger sollte er Aufträge finden. Und schon meldet sich auch die erste schulmeisterliche Kritik der Klassizisten:

„Ettlinger hat sich im Bildnismalen eine eigene, sehr kräftige Manier gemacht, die einen Mann ausspricht, der mit keckem Pinsel gerade auf die Natur losgeht. Da sein Pinsel fett und sein Kolorit etwas schmutzig ist, so muß man gestehen, daß er sich mehr für alte Männer- und Weiberköpfe eignet. Für junge Köpfe und besonders für das zarte und weiche Fleisch der Damen ist er nicht ganz willkommen, indem hierfür sein Inkarnat zu hart, sein Ausdruck zu grell, seine Schatten zu stark und selbst seine Haare zu sträubend gemalt sind.“ So schreibt Lipowsky im Baierischen Künstlerlexikon von 1810.

Adolf Feulners Äußerung, daß man in Edlingers Werken schöne Frauen nicht finde, höchstens sympathische, sagt noch lange nichts über den Rang seiner Porträtmalerei. Mehr als Edlinger kam den Auftraggebern der trockenere Joseph Hauber aus Kempten (1766 bis 1834) entgegen, der auch an der Akademie Professor Oefeles Nachfolger wurde. Er war ein viel in Anspruch genommener Gesellschaftsmaler. Weit über Hauber freilich stand ein anderer Favorit der vornehmen Gesellschaft, der große Gegenspieler Moritz Kellerhoven (1758—1830), der Vertreter einer angenehm glatten klassizistischen Richtung. Edlinger dagegen übersprang den Klassizismus, tat den Schritt von der Attitüde des Spätbarock zum modernen Realismus, wenn man so will. Es gab immerhin im damaligen München noch Leute, die ihn gelegentlich mit Aufträgen bedachten: etwa der Hofkomponist Peter von Winter, der heute so gut wie vergessen ist. Edlinger malte sein seit langem verschollenes Bild.

Ludwig Emil Grimm (1790–1863) hat in seinen „Erinnerungen aus meinem Leben" eine Begebenheit überliefert, die sich wohl im Jahre 1810 zugetragen hat. Johann Nepomuk Muxl, als Bildhauer ein Schüler von Boos, war mit dabei:

„Ein Münchner Original darf ich auch nicht vergessen, das ist der alte Hofmaler Edlinger, jetzt außer Mode, aber ein Maler, wie keiner in München ist. Der Mucker Muxl kam einmal und sagte: ‚Du Grimm, ist dir's recht, so wollen wir zum alten Edlinger und ihn zeichnen!' Wir gingen also mit den Zeichenbüchern nach der Kreuzgasse, wo seine Malerschule in einen einsamen Hof ging, wo man rechts auf einen alten, im italienischen Stil gebauten Kirchturm sah; es war noch seine alte Frau da und seine Schwester. Die waren im Vorzimmer, wo es sehr bürgerlich aussah: ein hölzerner Tisch, darauf ein Bierkrug und zwei Gläser, hölzerne Stühle und Bänke, die Wände voll alter dunkler großer Gemälde. Er saß vor seiner Staffelei und war sehr wortkarg, hatte einen ziemlich kahlen Kopf und wenig weiße Locken, war klein, breitschultrig; die Kleider, die er anhatte, waren abgeschabt, die alte grünmanchesterne Hose hing herunter, so daß zwischen der langen Weste und der Hose das Hemd heraushing; alte, nie geputzte Stiefel hingen in viel Falten herunter und graue wollene Strümpfe hatte er an. Er grüßte uns fast gar nicht und frug, was wir wollten. Er möge doch so gut sein und uns sitzen, wir wollten ihn gern zum Andenken zeichnen und dann seine Arbeiten besehen. Er setzte sich sogleich zum Zeichnen hin und sagte: ‚So fangen S' an!'

Nach einer Stunde waren wir fertig und beide Zeichnungen wirklich sehr ähnlich. Wir gaben ihm die Zeichnungen zum Besehen und er möge uns seine Meinung sagen. Er betrachtete jede lange. Dann sagte er: ‚Die beiden Zeichnungen sind halt nix nutz, so hab i halt gar kein Gsicht, schaun S' amal her, Herr Muxl, was haben S' denn da gmacht? Hab i denn so a Nasn? Des Gsicht is halt auch viel z'breit!'

Und über meines sagte er: ‚Der Herr hat halt noch mehr gfehlt. Da is de Stirn z'kloa, die Nasn z'groß, es geht halt nix z'samma, da derfen S', meine Herren, den Kopf glei no amal anfangen, das is nix; glaubn S', mei Kopf wär nur so a Gspasserl zum Zeichnen? Ja, warten S' a bisserl. Wenn S' wollen, will i Eahna an andersmal sitzen. Jetz hab i halt koa Zeit.'

Ich wäre beinahe mit lautem Lachen herausgeplatzt, aber der Respekt vor dem alten Mann und seinem Talent hielt mich zurück. Muxl machte ein verlegenes Gesicht und wurde bei dem ‚Lob' über und über rot. Nachher frug er, ob wir Schüler bei der Akademie wären. Als wir es bejahten, sagte er ironisch: ‚Jaja! Die Herren bei der Akademie glaubn alle, sie wären Hexenmeister, jaja, i woaß scho!'

Dann holte er untermalte und fertige Bildnisse und stellte sie auf die Staffelei. Die unfertigen Bilder sahen schändlich aus, fingerdick waren die Töne untereinandergeschmiert, und es war rätselhaft, wie er damit zustande kommen konnte, Bildnisse von Prälaten und anderen Geistlichen, die fertig und schon gefirnißt waren, stellte er uns ins rechte Licht.

Hier sah man die ernsten Geistlichen wirklich vor sich sitzen, sprechend oder nachdenkend, die Behandlung durch und durch geistreich, meisterhaft. Die Farbe, wie warm, glühend durchsichtig die große Harmonie im ganzen Bild: Den einfachen Hintergrund, der gar keine bestimmte Farbe hatte, wurde man gar nicht gewahr. Die Figur war so frei, daß man wahrhaft glaubte, um sie herumgehen zu können; Augen, Mund sprechend lebendig, alles stimmte am Kopf zusammen, alles war rund und auf Stirn und Nase der hellste Fleischton und die einzelnen Silberlocken flogen um die schöne hohe Stirn. Und der alte Maler stand vor uns, war ungebildet, konnte nicht sprechen, mürrisch, grob, einsilbig; aber er war ein Maler, wie keiner in München war und wie mir in der Art keiner wieder vorgekommen ist. Viele Münchner Familienväter haben sich von ihm malen lassen und die Bilder werden als Kleinodien aufbewahrt. Man erzählt allerlei von ihm. So hat er den alten Grafen Preysing (Max V.) angefangen zu malen und der hat ihm 60 oder 80 mal dazu sitzen müssen, so daß der alte Graf verdrießlich wurde und ihm sagte, wenn er nicht bald fertig würde, wolle er nicht mehr sitzen. Das Drohen war dem alten Maler aber einerlei, er ließ ihn immer wieder frisch fort sitzen; da sagte ihm der Graf, er werde nur noch einmal kommen, da müßte es fertig sein. Das nächste Mal, als zum letzten, saß der Graf sechs Stunden und setzte sich nachher an die Staffelei, um sein Bild zu sehen; er war mit dem Bild, zumal, da er so viele Male habe sitzen müssen, nicht ganz zufrieden. Der Maler schwieg aber still, mischte sich seinen Ton, setzte sich davor und strich das ganze Bild wieder zu und frug den Grafen, ob er Lust habe, ihm von neuem zu sitzen. Er war sehr eigensinnig und ärgerte die Leute so, daß jedem die Lust verging, sich von ihm malen zu lassen."

Konnte er sich schon persönliche Grobheiten nicht ungestraft leisten, so führte ihm seine verbissene Manie der malerischen Rücksichtslosigkeit nur noch Typen des niedersten Volkes zu, Bettler, Trinker, greise Spitalinsassen. Ein spätes Bildnis Edlingers zeigt den Einsiedler Elias Fischer, der trübe sinnend einen Totenschädel betrachtet. Leicht wird es uns, darin den Meister wiederzufinden, der in seinen späten Lebensjahren selbst zum Einsiedler geworden war. Der alte geplagte Mann galt in seinem Viertel nichts mehr, die Stadtjugend machte sich lustig über ihn, verspottete ihn seiner schlottrigen Kleidung wegen auf seinen letzten Spaziergängen. Der alte Maler hatte den Einsiedler mit dem bleichen Schädel als Abbild der eigenen Hinfälligkeit vor Augen, als er oft wochenlang das Bett nicht mehr verlassen konnte. Im Katalog der 1817 in München abgehaltenen Kunstausstellung ist sein Name nicht mehr erwähnt.

Am 15. September 1819, abends um sechs Uhr, schloß der bayerische Hofmaler Joseph Georg Edlinger für immer die Augen. So schlicht wie einen Bettler hat man ihn zu Grabe getragen, und nirgends erhob sich eine Stimme des Nachrufs, daß mit ihm ein

Joseph Georg Edlinger: Selbstbildnis im dunklen Rock. 1803.

Joseph Georg Edlinger: Maria Anna Barbara Edlinger,
die Gattin des Künstlers. 1803.
„Mariandl“ mit dunkler Haube und Halspelz.

Großer gegangen war. Als das wackelige schwarze Gefährt durchs Sendlinger Tor hinausholperte, als auf den Sarg des Armen, der andere reich gemacht hatte, die Schollen polterten, da gab es nur einen Menschen, der noch ärmer war — das war die gute Frau Mariandl. Alles, was man der 77jährigen Witwe zufließen ließ, waren monatlich 5 Gulden auf die Dauer eines Jahres. Nach Ablauf des Jahres ging ein verzweifelter Brief bei der Hofkammer ein: „Der letzte Monat ist nun gleich um — und ich lebe immer noch." Von diesen erschütternden Zeilen an schweigen die Akten. Die alte Mariandl ist ihrem „Herrn Edlinger", wie sie ihn zeitlebens genannt hat, am 16. Dezember 1823 nachgegangen.

Was bleibt zu sagen? Der älteste Sohn Joseph Sebastian, dem die Eltern ein Universitätsstudium ermöglicht hatten, seit 1817 Landrichter in Wegscheid am Fuß des Böhmerwaldes, wurde 1825 von König Ludwig I. in die bayerische Adelsmatrikel aufgenommen. An ihn kam der Nachlaß des Malers. Einer Feuersbrunst, die auch das Haus des Landrichters heimsuchte, fielen leider Edlingers Handzeichnungen und sämtliche Familienpapiere zum Opfer, so daß der Biograph auf die spärlichen Aufzeichnungen von Edlingers Zeitgenossen angewiesen ist. Das späte Bild des Einsiedlers mit dem Totenschädel dagegen wurde weiter vererbt.

„Edlinger ist durchaus Süddeutscher, Bayer, und seine Technik weist über Wien nach Italien. Täuschen wir uns nicht, so ist seine dünnflüssige, flüchtige und breite Malerei ein Nachklang des italienischen Fa presto" — schreibt schon 1906 August Goldschmitt in den „Münchner Jahrbüchern der bildenden Kunst". Hinweise auf Rembrandts Malweise können nur auf oberflächlicher Beobachtung beruhen. Venezianisches mag durch Vermittlung der Wiener Galerien und Oefeles Richtung auf Edlinger eingewirkt haben.

Thieme-Beckers Lexikon der bildenden Künstler von 1914 bezeichnet Edlinger als „hochbedeutenden Künstler, der neue malerische Werte zeitigte".

Der Münchner Kunsthistoriker Richard Paulus nennt Edlinger (im Katalog der Ausstellung der Galerie Paulus von 1929) „. . . den ersten bewußten Münchner Impressionisten. Das Modell ist so momentan gesehen, daß man vermeint, der Dargestellte macht jeden Augenblick einen Zug aus der Pfeife oder nimmt eine Prise aus seiner Schnupftabaksdose. Die psychologisch fein erhaschten Züge sprühen in gelockertem, fast flockigem Lebenskolorit und das dazwischen liegende Jahrhundert ist zusammengeschrumpft zu einem Zeitbegriff wie gestern."

Hermann Uhde-Bernays sieht in ihm den „rücksichtslosen Draufgänger im Sinne der l'art pour l'art, den unerhörten Virtuosen der Palette, den vortrefflichsten Beobachter jener menschlichen Eigenschaften, die Courbets ‚bon bock' aufs Erschütterndste charakterisiert hat."

Fragen über Fragen wirft dieses von Tragik umwitterte Leben und Nachleben auf, denn schlecht hat ihn seine Zeit verstanden und kaum besser haben wir sein Werk verwaltet. In Münchens gutbürgerlichen Kreisen hörte man am längsten Edlingers Namen sprechen. Aber wie anders sind die Verhältnisse auch hier geworden. Von vielen seiner Meisterwerke wird uns nie mehr eine Kunde erreichen, weil sie verkommen, verschollen oder in den Bombennächten verbrannt sind. Ein Prachtwerk wie das Porträt des Grafen Preysing hat München in den Besitz der Berliner Nationalgalerie gelangen lassen, das Bildnis des Grafen Haimhausen ging nach Darmstadt. Die Münchner Städtische Galerie, das Stadtmuseum, die Bayerische Staatsgemäldesammlung und das Bayerische Nationalmuseum besitzen zwar Werke Edlingers, aber — von wenigen Ausnahmen abgesehen — sind sie immer noch in Depots vergraben. Ist es die unbegründete Angst, provinziell zu wirken? Niemand Ernstzunehmendem würde es einfallen, den Londoner Gainsboroughkult zu belächeln, weiß er doch, daß Rechtes am rechten Ort immer welthaltig ist. Mit anderen Worten: München hat die Verpflichtung zu einer repräsentativen Edlinger-Schau einzulösen. Bestimmt könnte eine große Zahl seiner Gemälde vereinigt werden, es könnte registriert und photographiert werden, da immer noch das chronologische Werkverzeichnis und die Monographie Edlingers ausstehen, und es könnte der Versuch gemacht werden, die besten Werke für den öffentlichen bayerischen Kunstbesitz zu erwerben, um sie als Münchens großen Beitrag zur Porträtmalerei des frühen neunzehnten Jahrhunderts zu zeigen. – Edlingers Grab auf dem Münchner Südlichen Friedhof ist vor wenigen Jahren erst beseitigt worden.

*

Kurz nach der ersten Veröffentlichung dieser Zeilen ist Edlingers Ruhestätte – Sektion 12, Reihe 11, Grab 46 – durch einen liegenden Stein gekennzeichnet worden.

JOHANN GEORG VON DILLIS

Bayer und Europäer

„Ich durfte Dillis, den feinen, freundlichen, dabei ascetisch ausschauenden Mann begleiten, wenn er sein grünes Skizzenbuch mit sich führend langsam in den Englischen Garten hinabschlenderte. Auch in die Werkstatt kam ich und da gab er mir abgesehen von guten Winken für die Malerei auch manche wertvolle, nie vergessene christliche Mahnung zum Geleit in mein kommendes Leben." So erinnert sich im Jahre 1884 Franz Trautmann.

Wenn es einen gibt, dem wir es in besonderem Maß verdanken, daß die Münchner Pinakothek das ist, was sie heute ist, so heißt der Mann Johann Georg von Dillis. Und wenn dieser Mann eine noch größere Leistung vollbrachte, dann war es die als Maler. Denn seine eigentliche Bedeutung beruht auf seinem Künstlertum. „Daß er aber seine glänzenden künstlerischen Gaben", schreibt Waldemar Lessing, „mit denen in Einklang zu bringen vermochte, die ihm als Museumsmann zu Gebot standen, ist das nahezu Einzigartige an Dillis."

Johann Georg von Dillis entwuchs einem Stamm, der Jahrhunderte hindurch auf bayerische Art Beruf und Überlieferung wahrte. Er wurde als zweites von elf Kindern des kurfürstlichen Revierförsters Wolfgang Dillis und dessen Frau, der geborenen Bauerntochter Elisabeth Hauspfleger, am Stephanitag 1759 in der Einöde Grüngiebing zwischen Dorfen an der Isen und Wasserburg am Inn geboren. „Der Vater war", wie Dillis selbst in seinem Lebenslauf schreibt, „mit vielen Kindern überhäuft und außer Stand, denselben eine angemessene Ausbildung zu verschaffen und die Anlagen bei seinem ältesten Sohn Georg würden unentwickelt geblieben sein, wenn nicht der scharf sehende und wohltätige Churfürst Maximilian der Dritte denselben in seinem sechsten Jahr nach München berufen und aus der Kabinettskasse unterstützt hätte."

Im Jahre 1768 erfolgte auf kurfürstliche Kosten seine Aufnahme in das Münchner Gymnasium; Kurfürst Maximilian III. Joseph selbst stand hinter dem Buben als Firmgöde am Speisgitter.

Der Kurfürst starb im bayerischen Schicksalsjahr 1777, was Dillis so beschreibt: „Mit dem unvermuteten und zu früh erfolgten Ableben des Churfürsten Maximilian Joseph des Allgeliebten war der Gnadengehalt aus der Kabinettskasse erloschen. Hilflos stand nun der Jüngling auf dem Scheidewege und kein anderer Ausweg war für denselben übrig, als seine wissenschaftliche Laufbahn in dem Collegium Albertinum zu Ingolstadt, wo er sich der Theologie widmete, zu vollenden."

Am 21. Dezember 1782 wurde Dillis in Ingolstadt zum Priester geweiht. Im gleichen Jahr besuchte er aber schon Kurfürst Karl Theodors Zeichnungsakademie in München. Franz Ignaz Oefele und Johann Jakob Dorner der Ältere (1741—1813), der allegorienfreudige Maler Kurfürst Karl Theodors waren die Lehrer. Seitdem ließ ihn die Kunst nicht mehr los, so daß ihm vier Jahre später ein Dispens von den geistlichen Verpflichtungen erteilt wurde. Er unterrichtete die kurfürstlichen Edelknaben im Zeichnen, nahm auch drei seiner Brüder bei sich auf, unterwies sie im Malen und bildete insbesondere Cantius Dillis (1779—1856) zum guten Landschafter aus. In dieser Zeit machte er dank der Förderung durch den Grafen Rumford seine ersten Reisen „in die interessantesten Gegenden des baierischen Gebirges". Auf einer vom alten Grafen Max von Preysing finanzierten Reise zeichnete er am 25. Juni 1788 zu Straßburg den zweijährigen Pfalzgrafen Ludwig August, den späteren König Ludwig I. Das war ein glücklicher Umstand, denn „infolgedessen wurde der Künstler im Jahre 1790 als Inspektor der von dem Churfürsten Carl Theodor neuerbauten Gallerie im Hofgarten angestellt".

Auf einer im gleichen Jahr als Begleiter des kunstliebenden Engländers Palmerston unternommenen Reise nach Salzburg bildete der Landschafter Dillis seinen Pinsel an der Natur zur reifen Meisterschaft.

In den folgenden Jahren besuchte er die Galerien in Dresden, Prag und Wien und begab sich auf seine erste Italienreise über Livorno und Korsika nach Rom.

Die Jahre 1796 und 1797 brachten dem Galerieinspektor eine große Aufgabe, nämlich die Bergung von 615 Gemälden vor Moreaus Invasionsarmee nach Linz, und als der Korse sich von Oberitalien her Wien näherte, zurück nach Passau und Straubing. Im Anschluß an eine Schweizreise, die ihn über Lausanne bis Mailand führte, hatte Dillis im Jahre 1800 nach dem Regierungsantritt des „guten Königs Max" erneut die bedeutendsten Münchner Gemälde in Sicherheit zu bringen, diesmal nach Ansbach, wo er ein Jahr lang in künstlerisch genutzter unfreiwilliger Muße blieb.

Felix Joseph Lipowsky schreibt 1810 in seinem „Baierischen Künstlerlexikon": „Im Jahre 1803 erhielt Dillis den Auftrag, die besten Gemälde aus den aufgehobenen Klöstern Baierns für die Kgl. Gallerie auszuwählen, dem er mit aller Zufriedenheit als Kunstkenner und Künstler zum Besten der Kunst entsprach." Man hat später mit Vorwürfen gegen Dillis nicht gespart und ihn mit Kajetan Weiller zusammen als eine Art Judas geistlichen Standes bezeichnet, ohne zu berücksichtigen, in welcher Situation er sich in den Jahren der ungezügelten Aufklärung befand, einer Zeit, aus der er nicht „aussteigen" konnte, und ohne auch zu berücksichtigen, daß es nur ihm zu danken ist, wenn in den Säkularisationswirren nicht noch weit mehr Kunstwerke zugrundegegangen sind.

1805 unternahm Dillis wieder eine ausgedehnte Reise nach Italien. Dieses Mal wollte der Museumsmann alle Schulen der italienischen Malerei kennenlernen. In Rom verkehrte er mit den Malern Joseph Anton Koch (1768–1839), Angelika Kauffmann, Johann Martin Wagner (1777–1858) und dem Bildhauer Thorwaldsen. Dann ging die Fahrt weiter nach Tivoli, Neapel und Pompeji. 1806 folgte er über Florenz, wo er sich den Besuch der Galerie nicht entgehen

Johann Georg von Dillis: Viadukt

ließ, und die Schweiz einem Ruf des Kronprinzen Ludwig nach Paris.

Um diese Zeit wird Senefelders, des Münchners, Erfindung des Steindrucks bekannt, und Dillis notiert in Paris: „Steindrückerey von München erregt hier viele Aufmerksamkeit. Man ist schon auf den Spuren des Geheimnisses. Die Künstler geben sich alle Mühe selbes herauszubringen. Die Regierung in München sollte diesen Zeitpunkt noch benützen, selbes allgemein bekannt zu machen, um ganz die Ehre dieser Erfindung für das Vaterland Bayern einzuernten."

In Paris studierte Dillis die Kunstwerke des „Musée Napoléon", wie der Louvre seit 1803 hieß. „Es ist ein außerordentliches Vergnügen, in die hiesigen Kunstsammlungen zu treten", schrieb er in sein Heft. „Ich werde Paris nicht eher verlassen, als bis ich mich allem ganz vertraut gemacht habe. Ich bin überzeugt, daß die kostbaren und zahlreichen Kunstsammlungen in München durch ähnliche Aufstellung und Einrichtung außerordentlich gewinnen können." Ludwig hat den „type napoléon" (Napoleons Anordnung der Gemälde) dreißig Jahre später auf die Pinakothek übertragen.

In Paris lernte nicht mehr der Künstler Dillis, nur noch der Museumsmann. So schreibt er schmerzlich resignierend: „Ich habe nun die Ausübung meines Talents dem höheren (scil. musealen) Zweck untergeordnet." Nun aber zeigt sich jenes „Einzigartige an

Dillis“, nämlich, daß der Maler — weitermalt. Nicht mehr ganz so dicht folgt ein Bild dem anderen, aber der Pinsel ruht nicht bis zu seinem letzten Lebenstag. Und ein langes Leben liegt zwischen der Straßburger Porträtzeichnung des zweijährigen Kronprinzen und der letzten Bachszene im Englischen Garten. Die Reihe der bedeutenden Bilder hebt mit dem „Bauerntanz“ an. Die Familie Dillis sehen wir vor dem Forsthaus Grüngiebing versammelt, dem Geburtshaus des Malers, das leider vor nicht allzulanger Zeit abgerissen worden ist. Im Jahre 1797 taucht Dillis das barocke Trivaschlößl in goldenes Nachmittagslicht. Das Schlößl, nahe dem Schwabinger Tor und der Theatinerkirche gelegen, wurde 1802, bei der Beseitigung des Glacis, abgebrochen. Dann malt Dillis Partien in Schwabing, Bauernhäuser, Bäche, dahinter hervorlugend den spitzen Turm der Silvesterkirche, die Wirtschaft zum Grünen Baum an der Münchner Floßlände, die Praterinsel mit dem Prinz-Carl-Palais, die Isar am Lehel — für immer entschwundene Ansichten —, einen Blick in den Hirschgarten bei Nymphenburg mit lichtdurchschimmerten Baumriesen, Felshänge nächst Wolfratshausen, das Törringsche Schloß Seefeld am Pilsensee mit weitem Blick auf den Ammersee, die Sankt-Emmerams-Kapelle bei Kleinhelfendorf in durchbrochener Duftigkeit und immer wieder Dietramszell mit großer Alpenkulisse, Fischbachau, den Kochelsee, Ruhpolding und das Inntal. Selbst in Paris bleibt er der Heimat treu, wenn er nach seiner mitgeführten Skizzenmappe zwei Radierungen zeichnet, „Großer und kleiner Isarsteg in der Au“. Gustav Pauli schrieb 1934 über den Maler Dillis: „Mit leichter Hand wußte er die naturalistische Unterströmung des Rokoko mit dem bürgerlichen Stil der neuen Zeit zu verbinden ... Er verstand es vortrefflich, das Motiv einer Vedute bildmäßig abzurunden, und hat uns — zumal in rasch vollendeten, studienartigen Bildlein geringen Formats — Schöpfungen hinterlassen, in denen man eine der frühesten Voraussetzungen des Impressionismus erblicken mag.“

Von Paris aus begab sich Dillis mit dem Kronprinzen nach Südfrankreich, über Grenoble, Avignon, Nîmes, Marseille, Antibes, Perpignan, bis knapp über die spanische Grenze. In Figueras kehr-

Joseph Georg Edlinger: Bildnis Albaneder.
Der alltäglichste Mensch, der alte, der arme, wird darstellungswürdig.

Moritz von Kellerhoven:
Bildnis des Galerieinspektors Johann Georg von Dillis.
Der Museumsmann und Maler im Alter von 35 Jahren.

Johann Georg von Dillis: Blick von der Praterinsel zum Gasteig.
„Der von Naturanlage weitaus begabteste Münchner Landschafter".

Johann Georg von Dillis: Blick auf Dietramszell

ten die Reisenden um. Auf dieser Fahrt entstanden 81 Zeichnungen und Aquarelle: „Voyage pittoresque dans le Midi de la France.“ Ludwig dankte: „Durch Ihre Gegenwart wurde freudiger mir der freudige Aufenthalt in Frankreichs mittäglichen Provinzen, deren reizendste Gegenden Ihr Pinsel in lebender Anmut mir gab.“

Dann begleitete Dillis den Kronprinzen bis Berlin und kehrte Anfang 1807 allein nach München zurück.

Das Jahr 1808 brachte ihm die Verleihung des Verdienstordens der bayerischen Krone und des persönlichen Adels. Im gleichen Jahr erhielt er die Professur für Landschaftsmalerei an der Akademie der Bildenden Künste in München und wurde mit der Leitung der Handzeichnungssammlung betraut.

In Paris hatte er notiert: „Das erste, was ich auf dem Musé zu München zu unter nehmen habe, ist die Sammlung von Zeichnungen in eine Ordnung zu bringen — den Vortrag zu machen, daß eine Auswahl von 300 sogleich unter Glas und Rahmen, welche als Passe par tout dienen, aufgehängt und dem Publikum zum Genuß ausgestellt wird. Diese Zeichnungssammlung soll in chronologischer Ordnung aufgestellt werden.“ Die Staatliche Graphische Sammlung war geboren. Ihr erster Leiter hieß Georg von Dillis.

Die Inventarisierung, die sich auf immerhin 9600 Nummern belief (darunter manches Blatt aus der Kunstkammer Herzog Albrechts des Fünften), schloß er noch in diesem Jahr ab.

Gleich darauf begab er sich mit dem Bruder Cantius zum Ankauf von Kunstwerken nach Italien. Die Stationen hießen: Verona, Venedig, Bologna, Rom, Assisi, Perugia und Florenz. Aus dieser Zeit stammt ein Brief des Kronprinzen: „Sende Ihnen hiermit Wechsel von 24 000 Gulden, um Raffaels Bildnis, gemalt von ihm selbst, in Florenz zu kaufen, wenn es ein sicherliches Werk ist, gänzlich rein und gut erhalten. Können Sie Raffaels Bild wohl verwahrt in Ihrem Wagen mir bringen, wird mir das Angenehmste sein, wohl gesorgt, daß auch im Falle, er würfe um, kein Schaden demselben geschehen kann.“

Die Rückreise im Jahre 1809 führte ihn durch Tirol. Beim befreundeten Forstrat Schilcher in Dietramszell wurde ein längerer

Aufenthalt eingelegt. 1810 sehen wir Dillis im damals bayerischen Innsbruck mit der Hängung von Gemälden in der dortigen Residenz beschäftigt, 1811 weilt er zum Ankauf von Skulpturen in Verona, 1812 in Rom, um antike Skulpturen nach München zu verbringen.

1814 bat Dillis um seine Enthebung von der Professur der Landschaftsmalerei. „Ich kann es unter solchen Menschen nicht aushalten, ich muß meine Entlassung begehren.“ (Statt des harmlosen Wortes „Menschen“ steht in seinem Konzept allerdings „Kunstbestien“ zu lesen. Das harte Wort war von ihm später ausgestrichen worden.) Joseph Anton Koch etwa hatte sich nämlich so geäußert: „Aus der Natur wird die grobe Materie genommen und wird in ein Kunstwerk umgebildet.“ Dem sinnenfrohen, im Geiste des Barock erzogenen Altbayern erging es wie Edlinger; ihm lag diese „Inhaltsmalerei“, die kühle Gedankenkunst nicht, die zusehends an Raum gewann, als der von Montgelas begünstigte Düsseldorfer Johann Peter von Langer (seit 1806) Direktor und sein Sohn Robert (1783—1846) Professor der Münchner Akademie war. Immer von neuem erlegte er sich aber Beherrschung auf. So bekam er zur Monumentalmalerei nie ein Verhältnis, berichtete aber 1820 mit vornehmer Zurückhaltung dem Kronprinzen über die Glyptothekfresken: „Ich habe auf der Glyptothek die bereits vorgeschrittenen Freskogemälde in Augenschein genommen und gefunden, daß die hier erwähnte fresco Gemälde Schule große Fortschritte macht und selbst die dabey aufgenommenen jungen Künstler sich in die klassische Art Mahlerey bald einstudieren. Wenngleich die ersten Versuche etwas hart austrocknen, so sind die letzteren schon markicht und sehr verschmolzen. Der Capo Maestro selbst, Herr Cornelius, wird immer mit den geeigneten Farben und deren Auftrag vertrauter. Die letzte zwey weiblichen Köpfe sind von einem außerordentlichen Schmelz und einem glücklichen Farbtone und ich kann sie nicht genug bewundern.“

Im Jahre 1815 reiste Dillis nach Paris, um dort neue Gemälde für die bayerischen Sammlungen zu erwerben und einen Teil jener von Napoleon entführten Kunstwerke, insgesamt 28 bedeutende

Bilder, darunter Meisterwerke von Grien, Beham, Burgkmeir, Cranach, Tizian und Rubens, oder etwa Altdorfers Schlacht bei Issus — die Alexanderschlacht —, nach München zurückzuholen. 1816, im Anschluß an eine Fahrt nach Salzburg, machte Dillis mit seinem Freund, dem Domherrn Balthasar Speth, eine größere Reise nach Rom und Neapel. Das Jahr 1817 brachte einen kurzen Ausflug nach Como und schließlich jene ausgedehnte, berühmt gewordene Italienreise mit dem Kronprinzen, die ihn bis Sizilien führen sollte. Es war immerhin die neunte Reise, die Dillis nach Italien unternahm, so daß der Zeitgenosse Christian Müller mit Recht schreiben konnte: „Kein bairischer Maler ist so viel und mit soviel Nutzen für den Staat und für sich gereist ... Dillis ist wohl jetzt mit Wagner in Rom der gelehrteste Maler, der größte Gemäldekenner und bewährteste Ratgeber in Kunstsachen, den Baiern besitzt und sein Hof vertraut ihm und ehrt ihn mit Recht als solchen.“ (Johann Martin Wagner — 1777 bis 1858 — erwarb für Ludwig I. die äginetischen Skulpturen und den Barberinischen Faun.)

Der Münchner Arzt Prof. Dr. Johann Nepomuk von Ringseis (1785—1880) schreibt in seinen Erinnerungen: „Dillis, schon in den Sechzigern, war ein ruhiger, freundlicher Mann, hatte längere Zeit in Italien gelebt und war als Fachmann in Sachen der Kunstschulen sowie als selbsttätiger Künstler zur Reise geladen. Daß er Priester sei, erfuhr ich erst spät. Zwar las er von Zeit zu Zeit die Messe, doch weiß ich nicht, welches seine religiösen Gesinnungen gewesen ... Am 15. Oktober morgens fuhr die ganze Reisegesellschaft um fünf Uhr in zwei Wägen von Nymphenburg ab.“

In Catania notiert Ringseis am 11. Dezember 1817: „Voran auf stattlichem Rappen ein Campiere in roter, blauausgeschlagener Uniform; dann mit grünlederner Kappe der Prinz zu Fuß, Graf Seinsheim neben ihm in ähnlichem Kostüm wie er; der Bediente des Kronprinzen, ich auf einem Maulesel, mit Schuhen, langen gelben Hosen, dem Rhabarberrock, grüner Haube, Brillen auf der Nase und einem Buch in der Hand; dann eine leere Sänfte von zwei Maultieren getragen, noch ein drittes leer gehendes; in der zweiten Sänfte Dillis, ebenfalls die Brille auf der Nase, aber die

Gegend betrachtend und zeichnend; Graf Sceverras auf einem stolzen Maul, edel wie ein General und gewandt wie ein Italiener; hierauf in langem, schwerem Zuge folgend die Bedientenschaft mit den Lastmaultieren; Ghecco, der Kammerdiener des Grafen Seinsheim, als Adjutant auf einem flüchtigen Maule den Zug auf und ab reitend. Schließend endlich die ganze Karawane, ein zweiter Campiere auf einem Falben, eine Wurst in der einen, eine Flasche in der andern Hand. Auf einer Porzellanvase, Geschenk des Ministers Freiherrn von Lerchenfeld zu meiner Hochzeit, ist unser Zug in ungefähr obiger Weise nach einer Zeichnung von Dillis in sehr schönem sonnigem Gemälde dargestellt."

Die Vase befindet sich heute im Bayerischen Nationalmuseum. Wenn wir sie dort betrachten, machen wir uns allerdings keinen rechten Begriff von der Beschwerlichkeit damaligen Reisens, etwa von der gefahrvollsten Strecke der sizilianischen Wanderschaft: Um fünf Uhr früh brach der Zug von Sankt Agatha auf. Der Weg führte senkrecht über dem Meer an ungeheuern Felswänden hin und war so schmal, daß man jede Sekunde auszugleiten und in die grausige Tiefe zu stürzen drohte. Mit äußerster Anspannung aller Kräfte arbeiteten sich Prinz Ludwig und sein Gefolge Schritt für Schritt durch die Felsen hindurch. „Todmüd, die schlichte Reisekleidung mit Straßenkot beschmutzt" – schreibt Ringseis –, „langten wir endlich um 10 Uhr Nachts in Cefalu an. Der Bischof, bei dem wir abstiegen, erwartete uns schon seit vielen Stunden mit dem versammelten Domkapitel. Die Herren erbleichten und schlugen die Hände zusammen, daß wir einen solchen Weg, bei Tag schon halsbrechend, in dunkler Nacht gewagt. Kurz vorher waren auf diesem Wege zwei Maultiertreiber samt ihren Tieren in die Tiefe hinabgestürzt. Plötzlich fing Dillis, der vorgerückte Sechziger, der mit seinem gerollten Mantel schweigend dagestanden, laut und heftig zu schluchzen an; waren doch wir Jüngeren von der Beschwerde wie gerädert, von der bestandenen Gefahr und der nachträglich noch gesteigerten Erkenntnis derselben ganz erschüttert. Tröstend nahm ich den alten Mann unter den Arm, und dem über diesen Ausbruch ergriffenen und bestürzten Prinzen die Hoffnung

Johann Georg von Dillis: Das Trivaschlößl

Johann Georg von Dillis:
Isarsteg, Partie aus der Vorstadt Au bei München. 1806.
Selbst in Paris bleibt der Künstler seiner Heimat treu.

aussprechend, daß durch Ruhe, durch Stärkung mit kräftiger Suppe und edlem Wein das Gleichgewicht von Geist und Leib bald wieder hergestellt sein werde, geleitete ich den Erschöpften auf sein Zimmer, erbat mir, während die Gesellschaft zur Tafel ging, für mich selber Speise und Trank dorthin, bewog ihn sich zu legen und mit mir essend und trinkend sich zu erquicken und leistete ihm Gesellschaft, bis er entschlummert war. Den nächsten Morgen befand er sich wohl und vermochte über seinen gestrigen Zustand und die vorhergegangenen Abenteuer wieder herzlich zu lachen."

Aus den zahlreichen glücklichen Italien-Landschaften, die wir von Dillis kennen, ragen jene auf der Rückreise, anläßlich eines im Frühjahr 1818 eingelegten Aufenthalts in der römischen Villa Malta auf dem Monte Pincio, entstandenen drei Ansichten hervor: Blick von der Villa Malta auf den Quirinal, auf das Kapitol mit dem Palatin, auf Sankt Peter. Daß Graf Schack diese höchst bedeutenden Gemälde als Werke Carl Rottmanns ansah, wird nur erklärlich, wenn wir uns vergegenwärtigen, daß der Maler Dillis fast ganz der Vergessenheit anheimgefallen war. Wie Ironie berührt es, daß Hugo von Tschudi noch 1906 schreiben konnte, die drei römischen Ansichten seien so hervorragende Meisterwerke, daß sie außer Rottmann nur noch einem Corot hätten glücken können. An Dillis dachte kein Mensch.

Die meisten Kunstgeschichtler des 19. Jahrhunderts schweigen ihn tot. Naglers Künstlerlexikon erwähnt ihn kaum, Pecht leugnet seine Bedeutung. Daß seine Bilder weder Ausdruck *von* etwas noch *für* etwas waren, galt als zu wenig. So widersinnig es klingt: Daß Dillis nichts „wollte", daß er nur sehr viel „konnte", war es, was ihm geschadet hat. Über den Einfluß des Pietismus auf die bildende Kunst ließe sich gut schreiben.

Erst in unserem Jahrhundert trat eine Generation junger Kunsthistoriker auf den Plan, die ihm mehr Gerechtigkeit widerfahren ließ, darunter Adolf Feulner und Hermann Uhde-Bernays. 1922 schrieb Paul Ferdinand Schmidt: „Dillis ist der von Naturanlage weitaus begabteste Münchner Landschafter ... Und er hätte das Zeug gehabt, als Erster und wahrhaft Großer die Früchte des

Münchner Realismus zu pflücken, die um vieles später ... an Lier und Schleich gefallen sind ..." Zwei Jahre später, 1924, erkannte Eberhard Hanfstaengl die drei römischen Ansichten der Schackgalerie als Werke von Dillis und half so seinen Ruhm, den man bisher ohne weiteres anderen zugestand, ihm aber nicht gönnte, begründen. Und plötzlich stand auch sein Gesamtwerk im Mittelpunkt des Interesses, jene zahlreichen Blätter insbesondere, die stimmungsvolle Landschaften beim Aumeister und überhaupt den seit 1768 von Carl Theodor angelegten Englischen Garten mit seinen bizarren Eichen, Eschen und schäumenden Wasserfällen zeigen. „Dillis besaß die intimste Empfindung", schreibt Ulrich Christoffel 1937, „gerade für den besonders malerischen Charakter des Englischen Gartens. Überraschend und bezaubernd zugleich sind auch seine Wolkenstudien, in denen er in weißer Höhung auf blauem Papier die dunstigen Gebilde am Himmel lange vor Menzel mit dem sicheren Gefühl sowohl für das Dekorative des Flächenbildes wie für das Räumlich-Atmosphärische und Luftige beobachtet und zeichnerisch wiedergegeben hat." Solch eine Studie von Wolken, die hinter Türmen und Kuppel der Theatinerkirche aufziehen, zeichnete er von seinem Schreibtisch über den nördlichen Hofgartenarkaden aus (dort, wo jetzt der Kunstverein etabliert ist).

Nun konnten auch die bedeutenden Monographien Waldemar Lessings und Richard Messerers (nach dessen Werk hier verschiedentlich zitiert wird) erscheinen. Schließlich schreibt Herbert Schindler 1963: „Seine Bilder ... zählen nicht nur zu den besten Leistungen deutscher Landschaftsmalerei in der ersten Hälfte des 19. Jahrhunderts, sondern sie dürfen ... als singuläre Vorläufer des Impressionismus gelten. Der silbrige Ton der Luftperspektive, das Verschwimmende der Silhouette, die flott hingesetzten Lichter, die hellen Braun- und Grüntöne in ihrem saftigen Auftrag, die Vehemenz der Niederschrift erfassen ... die Frische eines oberbayerischen Idylls auf das unmittelbarste."

Die Strapazen verschiedener im Anschluß an die große Italienfahrt unternommener beruflicher Reisen und der Neuordnung aller nordbayerischen Galerien in Nürnberg, Bamberg, Würzburg und

Aschaffenburg bewogen Dillis zum erstenmal im Jahre 1821, um einen fünfwöchigen Urlaub einzukommen. Er verbrachte ihn in Berchtesgaden und Salzburg, wo der Maler reich auf seine Kosten kam. Wenige Monate später, am 5. Januar 1822, fand die Laufbahn des Museumsmannes Dillis ihre Krönung: „Wir Maximilian Joseph von Gottes Gnaden König von Bayern finden uns bewogen, die durch den am 3. Jänner erfolgten Tod des Centralgalleriedirektors Christian von Mannlich erledigte Stelle eines Centralgalleriedirektors unserer Gemälde- und übrigen Kunstsammlungen dem bisherigen Inspektor der Gallerie und des Cabinets der Handzeichnungen und Schnitzwerke Georg von Dillis in Rücksicht auf dessen vorzügliche Kenntnis im Kunstfache zu verleihen."

Der alte König Max, der es geliebt hatte, mit seiner Gemahlin an manchen Nachmittagen Spazierfahrten an den Ufern des Tegernsees zu unternehmen, die nicht selten mit einer Jause bei einem der vertrauten Bauern endeten, sollte am 13. Oktober 1825 in Nymphenburg sterben. Wie Friedrich Thiersch im „Kunstblatt" von 1825 schreibt, machte Dillis ihm die letzte Freude: „Noch unmittelbar vor seinem Tode erfreute und rührte König Max ein neues Gemälde vom Tegernsee, mit welchem ein ihm werter Maler ihn zu seinem Namenstage überraschte. Als ob er von der Ahnung seines Schicksales beim Anblick des schönen Werkes ergriffen würde, und das Gefühl sich seiner bemächtigte, er werde den stillen Sitz seines Alters nicht wiedersehen, stand er lange und in tiefer Wehmut vor dem Bild und nachdem er sich mit beiden Händen die Augen bedeckt hatte, sprach er die ahnungsvollen Worte: ‚Mein liebes Tegernsee! Noch habe ich dich hier, wie du bist, in deiner ganzen Frische und Fülle. Doch ich weiß, wem ich dich zurück lasse.' So warf der Genius der Kunst noch einen heiteren Strahl selbst in den letzten Tag, der dem edlen Fürsten bestimmt war."

Während all dieser Jahre gab es ein schier endloses Hin und Her und tausend verzwickte Für und Wider um die Frage: Erweiterung der alten, zu klein gewordenen Galerie am Hofgarten oder gänzlicher Neubau? Dillis, der es gern gesehen hätte, wenn die Galerie an der alten, den Münchnern gewohnten und vertrauten Stelle verblieben wäre, neigte erst einem Umbau zu. Später schlug er dann einen Neubau just an der Stelle vor, wo sich heute „das Haus der Kunst" erhebt. Ludwig aber wollte weiter draußen bauen, ohne daß er es hätte befehlen dürfen, denn noch regierte sein Vater. So geriet Dillis zwischen die Stühle des Finanzministeriums und des Innenministeriums, des Königs Max und des Kronprinzen. Schließlich schrieb Ludwig am 23. August 1822 höchst ungeduldig: „Dillis! Machen Sie nicht, daß durch Ihre Schuld der Bau unterbleibt ... Ich hoffe, lieber Dillis, daß Sie mich nie hindern werden, mich immer nennen zu können Ihren Ihnen wohlgewogenen Ludwig Kronprinz." Und deutlicher wenige Tage später: „Zwingen Sie mich nicht, meine alten so oft bewährten Gefühle gegen Sie zu ändern, machen Sie, daß ich mich immer nennen kann Meines lieben Dillis sehr geneigter Ludwig Kronprinz."

Am 30. Juni 1823 endlich kann Ludwig dem Central-Gallerie-direktor mitteilen: „Wie lieb ist es mir, ich wiederhole es, daß der König für den Bau einer neuen Gallerie sich entschieden hat. Die alte, auch wenn daran geflickt und gestückt würde, bekäme meine Gemälde nie zu enthalten. In der neuen, nach Ihren trefflichen Gedanken beleuchtet und abgeteilt in Säle und daran stoßende Cabinette, die Sie so viele gesehen und verglichen, reiflich überlegt haben, werden die Gemälde herrlich stehen."

1824 schreibt der Kronprinz: „*Warm* und *schön* wird das Nest, wenn die Pinakothek erbaut ist. Aber ich hoffe, daß die Täubin nicht viel später in München einfliege, als der Grundstein in die Erde gesenkt sein würde ...!" Zur Erklärung des Wortes „Täubin", mit dem Ludwig Raffaels „Madonna Tempi" meinte, deren Erwerb sich von 1808 bis 1829 verzögerte, sei erwähnt, daß der Kronprinz 1812 aus Innsbruck an Dillis geschrieben hatte: „Sehnend girrt der Tauber, schon lange über die Alpen geflogen, nach der Täubin, daß sie ihm doch endlich folgen möge." Solche Decknamen, wie etwa „Der Schlaf" für den Barberinischen Faun, wurden zwischen Ludwig und Dillis gebraucht, um alle Neuerwerbungen bis zu ihrem endgültigen Abschluß streng geheim zu halten. Dillis ist es zu danken, daß der Kronprinz in den Besitz so zahlreicher Gemälde, deren wir Nachfahren uns zu erfreuen haben, zum Beispiel der barocken Rubenslandschaften, gelangte.

Das „Kunstblatt“ von 1826 meldet: „Schon vor drei Jahren ward von dem Centraldirektor der bayr. Gemäldegallerie Herrn von Dillis ein neues und genaues Inventar über die dem Bayerischen Staat gehörigen Gemälde gefertigt, welche in den Galerien von München, Schleißheim, Augsburg, Nürnberg, Bamberg und in mehreren Königsschlössern zerstreut sind und das Resultat betrug ungefähr 8000 Ölbilder ... So erteilte der höchstselige König Max Joseph dem Königlichen Hofbauintendanten Herrn von Klenze den Auftrag, im Einverständnis mit dem Central-Galleriedirektor Herrn von Dillis Vorschläge über die Herstellung einer angemessenen Localität in München zu machen. Der Geburtstag Raffaels, der 7. April 1826, ward zur Grundsteinlegung festgesetzt ...“

Am 6. April des darauffolgenden Jahres brachte Dillis nach achtzehnjährigen Verhandlungen endlich den Ankauf der Sammlung Boisserée in Stuttgart zum Abschluß. Sulpiz Boisserée hatte schon 1816 an Cornelius berichtet: „In jenem Jahre, da wir nach Berlin ziehen sollten, kam der Kronprinz morgens früh ganz allein zu mir, um uns abzuraten, nach dem Norden zu gehen; wir möchten nach München kommen, fügte er hinzu, und bei Katholiken bleiben. Es sei das doch weit gemütlicher als unter Protestanten zu leben.“

„Bei den Protestanten“ hatte Schinkel, verbittert, daß der König von Preußen die Sammlung Boisserée offensichtlich nicht zu erwerben beabsichtigte, im gleichen Jahr an den Staatsminister von Altenstein geschrieben: „... Diesen Vorzug der Sammlung hat man überall gefühlt und daher die großen Anerbietungen, welche die Herren Boisserée von Wien, München, Frankfurt, Rußland etc. erhielten. Baiern insbesondere ließ vorlängst schon durch den Herrn von Dillis, den einsichtsvollen Generalaufseher aller Kunstsammlungen des Landes, eine Summe von fünfhunderttausend Gulden als bar zu zahlendes Kaufkapital anbieten, wodurch die Sammlung aber sogleich ... ein Eigentum des Staates werden sollte. Dieser Mann, welcher seit lange schon die ungemessenste Ordre hat, die

Gallerie deutscher Meister zu Schleißheim zu vervollständigen, sucht in den ganzen Niederlanden und Deutschland vergebens nach Bildern von Eyk, Hemling, Schoorel und Lucas von Leyden. Das Schicksal wollte, daß die meisten Werke dieser großen Meister in der Reformation, in dem Erbfolge- und Dreißigjährigen Kriege in den Niederlanden zugrunde gingen. Dillis war erstaunt, diese Meister in einer solchen Vortrefflichkeit bei den Boisserées zu finden ..."

Dillis selbst sagte nach Besichtigung der Sammlung: „Was Sie mir heute gezeigt, Bild für Bild, die großen wie die kleinen, ist eine Auswahl von klassischen Meisterwerken. — Die Hauptbilder alle ohne Ausnahme sind unschätzbare Juwele in der ersten Galerie der Welt." Nun waren diese Juwele an Bayern gekommen.

Die Säle der Pinakothek wurden um einen bereits aufgehäuften Schatz herumgebaut. Im Jahre 1828 übernahm Dillis eine Sammlung von 218 altdeutschen Bildern im Schloß Wallerstein. Wir finden den rastlosen Mann auf Reisen nach Nürnberg (die Wiederherstellung der zum Holzmagazin herabgewürdigten Moritz-Kapelle und ihre Ausstattung mit Gemälden des 15. Jahrhunderts aus Ludwigs Privatbesitz ist ihm zu verdanken) und, in Begleitung König Ludwigs, nach Ischia, Neapel, Capri, dann — zur Übernahme des Barberinischen Fauns — erneut nach Unteritalien. Zwei Jahre nimmt die Auswahl und Hängung der eineinhalbtausend Bilder in der Pinakothek in Anspruch, dann kommt, mit dem 16. Oktober 1836, der große Tag ihrer feierlichen Eröffnung.

Hyazinth Holland zitiert in dem Buch „Aus dem Leben eines Schlachtenmalers" eine Äußerung Albrecht Adams: „Dillis stammte von einem Förster ab, und obwohl er sich dem geistlichen Stande gewidmet hatte, trat doch in seinem Benehmen etwas Natürliches hervor, das ihm vom Jäger geblieben und ihn sehr gut kleidete. Dillis machte fast täglich die Runde durch fast alle Säle und ging den dort studierenden Künstlern mit Rat und Tat an die Hand. Man konnte recht gut sehen, daß er dies nicht von Amts wegen, sondern aus Interesse für die Kunst tat."

Domherr Balthasar Speth, der Begleiter unseres Dillis auf seiner elften und letzten Italienreise, schrieb 1841 über den Freund, der

„im Schönfeld“, der Gegend der heutigen Schönfeldstraße, wohnte: „Als Staatsdiener war v. Dillis in seinem Amte stets, wenn es galt mit Aufopferung und bis in die letzten Tage seines Lebens unermüdlich tätig, dabei im höchsten Grade uneigennützig und dem bayerischen Fürstenhause unter vier erlauchten Regenten mit unverbrüchlicher Treue und Anhänglichkeit ergeben. Als Privatmann und Priester lebte er seinem Stande gemäß still und zurückgezogen, einfach, genügsam und anspruchslos. Er war durchaus kein Freund von rauschenden Vergnügen, besuchte nie öffentliche Unterhaltungsplätze und nahm nur selten und nur dann, wenn es der Anstand oder eine besondere Veranlassung erforderte, an größeren Gesellschaften teil. Außer seiner Amtssphäre befand er sich gern im Kreise seiner nächsten Verwandten, denen er mit Rat und Tat zur Seite stand, oder unterhielt sich zu Hause mit gleichgesinnten Freunden am liebsten in Gesprächen über die Kunst, deren geschichtliches Studium ihn fortwährend beschäftigte und wozu ihm seine eigene ausgewählte Bibliothek und gesammelte Kupferstiche reichhaltige Mittel an die Hand gaben. Dabei versäumte er nicht, täglich im Freien eine angemessene Bewegung zu machen, wozu er meistens jene Gegenden wählte, wo die Natur mit ihren zu verschiedenen Jahreszeiten wechselnden Formen, Farbtönen und Beleuchtungen seiner Phantasie neue Reize darbot.“

Im Jahre 1844 erinnert sich Speth: „Dort waren ihm die Stunden am schönsten, wenn die Sonne mit dem Horizont in heißer Umarmung, ihre letzten Strahlen weithin noch den Abendduft durchglühten und scheidend endlich auf den Bäumen, Wipfeln erloschen.“

Nachdem Dillis sein „Verzeichnis der Gemälde der Kgl. Pinakothek“ herausgegeben hatte, überreichte ihm der König zu seinem fünfzigjährigen Dienstjubiläum am 18. April 1840 persönlich das Ehrenkreuz des Ludwigsordens. Vor aller Augen schloß der Herrscher seinen treuesten Diener in die Arme.

Den Anstrengungen einer wiederum unternommenen ausgedehnten Dienstreise nach Neuburg, Ansbach, Nürnberg, Regensburg und Landshut war der Greis nicht mehr gewachsen. Über seine letzten Tage berichtet Balthasar Speth: „. . . heimgekehrt fühlte er sich merklich geschwächt, weswegen er sich zu seinen Verwandten auf das Land begab, hoffend, er werde nach einigen Tagen der Ruhe und Erholung sich bald wieder erkräftigen. Allein schon nach Verlauf von acht Tagen war er genötigt nach München zurückzukehren, wo er am 16. September von den Leiden mehrerer Unterleibsorgane überwältigt, nur zu bald die Gefahr seines Zustandes erkannte, unverzüglich selbst auf den Abschluß seiner Rechnung mit dem Himmel drang und so getröstet und gestärkt am 28. September 1841 in einem Alter von 81 Jahren und neun Monaten unter dem geistlichen Beistand seines Freundes im Herrn entschlief."

Karl Alexander von Müller fand die rechten Worte, als er über Dillis sagte: „Ein unverfälschter Altbayer: Langsam reifend, aber bis in sein zweiundachtzigstes Lebensjahr von nicht erlahmtem schöpferischen Trieb, universal gebildet, aber allem Theoretisieren wie allem Cliquenwesen grundfeind; von außerordentlicher Sachkunde und höchstem künstlerischen Talent – aber von tiefer innerer Bescheidenheit, von einer selbstverständlichen und selbstlosen Heimatliebe beseelt. Man staunt über die Stärke des Empfindens, die in diesem stillen Mann lebte, über die leidenschaftliche Vehemenz des Striches, mit der er seine optischen Eindrücke zu Papier bringt. In seinen Alterswerken vollends, gewinnt er eine sublim gelockerte und fast visionäre Freiheit der Gestaltung. Bayern im besonderen aber verdankt ihm die Entdeckung seiner Landschaft für die Kunst."

Dillis war, wie Waldemar Lessing so schön schreibt, „ein echter Bayer, aber auch ein guter Europäer".

*

Auf Münchens berühmtem Südlichen Friedhof haben alle seine Reisen ihr Ziel gefunden; ein Stein-Medaillon, weiß wie Alabaster, schmückt seinen Grabstein, einen Ludovicianischen Obelisken.

Johann Georg von Dillis: Der Tegernsee. Blick auf St. Quirin,
den Wallberg, den Setzberg und das Tal von Kreuth.
Mit diesem Bild erfreute Dillis König Max
zu seinem Namenstag 1825.

WILHELM VON KOBELL

Ein Kapitel der Altmünchner Landschaftsmalerei

„Zwei Tegernseer Ansichten Wilhelm von Kobells aus dem Jahre 1844 erreichen den Gipfel der Langeweile. Es muß als ein schlechtes Zeichen für seinen Natursinn angesehen werden, daß ihn die herrliche Gegend des Sees zu nichts als solchen durch und durch kalten, jedweder Frische und Freude entbehrenden Pinseleien hat anregen können. Man wird geradezu an die trockenen Ansichten erinnert, mit denen damals die Porzellanmaler Kaffeetassen und Kannen zu schmücken pflegten."

Dies ist eine Beurteilung, die dem Werk des 1853 gestorbenen Münchner Malers Wilhelm von Kobell um die letzte Jahrhundertwende widerfuhr. Im Jahr 1888 gar sprach der Kunsthistoriker Friedrich Pecht in seiner „Geschichte der Münchener Kunst" über die Schlachtenbilder: Von „Kobells lederner Art, die, ein Seelenleben gar nicht kennend, einen Mann sich genauso bewegen läßt wie den andern. Wenn man eines gesehen hat, so kennt man alle, da sie sich kaum voneinander unterscheiden in ihrer unsäglichen Pedanterie, die eine Schlacht genau wie eine Parade nur vom Standpunkt eines Korporals ansieht. Kobell versteht seine Menschen weder geschickt zu verkürzen, noch überhaupt wahr zu bewegen, hat für Gruppierungen und malerischen Reiz, für Beleuchtung und Luftperspektive wie für Benutzung von Zufälligkeiten aller Art wenig Auge."

Soweit Wilhelm von Kobell überhaupt einer Nennung für würdig befunden wurde, sind die Urteile jahrzehntelang absprechend. Der Graf Schack konnte sich nicht entschließen, auch nur ein einziges Bild von Kobells Hand zu erwerben, und jede Anregung, die Pinakothek zur Beachtung des Malers zu veranlassen, wurde zurückgewiesen. So trat der geradezu groteske Fall ein, daß Alfred Lichtwark, ein früher Kenner und Schätzer unseres bayerischen Kobell, die schönsten Studien aus Familienbesitz in die von ihm geleitete Hamburger Kunsthalle entführen konnte. Hermann Uhde-Bernays berichtet: „Es war schmerzvoll und erfreulich zugleich, Lichtwark auf seinen Wegen in die Münchner Sammlungen Knözinger und Eisenhardt zu begleiten."

Tatsächlich sind beste Arbeiten Kobells nicht in seiner oberbayerischen Heimat, sondern in der Hansestadt zu besichtigen. Manche Münchner Sammlungen mit reichem Besitz an Werken Kobells (die Galerien Caspari und Heinemann etwa) sind seit Lichtwarks Tagen noch aufgelöst worden, und das wenigste davon blieb München erhalten. Zur Zeit der malerisch-prunkenden Historisierer Feuerbach (1829—1880) und Piloty ist er in beispiellosen Mißkredit geraten. Das Odium des Trockenen, Nüchternen, Mittelmäßigen, ja des Steifleinen-Dilettantischen hefteten sie ihm an, und diese Einschätzung übertrug sich auf kommende Geschlechter. Freilich, wenn wir heute die Verdammungen seiner Kunst durchblättern, finden wir höchstens, daß die vergangenen Kunstrichter bei ihrem Tadel oft ziemlich genau das aussprachen, was wir an Kobell schätzen. Obwohl der Wandel in der Beurteilung von Kobells Kunst bereits durch die retrospektive Ausstellung im Münchener Glaspalast im Jahre 1906 einsetzte, ist noch lange ein Rest von der alten Verkennung geblieben. Zwar steht er bei Fachleuten und Feinschmekkern neuerdings hoch im Kurs, Kunsthändler und Auktionäre rühmen die Preise, die seine Blätter erzielen, aber von einer Popularität, die über Fachkreise hinausgeht, ist kaum zu sprechen. Franz von Kobell, der altbayerische Mundartdichter und Neffe des Malers, ist der Allgemeinheit bekannter. Dabei kann mit Fug und Recht behauptet werden, daß dieser Wilhelm von Kobell, dessen Werk etwa 100 Ölbilder (keine große, aber eine exquisite Ausbeute), weit zahlreichere Aquarelle, Aquatintablätter, Skizzen und Radierungen umfaßt, hätte er als Franzose in Paris gelebt, wo

Wilhelm von Kobell: Bäume in der Ebene

man Kunst in die Welt zu bringen versteht, heute mit ziemlicher Sicherheit europäische Geltung besäße: etwa als der künstlerische Antipode eines Delacroix. Still wie sein Nachruhm war auch sein Leben, und doch ist es wert, einmal aus der Vergessenheit gehoben zu werden.

Wilhelm Alexander Wolfgang Kobell wurde am 6. April 1766 in Mannheim geboren, jenem Mannheim, das Goethe „das gleich und heiter gebaute" genannt und das Mozart öfter als einmal besucht hat, um sich von dem reichen musikalischen Leben der Residenzstadt, den Symphonien, Konzerten und Kammermusikwerken Christian Cannabichs anregen zu lassen. In dieser Welt, die noch dem 18. Jahrhundert angehörte, dem späten Rokoko, wuchs der Maler Wilhelm von Kobell auf.

Christian Cannabich war einer der vielen Künstler, die mit Karl

Theodor 1778 von Mannheim nach München übersiedelten. Karl Theodor, Kurfürst von Pfalzbayern aus wittelsbachischem Geschlecht, nahm nach dem Tode Max' III. Joseph, Kaiser Ludwigs letztem Nachfahren, 1777, als dessen nächster Erbe, Besitz von Kurbayern, was er „mehr als ein Mißgeschick, denn ein Glück" empfand. In der Folge verstärkt sich die geistige Wechselwirkung zwischen beiden Teilen Bayerns, und gallisch-bewegliche pfälzische Lebensart durchdringt das „gestandene" Münchner Wesen. Viele Künstler verlegen ihren Wirkungskreis vom Rhein an die Isar; zu ihnen gehören der bedeutende Baumeister Carl von Fischer (dem die Münchner das Palais Törring, das Prinz-Carl-Palais und das Bayerische Nationaltheater verdanken), der Galeriedirektor von Mannlich und zahlreiche Maler, darunter Mathias Klotz (1748 bis 1821), Lorenz Quaglio der Ältere (1730—1804) — der Stammvater eines weitverzweigten, bis hin zum jüngeren Lorenz, dem eigentlichen Maler des altbayerischen Volkslebens (1793—1869), zu Simon (München 1795—München 1878) und Franz Quaglio (1844—1920) reichenden Künstlergeschlechts —, dann wenig später noch die Brüder Franz und Ferdinand Kobell (geboren 1740). An den Hofmaler Ferdinand Kobell, den Vater Wilhelms, schreibt einmal Goethe begeistert:

„Mir scheint unmöglich, die Virtuosität höher zu treiben. Ich habe mich sogleich hingesetzt und eine Ihrer Zeichnungen nachgekritzelt; man sieht die Höhe, die der Künstler erreicht hat, nicht lebhafter, als wenn man versucht, ihm einige Stufen nachzuklettern . . ."

Wilhelm von Kobell, der Sohn, erlernte an der Mannheimer Akademie die Kunst des Kupferstechens bei Ägidius Verhelst dem Jüngeren aus Ettal (1733—1812), in der Malerei unterrichtete ihn Franz Anton Leitenstorffer aus Reutte (1721—1795). Doch beide gaben Kobell kaum mehr als eine rein technische Unterweisung. Die wesentliche künstlerische Ausbildung lag in den Händen des Vaters. Die an Porträtskizzen geübten Zeichenmittel des jungen Kobell sind die gewöhnlichen des Rokoko: Rötelstift, Kreide, Pinsel und Sepia; zum Bleistift kommt gelegentlich ein leichter Aqua-

Johann Georg von Dillis: Partie an der Würm. Das letzte Ölbild des Meisters.

Wilhelm von Kobell: Blick auf Tegernsee vom Weg zur Neureuth. 1833.

Wilhelm von Kobell: Terrasse bei Föhring. Um 1830.

Wilhelm von Kobell: Stehender Hund vor Gut Emming

rellton in Pastellfarbe. Es entstanden vor allem Radierungen und Kopien nach den holländischen Meistern der Mannheimer und Düsseldorfer Galerien, Ruysdal, auch Claude Lorrain. Philipp Wouverman wurde das bestimmende Vorbild. Kleine Aquatintablätter und die ersten Ölgemälde schließen sich Wouverman und dessen Reiterbildern an. Es entstanden auch schon selbständige Naturstudien in Öl.

Am 30. November 1792 wurde Wilhelm als Hofmaler nach München berufen, mit der Verpflichtung: „... gegen ein Gehalt von 500 Gulden jährlich ein Stück zur höchsten Disposition seiner churfürstlichen Durchlaucht zu liefern".

Wolfgang Heribert von Dalberg, der Intendant des Mannheimer Nationaltheaters, gab sein Urteil über den 26jährigen Kobell ab: „Das Talent dieses jungen Malers und seine bisherigen Arbeiten sind so ausgezeichnet schön, daß er in aller Rücksicht eine solche churfürstliche höchste Gnade verdient. Es läßt sich mit einiger Gewißheit voraussehen, daß er einst ein berühmter großer Künstler werden wird."

1794 übersiedelten auch die Eltern Wilhelms nach München, auf der Flucht vor den Sanskulotten, die vor Mannheim standen. Das Elsaß und die linksrheinische Pfalz waren schon in französischen Händen. 1795 fiel Mannheim. Der Weg nach München, der für Wilhelm eine Erhöhung bedeutete, war für Ferdinand, den Vater, eine Art Verbannung. Immer wieder wurde in der Familie zwischen dem Vater und den sechs Söhnen der Streit um die Vor- oder Nachteile Münchens gegenüber Mannheim laut:

„Lieber Wilhelm, hier sind doch auch schöne Gemälde, warum denn dabei nicht das frohe Gefühl und die Begeisterung? In dem Land, der Luft – und dem Menschenvolk liegt der Unterschied – nie wird das Bier den Menschen dahin – in das reine Feuer und den Geist bringen – wo ihn der edle Wein hinbringt. Der Himmel, der die Traube zeitigt und den Göttertrank bereitet, zeitigt auch das Herz und die Seele der Menschen, die unter ihm atmen. Ach, daß wir den ungleichen Tausch treffen müssen!"

Ferdinand Kobells Familie und der kinderlose Bruder Franz

Wilhelm von Kobell: Reiter

Innozenz (1749–1822), der sich lange Zeit in Italien aufgehalten hatte, bewohnten seit 1797 ein Hinterhaus im Palais Preysing an der Prannerstraße. Aus diesem Jahr ist ein Brief Ferdinands datiert:

„Wir ziehen in ein neues schönes Quartier, wo alles licht und prächtig tapeziert ist – wir haben drei Zimmer in einer Reihe und zwei Cabineter auch alle tapeziert; in denen Cabineter habe ich das schönste Licht von der Welt auf einen ganz freien Platz und Nordseite und ein Fenster so hoch wie eine Stubentür. Ich sehe über die Stadt ins liebe freie Feld hinaus, sehe Dachau, Schleißheim . . ."

Aus der Pfälzer Familie Kobell ist nach den Schwierigkeiten der Verpflanzung, vor allem auf seiten Ferdinands, bald eine Münchner Familie geworden, die sich sogar an den anfänglich verachteten altbayerischen Brauch des sogenannten Voressens gewöhnen sollte. Nach den Lehrjahren Wilhelms in Mannheim leitet ihn der Vater in München weiter an, weist ihn auf die bayerische Landschaft hin und sagt einmal: „Wilhelm soll doch einige Wallfahrt nach dem Dorfe Pasing unternehmen, wo Wouvermans Hütten sind."

Die Mannheimer Kunst war eine aus fremden, vor allem französischen und niederländischen Einflüssen entwickelte höfische Kunst. In Altbayern dagegen fanden die übergesiedelten Pfälzer eine bodenständige Kunst vor. Die Münchner Barockskulptur verleugnete ihr Herkommen von der Spätgotik nicht, im Passionsspiel lebte die mittelalterliche Mysterienbühne fort.

Der Pfälzer Landesherr Karl Theodor wirkte auf die vorgefundene Situation belebend durch die Reformierung der „Zeichnungsschule" ein, auch machte er die Galerie am Hofgarten, das Theater und die Hofbibliothek zugänglich. Der Geistliche Rat Lorenz Westenrieder, der bayerische Geschichtsschreiber, als Sprachforscher ein Vorläufer Schmellers, hielt eine weitere Anregung des künstlerischen Lebens für denkbar:

„Wir haben die herrlichsten Gegenden und so ganz romantische Landschaften in Bayern, daß ich versichert bin, die größten Künstler, wenn sie dieselben jemals gesehen hätten, würden sich freuen, ihr Talent hier zu üben und ihre Werke, worin sie das Schönste der Natur sammeln, zu bereichern."

Der entscheidende Einfluß der Pfälzer Künstler erweist sich tatsächlich auf dem Feld der Landschaftsmalerei.

Den Ruhm des geliebten Sohnes durfte Ferdinand Kobell nicht mehr erleben. Er starb 1799, im selben Jahr wie Kurfürst Karl Theodor, der den treuen Diener noch im Jahr vor seinem Tod zum Direktor der Mannheimer Galerie ernannt hatte, einer Galerie, die bald zerschlagen war: 1794 mußte die Mannheimer Sammlung und 1799 auch die Zweibrücker Sammlung vor den Franzosen nach München gerettet werden. Ein anderer Galeriedirektor, ein Münchner, hieß Johann Georg Dillis. Dieser hochbedeutende Mann war es, der schon vor 1800 mit malerischer Leichtigkeit und Feinheit der Motivierung als erster die Schönheit der bayerischen Berge und des Alpenvorlandes zum Gegenstand künstlerischer Darstellung machte.

Im Kreis von Dillis fand Wilhelm von Kobell erst den Weg zu sich und seiner bedeutenden Leistung: zur Landschaftsmalerei. Die erste und epochemachende Frucht dieser Jahre ist das Bild „Die Furt“.

Im Jahre 1797 heiratete Kobell die vierundzwanzigjährige Anna Maria Theresia von Krempelhuber, genannt „Nanni“, eine eingesessene Münchnerin, die Tochter des kurfürstlichen Direktorialrats Sebastian Ludwig Edlen von Krempelhuber auf Emming (des Göden von Edlingers Kindern). In der Neuhauser Straße, dort wo wir das Kaufhaus Oberpollinger („der obere Pollinger“) sehen, stand einst eine Reihe hübscher Bürgerhäuser. Seit 1782 gehörte dem Krempelhuber das Anwesen Nummer 45, zwei Häuser vom Bürgersaal, der immer noch die Nummer 48 trägt (wer weiß, wie lange noch, angesichts grassierender Umnumerierungen?). Von 1797 an hatte Kobell mit seiner jungen Frau eine Wohnung im Haus „zwei Stiegen hoch“, nach dem Tode seines Schwiegervaters 1823 wurde es sein Eigentum. Das Schloßgut Emming aber, der ständige Sommeraufenthalt der Krempelhuber, wurde für Kobell von besonderer Bedeutung, denn dort verbrachte er mit seiner Frau alljährlich die schönen Monate.

Kommt der Wanderer heute mit einer Kobellschen Darstellung des Schlosses Emming in der Hand von der Landsberger Straße her, um das Motiv zu suchen, so wird er nicht viel Vergleichbares mehr finden. Wenn er Glück hat, besitzt er eine alte Landkarte, auf der zwischen Windach und Geltendorf der große „Emminger Weiher“ eingezeichnet ist. Ersteigt er jene Anhöhe, die das Tal des Ammerseebeckens nach Norden abriegelt, und trifft dort vielleicht einen alten Bauern, so erfährt er, daß es Emming nicht mehr gibt und der Weiler heute St. Ottilien heißt. Aber auch den kleinen See findet er nicht mehr — der ist seit Jahrzehnten entwässert und verschwunden. Gründlicher ist selten ein Stück Vergangenheit gelöscht worden.

Der früheste bekannte Name der wohl schon keltischen Niederlassung ist Ambingen, das heißt: Siedlung des Ambo. Die Endung des Namens läßt auf ursprüngliche Zugehörigkeit zum alemannischen Raum schließen. Aus Ambingen leitet sich Emmingen her. Im

Jahr 1019 ist eine Wallfahrtskapelle der heiligen Ottilia in Emmingen bezeugt.

1570 bis 1572 wurden der Hofmark Schloß und Kirche erbaut. 1684 erwarb der Münchner Patrizier Johann Ulrich Füll von Windach das Schloßgut Emmingen. 1691 überließ Kurfürst Max Emanuel den Füll die Hofmark Emmingen als freies und unbelehntes Eigentum. 1700 bis 1701 wurde der Rittersaal von Wessobrunnern aus der Schmuzerfamilie stukkiert, etwas früher schon der Chorraum der Ottilienkapelle. 1785 taucht zum erstenmal die seither übliche Schreibweise Emming auf. 1886 erwarb Pater Andreas Amrhein, der Gründer des Klosters St. Ottilien, das Schloß und brachte nach und nach den ganzen umliegenden Grund in den Besitz des jungen Missionsklosters. 1904 wurde der Name St. Ottilien offiziell genehmigt. Um Neubauten für das erste deutsche Missionshaus und eine Reihe von Schulen errichten zu können, wurde das Schloß, seit längerem in verwahrlostem Zustand, zum größten Teil abgebrochen.

Indessen, nicht alles ist verloren. Versteckt hinter massigen Baukörpern und einer dem genius loci fremden neugotischen Kolossalbasilika taucht die unversehrte alte Schloßkapelle auf, die den vertrauten, zierlich-schlanken Renaissanceturm mit der altbayerischen Zwiebel fingergleich hochstreckt, wie sie uns Kobell gemalt hat. Der gotische Chor mit seinen sieben Fenstern überrascht durch die feine frühbarocke Stukkierung. Der Hauptaltar umschließt das alte Gnadenbild der heiligen Ottilie. In einer Seitenwand stoßen wir auf ein Marmorrelief mit dem Wappen der Füll. Erhalten zum Glück ist auch der Rittersaal mit bestem Stuck aus Blattwerk, Frucht-, Wappen- und Jagdmotiven; er ist ein kunstgeschichtlich bedeutsames Gegenstück zum Wessobrunner Gästetrakt.

Hier am Kamin mag Wilhelm von Kobell an manchem Abend gesessen haben, angenehm ermüdet von seinen weiten Spaziergängen über das Land. Er soll ein selbstbewußter Mann von hochgewachsen-hagerer Gestalt gewesen sein (Moritz Kellerhovens Porträt zeigt uns seine Erscheinung), mehr den Freuden des Reitens und Jagens zugetan als dem höfischen Leben, dem er sich gern entzog.

Johann Jakob Dorner, der Jüngere: Heustadel

Im Umgang mit einfachen Landbewohnern und ein paar Nachbarn fand er den ihm zusagenden Lebenskreis. Auf seinen Bildern aus dieser Zeit – „Schondorf am Ammersee“ und der „Ammerseelandschaft“ – schildert er (nach Waldemar Lessing) „die stillen Reize eines anspruchslosen Stückchen Landes“. So malte er auch den „Feldweg“: Buschige Baumgruppen verleihen der Gegend etwas Parkhaftes, die steinigen Wege freilich gemahnen an die Nähe des Gebirges. „Egern am Tegernsee“, „Blick in das Tal von Kreuth“, „An der Isar“ heißen die Landschaften der Reife.

Waldemar Lessing auch beschreibt amüsant den Ursprung der Militärmalerei bei Wilhelm von Kobell:

„Es waren schwere Zeiten, die Bayern seit 1796 durchmachte. Das Land war wieder der Tummelplatz fremder Soldaten geworden. In der Neuhauser Gasse vor Wilhelms Hause wurde biwakiert – aber niemand kannte sich mehr aus; waren es Freunde oder Feinde, die in den phantastischen Trachten steckten? Man verlangte nach Uniformbildern, die Aufschluß geben könnten.“

Auf Jahre hinaus bestimmend wurde für Wilhelm von Kobell

des jungen Kronprinzen Ludwig Plan zu einem Gemäldezyklus als Denkmal für den Waffenruhm der Bayern. Es war die Zeit allgemeiner militärischer Begeisterung – die sich nicht nur in Schlachtenbildern ausdrückte, sondern auch in schneidigen bayerischen Märschen. Der erste Eindruck vom russischen Kriegsschauplatz im Frühjahr 1807 gab Ludwig die Anregung zu den Gemälden. Am 1. März 1807 schreibt er an seinen künstlerischen Berater Johann Georg Dillis:

„Die Lage von Pultusk ist malerisch, sie muß es vorzüglich sein von dem linken, dem jenseitigen Ufer, wo die Russen stehen, deren ich täglich mit freiem Auge sehe."

Dillis lenkte den Prinzen auf die künstlerische Festhaltung dieser Augenblicke hin, als er am 23. April 1807 antwortete:

„Der Künstler bedauert die große Entfernung, um die Taten der Nachwelt getreu überliefern zu können; möchte doch ein Offizier manchmal nur einen flüchtigen Entwurf von jenen zu Tableaux geeigneten Szenen entwerfen."

Der Kronprinz geht auf diesen Gedanken ein:

„In Ihrem letzten Schreiben äußern Sie den Wunsch, lieber Dillis, ein flüchtiger Entwurf möge doch gemacht werden von den militärischen Begebenheiten. Der 14. und der gestrige Tag, wo unser der Sieg ward in einem Treffen, gaben Gelegenheit dazu, die auch nach Ihrem Wunsch benutzt wurde."

Dillis schrieb wieder:

„Ich hoffe noch jenen Zeitraum zu erleben, wo die Kunst uns die würdigsten Denkmäler aufbewahren und einen Viktoriensaal herstellen wird, der sich noch größer aussprechen soll als jener in Schleißheim." Gemeint sind die Gemälde von Franz Beich, die Max Emanuels Siege in den Türkenkriegen verherrlichen.

Am 8. Februar 1807 weist Dillis schon auf unseren Kobell hin: „Die von Wilhelm Kobell für den General Berthier verfertigten sechs Ölgemälde aus dem Feldzuge von 1805 wurden hier öffentlich in seinem eigenen Hause ausgestellt, und das hiesige kunstliebende Publikum strömte haufenweise dahin und gab großen Anteil zu erkennen."

Wilhelm von Kobell:
Reiter und Bäuerin mit Kind vor oberbayerischer Seenlandschaft.
„Nettigkeit des Pinsels und Reinheit des Kolorits.“

Wilhelm von Kobell: Feldweg. Um 1825.
Alfred Lichtwark konnte die schönsten Studien aus Familienbesitz in die von ihm geleitete Hamburger Kunsthalle entführen.

Wilhelm von Kobell: Der Gemsenjäger. 1826.
Ein Beispiel für Kobells unsentimentale Haltung.

Die sechs kleinformatigen Bilder waren dem Marschall Berthier von König Max I. Joseph geschenkt worden. Darunter befinden sich „Der Donauübergang von Donauwörth“ und die „Einnahme von München“, die jetzt in der Neuen Pinakothek ausgestellt sind. — Nur scheinbar stellen Kobells spätere Schlachtenbilder einen Gegensatz zu solcher Kleinmalerei dar. Diese von Luft und Licht durchdrungenen Bilder sind ja keine Schlachtenbilder, es sind Landschaften, die in der Nachbarschaft etwa Altdorferscher Tafelbilder oder biblischer Darstellungen Claude Lorrains placiert werden können, dessen figürliche Gedanken nur notgedrungener Vorwand für Landschaften waren. Und inmitten dieser großen Kobellschen Landschaften finden wir, mit derselben Akkuratesse gemalt wie eh und je, die kleinfigurige Staffage. Nach seinen Streifzügen durch Münchner Galerien urteilt Lichtwark:

„Mir gingen einst durch einen Zufall die Augen über die Bedeutung dieses großen Meisters auf. Ich besuchte das neue Armeemuseum in München, als es gerade eingerichtet wurde, und fand, noch an der Erde stehend, zwei große Bilder, die mich sehr frappierten. Schlachtenbilder von solcher Schönheit und Sachlichkeit, so ohne alles falsche Pathos, Landschaft und Heere so völlig zu einer Einheit verschmelzend, hatte ich noch nie gesehen. Sie haben München einen der ersten Plätze in der Entwicklungsgeschichte der Landschaft gesichert.“

„Die Belagerung von Kosel“ ist mit der Jahreszahl 1808 signiert. Das Werk hat bereits die Maße 2 mal 3 Meter, die dem Maler für sämtliche Schlachtenbilder vorgeschrieben wurden. In den Jahren 1809 bis 1815 bestellte der Kronprinz bei Kobell zwölf Schlachtenbilder. Der Plan allerdings, wie dieser Zyklus als Schmuck eines Saals Verwendung finden sollte, konnte erst später, als Klenze den Festsaalbau der Residenz errichtete, Gestalt gewinnen.

Dillis war als Professor der Landschaftsmalerei ein selbstloser Förderer anderer und als Galerieinspektor ein kundiger Sammler. (Nach Mannlichs Tod 1822 wurde er Generaldirektor der Kunstsammlungen Bayerns.) Ludwigs Briefe an seinen Mentor, die eine verwirrende Fülle von Ideen enthielten, zum Ankauf von alten und neuen Kunstwerken, von Antiken und ganzen Sammlungen, Gedanken zur Glyptothek, zum Neubau der Galerie und zur Walhalla, waren alle numeriert. Jeder Punkt eines jeden Schreibens trug wiederum eine eigene Nummer. War dann auf eine bestimmte Punktnummer einer bestimmten Briefnummer nicht gleich eine Antwort zur Stelle, so mahnte der Prinz mit Nachdruck.

Wie die Briefe zeigen, vermittelt Dillis die Bestellung der Kobellschen Bilder. Während Kobell noch an einem Gemälde arbeitet, ergeht immer der Auftrag schon für das nächste. Nicht selten muß Dillis den Kronprinzen beschwichtigen, der voll Eifersucht darüber wacht, daß Kobell ihm allein seine Arbeitskraft widmet:

„Euere Königliche Hoheit verlieren nichts, wenn Kobell zu Zeiten ein Gemälde für jemand anderen macht. Er wird immer vollkommener und vielleicht der erste Künstler in diesem Fache."

Der Kronprinz ging sogar so weit, Kobell kontrollieren zu lassen:

„Ich will wissen, ob Kobell den Thanner Kampf beendigt, die Schlacht bei Polozk begonnen hat. Ohne irgend was von mir zu sagen, besuchen Sie ihn und sehen Sie wenn tunlich, was geschehen."

So kam es wohl einmal, daß Dillis im geheimen Einverständnis mit Kobell dem fernen Prinzen etwas vorflunkerte.

Im Sommer 1809 machte Kobell eine Reise nach Wien, zum Studium der dortigen Galerien. Er geriet mitten in die kriegerischen Ereignisse. Aus Linz schrieb Ludwig an Dillis:

„Kobell muß noch in Wien sein. Es ist, als wenn Kaiser Napoleon ihm zuliebe die Schlacht geliefert hätte. Wredes Division war dabei."

In der „Schlacht bei Wagram" gelangt Wilhelm von Kobell zu einer seiner besten Leistungen. Die ungeheuere Ebene vor Wien, der wolkenlos blaue Himmel, schwach gerötet, das sengend heiße sommerliche Land, der unermeßliche Horizont — es öffnet sich der Blick auf eine Landschaft von schicksalhafter Größe.

Ludwig schreibt in seinem eiligen, eigenwilligen Deutsch: „Gehen zu Kobell sagend von mir den Auftrag, Wagram und Glatz Gemälde, wenn sie trocken in Empfang zu nehmen. Solche wie die anderen aufzubewahren bei mir. Wünsche, daß Sie zuweilen nachsehen, daß kein Staub bleibe, nicht der Zimmerputzer unästhetische Pratzen die Besorgung zu vertrauen, daß die Fenster gehörig geöffnet, doch ohne daß etwaiger Regen Schaden mache. Wenn Kobell Ihnen sagt, in dieser Zeit erst wären sie trocken, begeben Sie sich hin und schreiben mir, an was der Künstler neues arbeite, aber nicht in meinem Namen sagend."

Nach Besichtigung der Schauplätze von Eggmühl und Arnhofen bei Regensburg hält sich Kobell im Winter 1809/1810 in Paris auf. Während der Bruder Egid — Staatsrat der Krone Bayerns —, der als Konferenzsekretär mit König Max dort weilt, seine Freude am Flanieren in den Tuilerien, an Theaterbesuchen, Souper-Einladungen und Nachtschwärmereien mit Freunden und galanten Bekanntschaften hat, sagt Wilhelms bürgerlicher Natur dieses freiere Leben nicht zu, und schon nach vier Monaten zieht es ihn mit Macht wieder in die Heimat. Die letzten Schlachtenbilder werden nach französischen Schauplätzen, Bar und Brienne, gemalt. An diese Namen sollen zwei Münchner Straßen erinnern, die Barer und Brienner Straße, in deren Schnittpunkt der 1833 von Klenze geschaffene, dem Gedenken der 30000 gefallenen Bayern geweihte Obelisk sich erhebt. Noch 1811 schließlich entsteht „Das Pferderennen am Münchner Oktoberfest". Das Bild erinnert uns an die festlich gefeierte Vermählung des Kronprinzen mit Prinzessin Therese. Auf dieses Ereignis geht das jährlich abgehaltene Oktoberfest zurück.

Kobell gelang die Verbindung der Menschenmenge mit dem ganzen bunten Schauplatz, der Münchner Stadt und ihren Frauentürmen, der fernen blauen Alpenkette und dem lustigen Festtreiben; er malte „Die Oktoberwiese". Im Kritischen Anzeiger vom 21. September 1811 allerdings schreibt der Domherr Professor Balthasar Speth:

„Es hätte nun freilich mancher gewünscht, es hätte dem Herrn Kobell gefallen, die Rennbahn, samt dem Gezelt näher in den Vordergrund gezogen und beides auf diese Weise mehr zum Hauptgegenstand der Darstellung gemacht zu haben."

In solchem Tadel ist wohl der Grund zu finden, daß dem Künstler sein Meisterwerk 1811, nachdem es auf der ersten Großen Kunstausstellung gezeigt worden war, zurückgegeben wurde. Jetzt ist es im Besitz des Münchner Stadtmuseums.

1814 ersucht Dillis wegen Arbeitsüberlastung um Enthebung von der Professur der Landschaftsmalerei, und Kobell wird zu seinem Nachfolger ernannt. Ehren wachsen ihm wie von selbst zu. Max I. Joseph, ein großer Förderer der Landschaftsmalerei, erhebt ihn 1817 durch Verleihung des Zivilverdienstordens der bayerischen Krone in den persönlichen Adelsstand, und 1833 erfolgt durch den neuen Herrscher die Erteilung des erblichen Adels. Goethe, der das Aquarell „Starnberger See mit Wetterstein“ in seiner Kunstsammlung verwahrt, urteilt:

„Wilhelm Kobell, der Sohn: In seinen Ölgemälden kommt er Wouverman (da er vorzüglich schön Pferde zeichnet) und in anderen rustiken Stücken dem Dujardin sehr nahe, so wohl in der Nettigkeit seines Pinsels als in der Reinheit seines Kolorits.“

Zum Besten, was Kobell schuf, darf man die 1818 entstandene Radierungsfolge von sieben Ansichten der rings um München gelegenen Kirchdörfer und des Schlosses Nymphenburg rechnen. Da erblicken wir Schwabing, sanft ins grüne Land gebettet, Bogenhausen auf dem Hochufer der Isar, Sendling, hart an der Kante des Abfalls zur Theresienwiese, und nicht ohne Wehmut stellen wir fest, wie schön einmal die Gegend um München war. Daß die Gestalt des Kirchturms dem bayerischen Dorf sein Gepräge gibt, erkennt Kobell genau, und die gotische Spitze des Schwabinger Kirchturms stellt er dem barocken Zwiebelhelm von Sendling und dem Satteldachturm von Giesing gegenüber. Aus dieser Zeit stammt die Folge von sechs Ansichten in feinster Gravure: Greifenberg, Beich, Emming, der Inn bei Rosenheim, Schliersee und Wolfratshausen. In heller Sonne sind Bauern bei der Heuernte, und man sieht wirklich die Wellen der heißen Sommerluft zittern. Die französischen Unterschriften fügen sich ganz und gar in diese höfischen Bilder von Bayern.

In Kobells Alterswerk (kleinen Bildern von Öl- und Wasserfarben) gelangen die Menschen, scharf abgehoben vom kristallreinen Himmel, zu arkadisch geklärter Ruhe. Neu ist der Fernblick aus Bergeshöhen. Sennerinnen, Hüterbuben, Jäger, umrahmt von weidenden Kühen und Geißen, sind in den nahen Vordergrund gerückt, dahinter weiten sich die Almenlandschaften. Das Bild „Auf der Gaisalm" in der Münchner Städtischen Galerie ist ein Beispiel für Kobells unsentimentale, durch und durch saubere Haltung. Auf der „Terrasse bei Föhring" stehen im Vordergrund, proper und bunt gekleidet, zwei Mädchen, die einem Buben Blumen abhandeln. Die Figuren heben sich aufs klarste von der gelblichen Fläche des Bodens ab. In der Ferne, drüben am anderen Ufer, erscheint die feingegliederte Silhouette der Stadt. Das Bild atmet sonntägliche Ruhe, Reinheit und Ordnung. Auf anderen Bildern zeichnen sich Herren und Damen zu Pferde scharf vom glasklaren Äther ab, dabei steht oft ein Bauernmädchen in der oberbayerischen Tracht, der Blick aber ist weit und frei, wird von den föhnklaren Umrissen Münchens oder von der zartblauen Kulisse der Seenlandschaft begrenzt. Der Tegernsee ist bevorzugter Schauplatz mit seinen Ufern, den Kirchtürmen von Egern und St. Quirin. (Das Goethe-Wort von der „Nettigkeit des Pinsels" und der „Reinheit des Kolorits" drängt sich immer wieder auf.)

Kronprinz Ludwig gewann zur Landschaftsmalerei dieser Art kein inneres Verhältnis und stand der klassizistischen Historienmalerei näher. 1824 wurde Peter Cornelius (1783–1867) Direktor der Münchner Akademie der Bildenden Künste, und damit war der Sieg der idealistischen Richtung in der Münchener Malerei beschlossen; ins Jahr 1825 fiel die Thronbesteigung Ludwigs, und 1826 wurde die von Kobell innegehabte Professur der Landschaftsmalerei aufgehoben. Cornelius hatte sie mit dem schnellfertigen Wort vom „Fächlertum" abgetan.

Das Mißverstehen von Kobells Schaffen wird begreiflich, wenn man die zeitliche Spannweite seines Lebens bedenkt, eines Lebens, das den Tod Winckelmanns und die ersten Weltausstellungen umfaßte, das vom Rokoko in die Anfänge des Impressionismus reichte, das die Regierungszeit vierer Herrscher einschloß, des Kurfürsten Karl Theodor, der Könige Max I., Ludwig I. und Maximilian II.

Er ging gelassen seinen eigenen Weg und schloß sich keiner der jeweils herrschenden Richtungen und Moden an. Er war kein Idealist der deutschrömischen Schule, er historisierte nicht. Er war alles andere als ein Romantiker, und die Natursymbolik, das Abstrakte der Norddeutschen Caspar David Friedrich und Philipp Otto Runge waren dem gedanklich unbelasteten, sinnenfreudigen Künstler fremd. Kobell, der Wanderer und Jäger, malte die Natur um ihrer selbst willen. Kein Heimweh oder Fernweh, kein Gefühl der Ausgestoßenheit oder Sehnsucht kommt da auf. Ein südlich-sicheres Vertrauen in den Gegenstand bringt die Dinge zum Glänzen. Seiner Bilderwelt gebrechen keine Hintergründe, darum kümmert er sich nicht ums Psychologisieren. Wenige Porträts gibt es von seiner Hand, und sie sinken an Bedeutung in seinem Werk zurück. Unter ihnen sind das sachliche Bildnis Ludwigs I. als Kronprinz und das Selbstporträt mit Schlapphut und umgeworfenen Mantel bekannt geworden, die aquarellierten Zeichnungen seiner Kinder Sebastian und Gustl, wo er in zarter Farbengebung die reine Seele der Kinder zu erfassen versucht. Kobells Helle hat oft dazu verführt, ihn als frühen Impressionisten einzustufen; lange sah man darin die einzige Möglichkeit, ihn gelten zu lassen. Aber auch dabei konnte er nicht gut wegkommen. Hugo von Tschudi schreibt in der Vorrede zum Katalog der Jahrhundertausstellung 1906:

„In dem Pferderennen zu München geht Kobell schon ganz naiv in der Schilderung dessen, was er vor Augen sieht, auf. Er ist dem neuen und schweren Vorwurf noch nicht überall gewachsen, aber er fragt keinen alten Meister um Rat und müht sich redlich, das bunte und bewegte Treiben auf der weiten, von Wolkenschatten überflogenen Oktoberwiese wiederzugeben. Die volle Lösung der Aufgabe ist erst den französischen Impressionisten geglückt."

Freilich weist seine Gestaltung entschieden in die Zukunft, auf die Lösung von völlig neuen optischen Problemen hin, aber es geht ihm nicht wie den Impressionisten und früher den Venezianern um den zu „erschauenden" Gedanken aus Farbe und Pinselstrich, um malerische Auflösung und Unklarheit — nein, linear-bildhaft ist seine Welt. Man kommt um die Feststellung nicht herum: In

Max Joseph Wagenbauer: Kuhstudien

einer Übergangszeit hat Kobell seinen eigenen unverkennbaren Stil gefunden, der eher realistisch als impressionistisch zu nennen ist.

Auch die Zeitgenossen und Freunde, Max Joseph Wagenbauer aus Oexing bei Ebersberg (1775 bis 1829), der illustrierende Geograph Oberbayerns, dessen Weiden von Rindern und Schafen belebt werden (es ist die intime Landschaft, *vor* der Schule von Barbizon!), und der aus München gebürtige Biedermeiermaler Johann Jakob Dorner der Jüngere (1775—1852), sind naturfreudige Landschafter und romantischen Kontemplationen abhold. Aber Kobell, frei von jeder Konvention, eilt ihnen voraus, und sein Einfluß macht sich weithin bei den Landschaftern des 19. Jahrhunderts geltend, noch bei Rottmann, vor allem aber bei Morgenstern, Heinrich Bürkel (auch einem Pfälzer) und dem frühen Schleich. Bei Spitzweg liegt die Kontinuität sichtbar zutage. Sein Geburts- und Elternhaus war schräg gegenüber von Kobells Atelier, an der

Ecke der Eisenmanngasse, gelegen; oft hat der junge Spitzweg die Neuhauser Gasse überquert, um dem alten Meister auf die Schliche zu kommen. In seinem Erstling, dem „Armen Poeten", der im Kunstverein kläglich durchfiel, so daß der Maler künftig nie mehr mit „Carl Spitzweg, München", sondern nur noch mit einer Chiffre, dem von einem S durchzogenen „Spitzweckerl", signierte, ist Kobells Einfluß nachgewiesen worden.

Ohne Absicht auf äußeren Effekt malt Kobell das Kleine und scheint uns sagen zu wollen, daß es das Größte sei. Der immer wiederkehrende, dünnbeinige, struppige, echt münchnerische Zamperl (der auf der „Terrasse von Föhring" steht) mag im Heim an der Neuhauser Gasse herumgesprungen sein. Der alte Meister wird nicht müde, in endlosen Folgen, wie durch die Lupe gesehen, in hellstes Licht getaucht, Kinder, Nachen, Kähne, Kuhherden, Pferde, Geißen und Hunde darzustellen. Kostbar, jenseits jeder Erschütterung, ist die Stille und Ordnung der Reife, wie das weiße Rosenhaus in Stifters „Nachsommer".

Die letzten Lebensjahre umgab ihn völlige Ruhe. Nach glücklicher Ehe war ihm 1839 die Frau, seine Nanni, gestorben, aber auch seine fünf Töchter und Söhne hatten ihn längst verlassen, sie waren mit den Familien bayerischer Beamter, Gelehrter und Landwirte verbunden. Er hatte seine Zeit überlebt und setzte den Fuß nicht mehr aus dem Haus. Still und bescheiden saß er im Zimmer. Ludwig I., der längst abgedankt hatte, trat manchmal herein; dann unterhielten sich die Greise über die Münchner Kunst. Kobells Leben verschwimmt am Ende im Legendären. Selbst das Sterbejahr schien lange ungewiß; bei manchen Biographen, im Lexikon von Thieme-Becker sogar und noch heute im Neuen Brockhaus, findet man hartnäckig als Todesjahr 1855 angegeben. Im Münchner Familienbogen aber steht: „Den 15. Juli 1853 gestorben am Schlag."

Dort ist auch vermerkt, daß das Anwesen Neuhauser Gasse 45 seine fünf Kinder erbten, die es 1854 an den Weingastwirt Probst verkauften. Der Wirtschaft werden sich vielleicht noch einige alte Münchner bis in die sechziger Jahre entsonnen haben. 1903 wurde das Haus mit den zwei Nachbarhäusern abgebrochen. Auf dem

Wilhelm von Kobell: Auf der Landstraße. 1822.
Eines der späten Begegnungsbilder.

Wilhelm von Kobell:
Isarlandschaft mit Querpfeife (Schwegl) blasendem Pferdeburschen.

Albrecht Adam: Gräfin Bassenheim zu Pferd.

Johann Jakob Dorner der Jüngere: Der Isarturm bei Föhring. „Damalige Ursprünglichkeit der Landschaft vor den Toren Münchens.“

Alten Südlichen Friedhof Münchens, dem bayerischen Campo Santo, liegt er begraben, nicht weit von den Ruhestätten Schleichs, Rottmanns, Dillis', Dorners und Wagenbauers. Ein gütiges Geschick hat ihn im Tode mit jenen vereint, denen er im Leben nahestand, seinen Vorläufern und Nachfahren – den künstlerischen Entdeckern der Landschaft Oberbayerns.

JOSEPH STIELER

Der Meister des Empire-Porträts

Am Münchner Theaterhimmel ging im Frühling 1828 ein neuer Stern auf. Die bildhübsche Thekla in dem Trauerspiel „Wallensteins Tod" eroberte sich im Sturm die Gunst des Publikums — und ihres Königs. Es war die neunzehnjährige Münchnerin Charlotte von Hagn. Im Kostüm der Thekla hat Joseph Stieler sie dann auch auf Wunsch des Königs für die Schönheitengalerie gemalt: Im silberweiß schimmernden Atlaskleid mit starren Puffärmeln und hermelinbesetztem weiten Ausschnitt, reich mit Perlengehängen geschmückt. Vor weinrotem Tapetengrund aber das elfenbeinzarte Antlitz mit den runden, lustigen, braunen Augen wird umrahmt von dunklen, üppig fallenden Biedermeier-Stopsellocken.

In seiner „Geschichte der deutschen Schauspielkunst" schreibt Eduard Devrient von ihr: „. . . ein neues, herrlich begabtes Talent, das bis 1833 hier allen Reiz entfaltete, den eine vollendete Schönheit und ein feuriges, erfindungsreiches Talent zu gewähren vermag, das besonders im Lustspiel an Eleganz, Grazie und Humor schwer zu übertreffen war." König Ludwig gebärdete sich wie ein eifersüchtiger Liebhaber, als Charlotte 1833 München den Rücken kehrte und ein Engagement am Berliner Hoftheater antrat. So manchen Kunstschatz hatte Bayern dem Königreich Preußen abjagen können, nun hatte Bayern einmal das Nachsehen. Ludwig war so zornig, daß er sich vor Zeugen zu dem Schwur hinreißen ließ: „Auf den Brettern des Münchner Hoftheaters, auf denen sie ihre Triumphe feierte, wird sie nie mehr stehen!"

Die ungetreue bayerische Hofschauspielerin machte auch in Berlin ihr Glück, sehr zum Ärger ihrer älteren Rivalin Crelinger. Da sie indessen dank ihrer hinreißenden Darstellungskraft bald über so viel Macht verfügte, daß das Theaterensemble buchstäblich in zwei unverträgliche Hälften gespalten wurde, gewährte man ihr, um nur die Gegnerinnen auseinander zu halten, gern und häufig Urlaub für glänzende Gastspiele. Charlotte gastierte in russischen Städten, so in Sankt Petersburg, auch in Wien und, zur Begeisterung ihres alten Publikums, in der Heimatstadt München — denn Ludwig hatte, um seinen Schwur nicht brechen zu müssen, den inzwischen angeblich ohnehin altersschwachen Bühnenbretterboden des Hoftheaters — durch einen neuen ersetzen lassen.

Wenn wir an der linken Mauer des Alten Südlichen Friedhofs in München vor dem Grab Joseph Stielers stehen, haben wir nur wenige Schritte hinüberzugehen ans Grab der einst gefeierten, längst vergessenen Schauspielerin. So nah liegt der Maler bei ihr begraben, deren Bildnis er uns hinterlassen hat. Auf einer bescheidenen Platte, schräg hinter der Ruhestätte des Baumeisters Hauberrißer, lesen wir:

„Josephine von Hagn, gest. 8. August 1881
Charlotte von Oven, geborene von Hagn,
gest. 22. April 1891
R. I. P."

Charlotte war nach dem Tod ihres Gatten von Oven, dem zuliebe sie ihre Bühnenlaufbahn 1846 aufgegeben hatte, in den ersten Stock des Hauses Odeonsplatz 11, den man von den Hofgartenarkaden her erreicht, zu ihrer Schwester gezogen, mit der sie nun im selben Grab ruht.

Als der Hofmaler Stieler an der Schönheitengalerie arbeitete, hatte er bereits ein bewegtes Künstlerleben hinter sich: Am 1. November 1781 wurde er als fünftes Kind des Münzmeisters und Hofmedailleurs Christian Friedrich August Stieler in Mainz geboren. Nach frühem Tod des Vaters entschließt sich der erst siebenjährige Joseph, Maler zu werden. Er ist das, was man ein Wunderkind nennt; die Aufträge häufen sich in früher Zeit, und schon als Zwölfjähriger ist er imstande, seine Familie zu unterstützen. Vom kurfürstlichen Hof in Aschaffenburg, wo Hofdamen und Gräfinnen den hübschen, feinsinnigen Künstlerknaben bemuttern und ihm die Gunst des Kurfürsten-Erzbischofs verschaffen, geht es in die Lehre zu zwei geschätzten Klassizisten, nach Würzburg zu Christoph Fesel und anschließend, 1800, zu Heinrich Füger nach Wien.

Zahlreiche Aufträge verschiedener Art hielten den inzwischen vierundzwanzigjährigen Maler ein ganzes Jahr in Krakau und Warschau fest. 1806 kehrte er nach Wien zurück. Von dort reiste er nach München und in die Schweiz. Im kaiserlichen Paris Napoleons I. schließlich sollte Stieler, der doch schon ein fertiger, gesuchter Künstler war, von sich sagen, es sei ihm, als müsse er noch einmal ganz von vorn anfangen. Bestimmende Eindrücke holte er sich bei François Pascal Gérard, und während eines zweijährigen, durch rastlosen Fleiß genutzten Aufenthalts bildete er sich zum reifen Meister. Dann machte er sich auf eine Reise nach Rom und Neapel, wo etliche Porträts von Napoleons Schwager Murat entstehen sollten. Auf der Rückfahrt malte er in Mailand Bildnisse der Kinder des Vizekönigs Eugène Beauharnais, des Stiefsohns von Napoleon. Dessen Frau schickte eines der Bildnisse ihrem Vater, dem bayerischen König Max I. Joseph. Dieser fand solches Gefallen an Stielers Arbeit, daß er den Maler augenblicklich zu sich nach München berief. — Man schrieb das Jahr 1812, als Stieler seine Heimat fand, eine Heimat fürwahr, denn in Altbayern sollte seine Familie tiefe Wurzeln schlagen.

1816 befahl Max Joseph den Hofmaler Stieler zu einer anderen Tochter — die Kaiserin von Österreich war. Es war Charlotte Auguste, zweite Gemahlin von Kaiser Franz I. (Dessen Schwiegertochter war Sophie, eine andere Schwester König Ludwigs I., die Mutter Kaiser Franz Josephs.) Von diesem zweiten Wiener Aufenthalt stammt neben mehreren höfischen Porträts das berühmte Bildnis Beethovens. Der taube Meister soll Stieler dafür anderthalb Stunden gesessen haben. Von Wien brachte Stieler aber, das war der glücklichste Erfolg dieses Aufenthalts, auch seine Frau

August von Seinsheim:
Maria in der Glorie (mit den Vierzehn Nothelfern).
Das vergessene Hochaltarbild von Grünbach.

mit, eine Deutschrussin, gleich schön und bezaubernd, die er dort auf einem Hofball kennengelernt hatte.

Kurz darauf, im Jahre 1821, sollte Max Josephs jüngste Tochter Caroline, erst zehnjährig, sterben. Während der ganzen Nacht vor ihrer Bestattung malte und zeichnete Stieler auf verzweifelte Bitten der Eltern das tote Kind. Seine junge Frau saß neben ihm und gab ihm, um ihn frisch zu halten, Wein und flüssiges Ei löffelweise ein. Das sogenannte „Totenkabinett“ mit den Darstellungen der toten Caroline, zu denen später noch Stielers letzte Zeichnungen des Königs und der Königin gekommen waren, konnte man bis zum Zweiten Weltkrieg im Tegernseer Schloß besichtigen.

Im Jahre 1830 traf den Maler Stieler ein harter Schicksalsschlag. Seine innig geliebte Gemahlin, die schöne Deutschrussin aus Wien, deren blumenhaft zartes Antlitz sein Pinsel überliefert hat, starb kurz nach der Geburt ihres fünften Kindes an einer Münchner Typhusepidemie.

In sein Tagebuch hat Johann Andreas Schmeller, der bedeutende Sprachforscher, Verfasser des Bayerischen Wörterbuchs und Herausgeber der Carmina burana, unter dem 1. Mai 1831 die bemerkenswerten Zeilen eingetragen: „Seit gestern Abend bis tief in die Nacht wilder Himmel, der erste Maymorgen aber schön und lieblich und seines Namens wert. Konnt ich ihn besser feyern, als indem ich einsam den wieder jungen englischen Garten, ich der freylich nicht auch wieder junge, auf den stillen Pfaden durchwandelte, die ich schon vor dreißig Jahren so gerne gewandelt? Am blühenden See vorbey nehme ich die Allgemeine Zeitung hervor, und, eine Frühlingsau europäischer Zukunft, lacht mir die Spalte mit der Auflösung des knechtegierigen englischen Parlaments entgegen. Ein weiblicher Engel, schützend ein himmlisches Kind, das Blumen brechend am Rand der Quelle eingeschlafen ist, vor der Schlange, die züngelnd den nackten Füßchen naht — Stielers des jetzt gattinlosen liebenden Vaters Werk, im Kunstverein ausgestellt, schloß mit wohltuender Regung den Spaziergang des Morgens des ersten May.“ (Der Titel des Werkes ist: „Ein Genius bewacht ein am Fluß schlafendes Kind.“)

Der Kunstverein war von Stieler zusammen mit dem hervorragenden Münchner Architekturmaler Dominik Quaglio (1786, München — München, 1837) im November 1823 gegründet und am 16. Februar 1824, am Jubeltag des Regierungsantritts von König Max Joseph, als eine Art Schutzverband der Landschafter und Porträtisten, eben jener von Cornelius und den Anhängern der monumentalen Richtung verspotteten und verdrängten „Fächler", konstituiert worden. Bescheiden begann der Verein mit Ausstellungen in den Privatwohnungen seiner wenigen Mitglieder, bis er sich im eigenen Ausstellungsgebäude am heutigen Lenbachplatz zur maßgeblichen Selbstdarstellung der Münchner Kunst erhob.

Als eines der ersten Bilder für die von König Ludwig I. erdachte Schönheitengalerie malte Stieler im Frühling 1828 die Hofschauspielerin Charlotte von Hagn. Das schon erwähnte Bild ist auch insofern bemerkenswert, als Stieler es — nach eigenen Worten — als „Lockspeise" mit nach Weimar nahm, um Goethe für Porträtsitzungen zu gewinnen. Der König bat den greisen Dichter mit den echt ludovicianischen Worten: „Kostbar für unser gemeinsames Vaterland sind Goethes Stunden, doch wird, ich darf es hoffen, demselben nicht gereuen einige Sitzungen gewidmet zu haben, denn Stieler (wenn sich des Ausdrucks bedient werden darf) ist ein Seelenmaler zu nennen."

Goethe, ganz Kind des 18. Jahrhunderts, schrieb am 29. Mai, während er schon Stieler saß, zurück an Ludwig, um des Malers Lebensart zu rühmen: „Er ist so kunstreich als einsichtig, klug und angenehm im Umgang, auch hat er von Deutschtum und Frommtum nicht gelitten, da sich seine Bildung von älterer Zeit herschreibt."

Auf dem Bild — heute in der Neuen Pinakothek — hält Goethe einen im Herbst 1818 von Ludwig empfangenen Brief in Händen: „Ja! wie sich der Blume Flor erneuet durch den Samen, den sie ausgestreuet, zieht ein Kunstwerk auch das andre nach." Als Stieler dem 79jährigen Dichter das fertige Bild, eine der besten Darstellungen Goethes, die wir besitzen, zeigte, meinte dieser

Ludwig Emil Grimm: Die alte Lore von Ungedanken

schmunzelnd: „Immer noch ein ganz artiger Mann, kann immer noch einem Mädchen gefallen."

Von Goethes Briefen an Stieler sind sechs erhalten. Noch am 20. November desselben Jahres, in dem der Maler ihn porträtiert hatte, schrieb Goethe nach München: „Herrn Inspektor Dillis bitte für die mitgeteilten Radierungen verpflichtet zu danken. Gerade solche, kaum bedeutend scheinende Gegenstände, glücklich aufgefaßt und mit Geschmack wiedergegeben, setzen mich in die angenehmste Empfindung. Vielleicht überliefert der Poet nicht so unmittelbar seine innern Zustände als der Maler, der, ohne im mindesten daran zu denken, uns zu seinen Gesellen macht und die Welt durch seine Augen und seinen Sinn anzusehen nötigt."

Ein andermal schreibt Goethe an Stieler und bezieht sich dabei auf seine Farbenlehre: „Gedenken Sie mein bei jeder Farbenharmonie, so komme ich Ihnen niemals von der Seite."

Stielers wohl gefährlichste Aufgabe war die umstrittene Schönheitengalerie. Der Gefahr der Verflachung angesichts so zahlreicher Frauen- und Mädchenbildnisse im selben Format und in fast gleicher Haltung ist er nicht immer entgangen, und dennoch — Jakob Burckhardt findet den Gedanken der Galerie „königlich", Norbert Lieb sogar sagt 1952 in seiner Beschreibung der Residenz: „Beglückend und beunruhigend, verführerisch und innig blickten von den grünen und roten Stuckmarmorwänden die Bildnisse von 36 Frauen, in denen der König und seine Zeit das Schönheitsideal verkörpert sahen."

Wie anders klingt, was der Führer des Nymphenburger Schlosses einer amerikanischen Reisegruppe sommers 1959 (als er sie durch jenen Saal schleuste, wohin die Schönheitengalerie nach dem Krieg übergesiedelt war) in seinem holprigen Englisch erklärte: „And these pretty girls all were girlfriends of the King." Die Grade des Erstaunens bei ältlichen Damen mit vorstehenden Gebissen, blassen College-Studentinnen und schlecht geschminkten Kaufhausschönheiten reichten vom verschämt-lüsternen Kichern bis zur gemacht lustigen Etepetete-Entrüstung, indes mancher Hals weiter vorgereckt und mancher Blick hinter Brillen und Lorgnons stechen-

Carl Spitzweg: Tänzerin

der wurde. In der Tat, als gruselig und prickelnd zugleich galten den Damen die „kaum faßlichen Zustände zur Zeit des abendländischen Absolutismus". Aber selbst wenn Ludwig ein bourbonischer Barocksouverän statt eines bayerischen Wittelsbachers im Zeitalter des Klassizismus gewesen wäre — wie dürftig klänge des Museumsführers auf solche Besuchergattung zugeschnittener Ausdruck „girlfriends" in seiner seichten Unverbindlichkeit.

Der schönheitsdurstige Monarch lotete tiefer. Er wollte im echt romantischen Sinn stummer Verehrung die „Schönsten des Königreichs" im Bild festhalten. So die fremdländisch-dunkle mandeläugige Tochter eines griechischen Freiheitshelden, Catharina Botzaris, nach München gekommen, als Otto von Wittelsbach König von Griechenland war. Stieler malte sie in der griechischen Nationaltracht. Am bekanntesten wohl und von den meisten Anekdoten umrankt wurde die Gestalt der achtzehnjährig porträtierten Trostberger Schusterstochter Helene Sedlmayr. Es heißt, daß sie der Königin einmal aus dem Spielzeugladen in der Brienner Straße, wo sie bedienstet war, Päcklein in die Residenz hinübertragen mußte, daß der König ihr auf der Stiege entgegentrat und daß seither, wie alte Münchner behaupten, allein ihre Anwesenheit den Umsatz des Spielzeugladens durch königliche Einkäufe erheblich steigerte. Als zeitloser Inbegriff rührender Unschuld und makelloser Schönheit blickt sie uns aus reinen, ehrlichen Augen an, selbstverständlich und anmutig trägt sie die Altmünchner Tracht mit Fürtuch und Geschnür.

Louise von Kobell, die Großnichte des Malers, beschreibt ein Konzert der musikalischen Akademie im Odeonssaal: „Waren dann unter des 1836 als Hofkapellmeister nach München berufenen Franz Lachner vorzüglichen Leitung die Melodien einer Mozartischen oder Beethovenschen Symphonie verrauscht, so sprachen Königin Therese und die mit Diamanten übersäte Herzogin von Leuchtenberg, die Prinzen und Prinzessinnen huldvoll mit den Damen und Herren ihrer Umgebung, der König aber machte die Runde im Saal. Da nickte er einer Künstlergruppe zu, unter welcher Wilhelm von Kaulbach mit seinem scharfgeschnittenen Kopfe auffiel, daneben der gedrungene, rotbackige Moritz von Schwind ... ‚Auch Cornelius‘, rief Ludwig, ‚und Adam, Neureuther, schön, daß ihr alle da seid, bei meinen Künstlern gilt das schnöde Sprichwort nicht: Geld ist den Sterblichen das Allerhöchste und hat im menschlichen Verband die meiste Kraft! (Euripides)‘ ... Plötzlich schritt der König nach einer anderen Seite ... und wie siegesahnend errötete eine festlich gekleidete Schöne, wenn sie der König huldvoll ansprach, denn schon sah sie sich in der Schönheitengalerie durch Stielers Pinsel verewigt."

Nicht immer ging das ohne Schwierigkeiten ab. So sträubte sich der Bräutigam der Münchner Oberstentochter Amalia von Schintling aus überspitztem Ehrgefühl hartnäckig und verbissen dagegen, daß seine Braut für die Galerie gemalt werde. Es gab unschöne Debatten und aufregende Szenen, die den frühen Tod der lungenkranken Amalia beschleunigt haben mögen: das wunderschöne Mädchen mit den großen schwärmerischen Augen starb noch 1831, im selben Jahr, als Stieler sie porträtiert hatte.

Nicht immer setzte Ludwig seinen Willen durch, so im Fall der Gattin des Vorstandes des Königlichen Rentamts von München, der Frau Schanzenbach. „Sie muß eine bildhübsche Frau gewesen sein", schreibt Paul Ernst Rattelmüller 1957 in seinem Büchlein über den Südlichen Friedhof, „so schön, daß dies auch König Ludwig I. aufgefallen ist. Und so marschierte eines Tages Seine Majestät im schäbigen Gehrock und Zylinder (Ludwig war seinen Ausgaben für die Kunst zuliebe im häuslichen Bereich äußerst sparsam) zu Herrn Schanzenbach, um ihn zu bitten, seine Frau von Stieler für die Schönheitengalerie malen zu lassen. Herr Schanzenbach aber war über diesen Vorschlag recht wenig erbaut und wies Seiner Majestät die Tür. — Was war das für eine Zeit. Ein König ging zu Fuß, um einen seiner Bürger zu besuchen und ihn persönlich um etwas zu bitten. Ein Bürger konnte es sich leisten, die königliche Bitte ungestraft abzuschlagen, und ein König steckte diese Abfuhr widerspruchslos ein, obwohl er ein landbekannter Dickschädel war. Von diesem Tag an war Ludwig I. in der Familie Schanzenbach gefürchtet. Wie es der dumme Zufall wollte, gingen die zwei kleinen Töchter Schanzenbach durch die Ludwigstraße, gegenüber der Staatsbibliothek, dort, wo damals das Maximiliansgymnasium war. Seine Majestät kam ebenfalls des Weges, und die beiden Mädel flüchteten in einen Hausgang. Ludwig I. hatte sie aber längst entdeckt, folgte ihnen, spießte die beiden mit gezücktem Spazierstock ins Eck und zischte sie an: ‚Wißt ihr auch, daß ihr eine bildhübsche, aber eine bitterböse Mutter habt?', machte kehrt und ging." — So ist es gekommen, daß das Bildnis der Frau Schanzenbach in Stielers Schönheitengalerie fehlt.

Im Sommer des Jahres 1829 ging Ludwig I. mit Stieler am

Tegernsee spazieren. Da kam es, daß der König seinem Hofmaler den Grund und Boden für ein Sommerhaus schenkte. Das Haus, im folgenden Winter und Frühling von einem Tegernseer Maurermeister und einem Tegernseer Zimmermann aufgerichtet, steht heute noch, genauso wie ehedem, an seinem Platz. Und doch nicht genau, denn so einsam wie früher, wenn man von ein paar Bauernhöfen absah, ist es heute nicht mehr gelegen. Stieler war der erste, der auf dem Bauernboden des Tegernseer Tals nicht zum Zwecke bäuerlicher Arbeit, sondern als Sommerfrische eine Zweitwohnung bezog. Er leitete damit, ohne es zu wollen, eine nicht nur erfreuliche Entwicklung ein. Auf Geltung bedachte vermögende Städter sollten bald die Stadt und schließlich die Großstadt aufs Land bringen. Daß es nicht allein bei Münchner Ansiedlern blieb, versteht sich am Rand. Wie bescheiden ging es damals noch zu in dem kleinen Stielerhaus und was für andere Namen wallfahrteten damals noch an die Gestade des lieblichen Sees: die Brüder Boisserée, Clemens Brentano, die Brüder Heß, Franz von Kobell, Schelling, der Märchendichter Hans Christian Andersen, Louis Spohr, Joseph Görres, die Maler Morgenstern und Peter Cornelius. Des Meisters feiner Takt und wahre Herzensgüte hatten es ihnen angetan. Anstelle eines Fremdenbuchs diente zur Eintragung für die Gäste einer der grünen Fensterläden, auf den sie ihren Namen schreiben mußten.

Hier zog 1833 Stielers zweite Frau, eine geborene Josefine von Miller, ein. Auf dem alten Tafelklavier, das sie mitgebracht hatte, verstand sie meisterhaft zu spielen. Nicht selten mag ihr Gatte, der ein ausgezeichneter Musiker war, sie auf der Geige begleitet haben, wenn er nicht zur Gitarre sang und auf solche Weise Familie und Gäste ergötzte.

Im Garten vor dem Tegernseer Haus entstand das Bildnis seiner jüngsten Tochter Ottilie im weißen Sommerkleid mit breitem Florentiner Strohhut, ein beglückendes Beispiel unbekümmert frischer Malerei im wechselnden Licht der freien Luft. Vor Freude und Aufregung über die gelungene Arbeit stieß aber Stieler, als er seine Frau aus dem Haus holen wollte, gegen die Staffelei, so

Max Joseph Wagenbauer:
Blick auf den Starnberger See mit Leutstetten,
Starnberg und Alpenkette.
Von König Max I. Joseph 1807 gekauft.

daß das Bild mit der nassen Ölseite in den Kieselweg fiel. Der Schmerz des Malers war so groß, daß er das Bild, ohne den Schaden in Augenschein zu nehmen, mit dem Gesicht gegen die Wand seines Ateliers lehnte. Erst nach Ablauf eines vollen Jahres brachte er es über sich, die zahllosen Kiesel aus der Farbe zu entfernen und das Zerstörte zu ergänzen. Kein Wunder, wenn er zeitlebens behauptete, das berühmte Bildnis sei nur noch ein schwacher Abglanz seiner einstigen Vollkommenheit.

In den Jahren 1846 bis 1848 bewohnte die angebliche spanische Tänzerin Lola Montez ein hübsches kleines Palais wenige Schritte nördlich des Karolinenplatzes, an der stadtauswärts gelegenen Seite der Barer Straße — in unmittelbarer Nachbarschaft von Stielers Stadtwohnung. Es war für den Hofmaler, der tagtäglich die Szenen und lauten Auftritte von nebenan herüberhören mußte, ein denkbar unerfreulicher Auftrag, als der einundsechzigjährige König Ludwig von ihm verlangte, auch Lola für die Schönheitengalerie zu porträtieren. Und ein wenig lieblos ging er an die Arbeit. Die Gräfin Josephine zu Leiningen-Westerburg berichtet: „Das Bild erregte keineswegs das Wohlgefallen Ludwigs, sondern der Künstler mußte sich sagen lassen: ‚Stieler, Ihr Pinsel wird alt!' Stumm nahm der Künstler das Bild und ging. Nach vierzehn Tagen brachte er es wieder, ohne einen Strich daran verbessert zu haben. Der König, dem es inzwischen leid getan hatte, seinen alten Hofmaler gekränkt zu haben, lobte gutmütig: ‚Jetzt ist es schön, Stieler!' Dieser aber sagte trocken: ‚Für einen alten Pinsel ist es wenigstens schön genug.' Ludwig lachte von Herzen und schlug dem Künstler mit den Worten auf die Schulter: ‚Das hat er mir gut gegeben!'"

Stielers Zeit neigte sich. Sein „Pinsel wurde wirklich alt" — weil die Zeit sich erneuerte. Nach Moritz Kellerhoven, dem glücklichen Porträtisten Max'I. Joseph, bestimmte Stieler den Münchner Porträtstil für ein rundes halbes Jahrhundert. Dann setzten, wie es nicht ausbleiben konnte, die Jahre der Verkennung ein. Was man ihm vorwarf, hatte ungewollt schon Goethe ausgesprochen: „Der Himmel hat Ihnen ein glückliches Talent verliehen; nebst der treuen Darstellung der Menschen, verleihen Sie ihnen auch Schönheit und Liebenswürdigkeiten, die gewiß oft mehr in Ihnen als in den Originalen zu finden sind.“ Wie wenig man ihn mehr schätzte, wird augenscheinlich, wenn Karl Alexander von Müller sagt: „Ich höre noch, wie ein angesehener Kunsthistoriker von den braven, guten Onkeln Dillis und Kobell sprach, wie von alten Hausstücken sozusagen, die man halt aus Pietät noch mit sich führe. Alles vollends, was in die Schublade Klassizismus geschachtelt werden konnte, wie unser Stieler, verfiel einem noch viel strengeren Spruch: glatt, flach, oberflächlich, schöngefärbt, posenhaft, unwahr.“

Längst hat sich inzwischen die Abkehr in Bewunderung seines perlmutterhaften Farbenschmelzes gewandelt, dem es an poetischem Reiz nicht gebricht. So urteilt 1963 Herbert Schindler in seiner Großen Bayerischen Kunstgeschichte: „Äußerste Klarheit des Sehens, zeichnerische Prägnanz und die charakteristische Beobachtungskühle des Klassizistischen zeichnen seine Bildnisse aus. Die kalte, emailhafte Farbe entspricht so ganz dem Farbgefühl seines Zeitalters, das die dekorativen Klänge mied. In diesem Sinne sind Bilder wie ‚König Max am Schreibtisch‘ und ‚im Krönungsornat‘ typische Dynastenverherrlichung des Empire.“

Wo Charlotte von Hagn einst umjubelt worden war, das Bayerische Hof- und Nationaltheater am Max-Joseph-Platz, Carl von Fischers kühles blaugoldenes Empire, das war Stielers Welt. Sie war schon lang versunken, als der feine, stille Künstler 77jährig am 9. April 1858 starb. Sein ältester Sohn aus zweiter Ehe, der Dichter Karl Stieler, beschwört die Erinnerung, wenn er in seinem „Winteridyll“ des zu früh verlorenen Vaters Selbstbildnis beschreibt, das im Tegernseer Hause hing:

Wie still es ist! — Und durch dies stille Zimmer
Strömt nur die Wärme und der Lampenschimmer;
Da ruhen meine Blicke auf den Wänden:
Hier hängt ein Bild aus römischen Geländen
Und dort noch eins: es hängt im matten Licht —

Wie fein das Haar ist und das Angesicht!
Das Kinn ruht leise in der schmalen Hand,
Indes das Aug' ein schaffend Sinnen kündet —
Du bist's, mein Vater, der dies Haus gegründet,
Den ich verlor, noch eh' mein Geist Dich fand!
Und meine stummen Träumerein versenken
Sich in Dein Bild und in Dein Angedenken.

CARL ROTTMANN

Die heroische Landschaft

Am 20. Dezember 1824 schrieb der bayerische Sprachforscher Schmeller in sein Tagebuch: „Lustiger Abendzirkel bei Martius. Der geradsinnige kräftige Professor der Architektur Gärtner mit Frau; Medicinalrat Ringseis mit Frau, einer etwas präsumierenden Salzburgerin, Thiersch mit Frau. Ein Herr Schlotthauer, der unter dem Einfluß des martiusischen Carcavelo zur Guitarre bayrische Stücklein sang, wobei Ringseis prächtig einfiel. Gärtner sang die spanische Confession auf italienisch zur Guitarre, Thiersch ein deutsches Bettlerlied. Ich allein kam ungesungen davon."

Der Mann, den hier Schmeller neben dem berühmten Botaniker Martius und dem Philologieprofessor Thiersch zum ersten Mal erwähnt, der Maler Joseph Schlotthauer, war ein Unglücksvogel, dessen Lebensweg an Niklas Prugger erinnert, den Hofmaler, der Hühnersteigen zimmern mußte. Von Tragik umwittert war auch Schlotthauers Leben, des Münchner Kistlersohns, der nicht erreichte, was er wollte, der es in der Malerei zu Höchstleistungen brachte, der nach Joseph Daniel Ohlmüllers Worten (Brief vom 2. April 1823) gar Cornelius überflügelte, der sich daneben erfolgreich mit Orthopädiemechanik beschäftigte, auch reizende Texte und Weisen im Volkston verfaßte, wie das Lied „All enk Nachbarsleuten", das keine Geringere als die bayerische Hofopernsängerin Vespermann, die Gattin des Violoncellisten Sigl, sang. Bei ihm, trotz aller Rückschläge von fröhlicher münchnerischer Frömmigkeit, hatte auf seinen Irrfahrten Clemens Brentano Herberge gefunden. Den Dichter des Märleins „Gockel, Hinkel

Max Joseph Wagenbauer:
Ansicht von Haag an der Amper.
Links das Schloß, rechts die Pfarrkirche Sankt Laurentius.

Peter von Cornelius: Walpurgisnacht

und Gackeleia", das er aus München in die Welt schickte, würdigt eine Tafel an dem Eckhaus Herzogspital-, Herzog-Wilhelm-Straße, nicht aber den Gastgeber Schlotthauer.

Die Arbeit über Schlotthauer steht aus. Vielleicht hätte sie bei Friedrich Pecht anzuknüpfen, der hier einmal den Nagel auf den Kopf trifft: „Als Cornelius im Sommer 1820 (nach München) zurückkam, widmete er sich mit allem Eifer dem Kartonzeichnen, bis er in der Glyptothek endlich zu malen anfangen konnte. Der Verkehr mit den Münchnern wollte freilich um so weniger gelingen ... er schrieb: ‚In München sind sie doch nur eine Art von Stockfische!' ... Da der Meister unmöglich alles selbst malen konnte, so hatte er sich zunächst nach Gehilfen umzusehen. Den ersten, weitaus besten, fand er in Joseph Schlotthauer (1789—1869), einem geborenen Münchner, der aus einem Tischlergesellen erst Soldat und dann Maler fast autodidaktisch geworden war und sich jetzt mit Begeisterung an Cornelius anschloß, nachdem er vorher eine Reihe sehr liebenswürdiger Bilder im altdeutschen Sinne gemalt, bei denen wie bei seinen Porträts er einen feinen Farbensinn betätigte. Später aber, nach Beendigung der Glyptothekfresken, ward er 1831 Professor an der Akademie. Ganz die mannhafte Schlichtheit und Anspruchslosigkeit seiner Landsleute teilend, voll tiefer Herzensgüte und Wohlwollens, errichtete er später eine orthopädische Anstalt und vernachlässigte darob die Malerei, zu der er doch so große Begabung hatte, aber offenbar viel zu bescheiden war, um mit seiner besseren Einsicht jemals durchdringen zu können. Das koloristisch weitaus beste aller Glyptothekbilder, die Unterwelt, hat er fast allein gemalt. Hier wäre nun eine Anknüpfung an die Münchner Bevölkerung gegeben gewesen, wie man sie nur wünschen konnte, aber das rasch sehr hochsteigende Selbstgefühl der übrigen, fast durchweg aus Norddeutschen bestehenden Schule, ließ es nicht dazu kommen."

Mit dieser „übrigen Schule" meint Pecht vorwiegend die Düsseldorfer Clemens Zimmermann und Heinrich Heß, 1798—1863 (Fresken der Allerheiligen-Hofkirche), sowie die Berliner Carl Stürmer (1803—1881) und Hermann Stilcke (1803—1860). Das vielseitige Ingenium, das Münchner Original, beschränkt und bescheidet sich — sollen wir resignierend sagen: ein baierisches Schicksal?

Schlotthauer war es, der die Maltechnik des Freskos fast aus dem Nichts wieder neu entwickelte. Soll diese Tatsache hinreichen, ihn mit Carl Rottmann, der gleichfalls an ihrer Wiedergeburt ruhmreichen Anteil hatte, in einem Atem zu nennen? Den Maler der „Heiligen Familie" mit dem Maler des Tempels von Girgenti? Den Altbayern aus München mit dem Pfälzer aus Handschuhsheim bei Heidelberg? Den Erfolglosen mit dem von Ruhmestat zu Ruhmestat Schreitenden, den Figurenmaler mit dem Landschafter? Ihre Leidenschaft für das Fresko ist nur eine äußere Bestätigung ihrer tiefen inneren Gemeinsamkeit: romantisches Ungenügen an Zeit und Ort, an Gegenwart und Wirklichkeit. Den einen trieb es in die Vergangenheit, den anderen in die Ferne.

Ein Landschaftsmaler war der Pfälzer zwar, aber man kann ihn mit Schlotthauer weit eher zusammenbringen als mit den meisten seiner Fachkollegen, mit Johann Adam Klein etwa, 1792 in Nürnberg geboren, von Kobell beeinflußt, nach verschiedenen Wienreisen ab 1837 endgültig in München, wo er 1875 starb, dessen Radierungen aus Salzburg und Berchtesgaden die alpenländischen Trachten minutiös wiedergeben, mit Karl August Lebschée, acht Jahre jünger als Klein, dem Maler stimmungsvoller Veduten, mit Gustav Wilhelm Kraus (1804, Passau — 1852) und Simon Warnberger (1769, Pullach — 1847), von Kobell, Dorner und Wagenbauer in ihrer bescheidenen Sachlichkeit ganz zu schweigen, die noch nicht, wie Goethe meinte, „vom Deutschtum und Frommtum gelitten hatten".

Von einer gänzlich anders gearteten Gruppe von Landschaftern ist die Rede. Ferdinand von Olivier (1785—1841) kam mit seinem Bruder Friedrich (1791—1859) aus Dessau nach dem Süden. 1827 trat Friedrich, 1831 der Bruder Ferdinand in die Münchner Stadt ein. Kein Zufall ist es, daß Ferdinand Olivier, der sich in Wien mit Johann Friedrich Overbeck aus Lübeck, dem Haupt der deutsch-römischen Nazarener, und dem ungekrönten Romantikerkönig Friedrich Schlegel getroffen hatte, der Vertreter einer stilisierenden Landschaftsmalerei, auch dichterisch tätig war, denn als Dichtungen galten ihm seine Ideallandschaften im Grund; einen Vorwand für bukolische Poesie gab ihm das wechselnde Äußere ab. Darüber darf die nur scheinbar naive „Blatt-für-Blatt"-Malerei seines „Kapuzinerklosters bei Salzburg" nicht hinwegtäuschen, war doch sein Mentor jener Joseph Anton Koch aus dem oberen Lechtal, der in seinen Darstellungen die Natur zu eisiger Größe „hinaufläuterte".

Der geniale Carl Philipp Fohr war schon 1815, zwanzigjährig, aus Heidelberg auf die Münchner Akademie zu Direktor Johann Peter Langer (1756—1824) gekommen. Seine entscheidende Ausbildung hatte Fohr, der frühvollendet mit 23 Jahren sterben sollte, schon in Heidelberg bei Friedrich Rottmann (1768—1816) erhalten, dem Vater Carls, dem Zeichenlehrer der Universität, der auch die Ausbildung des Sohnes geleitet hatte. Die fruchtbare Einwirkung der pfälzischen Landschaftskunst, schon bei Kurfürst Karl Theodors Ankunft in München bewährt, wiederholte sich.

Als im Jahre 1820 der knapp vierundzwanzigjährige Carl Rottmann (geboren 1797) Münchner Boden betrat, fand er hier schon die großgestimmte Alpenlandschaft vor. Entscheidend beeinflußte ihn Joseph Anton Kochs in einem Saal der Akademie ausgestellte Schweizer Gebirgslandschaft „Schmadribachfall". Er kopierte das Gemälde und stellte ihm seine eigene Landschaft „Eibsee mit Zugspitze" gegenüber. Auch der „Hohe Göll" entstand aus der unmittelbaren Anschauung des Hochgebirges, das ihn zu immer häufigeren ausgedehnten Wanderungen unwiderstehlich anzog. Aus Berchtesgaden berichtete er: „Den stattlichen Berg Watzmann genannt mit einer andern entfernten Bergkette habe ich hier zu malen angefangen, oft versteckt er sich mir in Duft und Nebel und bald hebt er das Haupt hoch aus den Wolken hervor." Seine monumentalen Gebirgslandschaften mit wildzackigen Felsgruppen, grauenvollen Gletschern, vernichtend heranbrausenden Unwettern, in all ihrer weltschmerzlerischen Ekstase, mußten heftiges Erstaunen auslösen.

Der Erfolg der im neugegründeten Münchner Kunstverein ausgestellten, vom Kanonikus Balthasar Speth hervorragend besprochenen Werke bestimmte den Maler, im liebgewordenen München seinen dauernden Wohnsitz aufzuschlagen und mit der Braut Friederike von Sckell, der Tochter des Königlichen Hofgärten-Intendanten, einen Hausstand zu gründen. Rottmann sollte weit über Kochs Vorbild hinausgehen. Der Gebirgler aus Obergiblen bei Elbigenalp besaß nach Hermann Uhde-Bernays „helle Augen für die Natur — er vergaß seine leuchtenden Berge und Wälder in der Campagna nicht“. Rottmanns frühe oberbayerische Alpenlandschaften dagegen näherten sich umgekehrt in den Formationen des Terrains und der dürren Vegetation jenen des Südens (die er aus eigener Erfahrung noch nicht kannte), so daß Leo von Klenze (1784—1864), weiß Gott ein Kenner des klassischen Bodens, sogar durch den Künstler selbst kaum von der Meinung abzubringen war, dieser habe seine Eindrücke jenseits der Alpen gesammelt. Noch erstaunlicher: Als Rottmann 1826 und 1827 wirklich in Italien, vornehmlich auf Sizilien, zeichnete und Aquarellstudien machte, zeigte sich, daß die Umrisse auf seinen Blättern von denen auf den Arbeiten seiner Freunde abwichen. Rottmann selbst soll dies bemerkt und über die Ursache gerätselt haben. Die Erklärung liegt darin, daß seine Hand unwillkürlich seinem Geist folgte und eine Linie, die seinem Ideal der Schönheit nicht entsprach, sich unter seinem Stift zu einer klassisch schönen verwandelte — vereinfachte.

Mit den nach seiner Heimkehr ausgeführten Gemälden „Ansicht der römischen Campagna“, dem „Colosseum“ und der von König Ludwig bestellten „Ansicht von Palermo“ erregte er im höchsten Maß die Aufmerksamkeit des Monarchen.

Es war die Zeit, da die alten Werkkünste erneuert wurden: die Glasmalerei durch die Oberstdorfer Brüder Schraudolph, den gleichfalls vom Allgäu herübergekommenen Joseph Anton Fischer (1814—1859) und den Münchner Max Ainmiller (1807—1870), (Fenster der Maria-Hilf-Kirche) — der Erzguß aber durch Johann Baptist Stiglmaier und Ferdinand von Miller aus Fürstenfeldbruck (in der von Ludwig dem Ersten eröffneten Erzgießerei zwischen Nymphenburger- und Dachauer Straße). Vorher hatten Cornelius-schüler neben den seit 1820 unter Schlotthauers maßgeblicher Mitwirkung fortschreitenden Glyptothekfresken als weiteren Versuch einer neuen Aneignung der inzwischen verlorengegangenen Technik die künstlerisch zwar weniger bedeutenden, aber als Vorstufe zu den Wandbildern der Ludwigskirche und der Bonifazbasilika unerläßlichen Fresken aus der bayerischen Geschichte in den Hofgartenarkaden gemalt. Nun, nach Rottmanns Rückkehr, wählte Ludwig der Erste, eigener Kenntnis der Örtlichkeiten folgend, aus dessen Studien achtundzwanzig aus, um sie durch den Künstler als Fresken in den Hofgartenarkaden ausführen zu lassen.

Nach Vollendung dieser Freskenlandschaften im Jahre 1834 bestätigt sich, daß Rottmann einer der ganz Großen ist, die in München wirken: Es scheint, als blickten seine Augen mit der Kraft seiner Seele, die fähig ist, Büsche und Felsen in musikalische Klänge zu verwandeln, als übertrage er, was er mit geschlossenen Lidern noch immer hört, in den Rhythmus der Farbe. Keine Stimmungen gibt er, nur eine unendliche Harmonie. Die Vereinfachung erreicht nach Pecht Grade des Tapetenartigen, „dadurch prägt sie sich unauslöschlich ein". Von der außergewöhnlichen Tat dieses Bilderwerks sagt Norbert Lieb: „Den Mut, landschaftliche Themen in monumentaler Wandmalerei zu gestalten, hat man als klassisches Streben zu achten." Hermann Uhde-Bernays erinnert 1921 an Rottmanns absichtsvolle Entäußerung von allen romantischen Anfechtungen, bedient sich des Ausdrucks „klassisch" und vergleicht ihn mit Goethe, der ja auch den stürmenden Jüngling von Wetzlar, den hingerissenen Kunstdilettanten von Straßburg dem klassisch verklärten Pathos des zweiten Teils des Faust opfern mußte. „Der Dialog zwischen Faust und Mephisto im vierten Akt des zweiten Teiles, wo die geologische Formation des Gebirges erklärt wird: Aus solchen Stellen tiefster Weisheit und Naturerkenntnis wird die geistige Verwandtschaft besonders deutlich."

So ist es einmal in der Welt: Überall, wo Wandmalereien unbeaufsichtigt von den Händen ihrer undankbaren Betrachter erreicht werden, sind sie binnen weniger Jahre von tausend Initialen und sonstigen Kritzeleien, von Schmierflecken, von Schrammen ohne Zahl übersät und binnen weniger Jahrzehnte — verschwunden. Diese Beobachtung trifft auf die Grabkirche der heiligen Klara von Assisi zu, und solches Schicksal blieb auch den Münchner Hofgartenarkaden nicht erspart. „Ich habe München in bald größeren, bald kleineren Zwischenräumen viermal wieder besucht", schreibt 1869 Hermann Allmers in der Wochenschrift „Münchner Propyläen", „fast immer galt dann der erste Gang den geliebten Arkadenfresken, jedesmal sah ich sie mit neuen Freuden, aber zugleich — mit neuen Schmerzen".

Jahrzehntelang wiederholte verzweifelte Bitten, Vorschläge und Aufrufe der Münchner Zeitungen, die gefährdeten einzigartigen Kunstwerke wirksam zu schützen, am besten ganz abzunehmen, um sie nicht der vollkommenen Zerstörung preiszugeben, verhallten ungehört bei den verantwortlichen Stellen. Erst als so gut wie nichts mehr zu retten war, im Lauf des Jahres 1944, wurden die Reste abgenommen und in Sicherheit gebracht.

Entrüste sich keine unserer verantwortlichen Stellen ob der Sünden des neunzehnten Jahrhunderts: Die Gleichgültigkeit ist dieselbe geblieben, wie könnte es sonst sein, daß der Wiederaufbau der Neuen Pinakothek — man faßt es kaum — jahrzehntelang verzögert und auch Rottmanns übriges Werk einer ganzen Generation vorenthalten wurde, zum Beispiel seine dreiundzwanzig farbenprächtigen Darstellungen aus Griechenland, die er als Gegenstück zu den Arkadenfresken nach der Heimkehr von seiner griechischen Reise voll Hellenenbegeisterung in Wachsmalerei (sogenannter Enkaustik) ausführte, und die einst einen eigenen Saal der Neuen Pinakothek füllten.

Hier klingt der Grundton tiefer Einsamkeit an; öde Ebenen unter zerfetzten Wolken wandeln sich zu sturmerregten Wassern mit den weißen Schaumkronen am schrägen Sonnenstrahl aufleuchtender Felszacken. Rottmann steigert zur dramatischen Zuspitzung, wenn vor seinem Auge auf dem „Schlachtfeld von Marathon" unter Gewitterschwärze ein Roß reiterlos davonstürmt.

Sein Pinsel wiederholt die südliche Föhnstimmung, teleskopische Klarheit und brennende Bläue barocker Deckengemälde, die ja schon im Vorhof des Südens — in München — heimisch sind.

Die Farben auf Rottmanns späten Alpenbildern werden dunkel, schwer und satt leuchtend: Jetzt erst erhält der „gefrorene" Pinsel des Cornelius seinen Antipoden in einer von „heißer Glut mächtiger Gefühle durchflammten" Malerei (Uhde-Bernays). Eine im Jahre 1871 von Carl Albert Regnet mitgeteilte Begebenheit ist für den späten Rottmann bezeichnend:

„Daß ein Künstler von der Bedeutung Rottmanns vielseitig von Kunstgenossen und Kunstjüngern um Rat angegangen wurde, war natürlich. Rottmann war gern damit zur Hand und griff, wenn er seine Absicht umständlich mit Worten auseinandergesetzt, noch lieber zur Kreide, um seine Worte zu unterstützen. Da gab es denn nun manchmal gar ergötzliche Geschichten. Der Ratbedürftige hatte vielleicht eine ganz sauber ausgeführte Zeichnung vor sich liegen, und der eifrige Rater fuhr ihm nun mit Strichen der dicksten Sorte in seine Arbeit hinein, putzte ihm da einen Baum weg und ließ dort mächtige Felsen emporwachsen. Natürliche Pietät und Achtung vor dem Meister ließen nur Wenige zu schwachen Protesten gegen das energische Verfahren desselben kommen, und nach einer Viertelstunde hatte dieser die Arbeit so gründlich umgestaltet, daß sie der ursprüngliche Autor selbst nicht mehr hätte zu erkennen vermocht, hätte er der Verwandlung nicht mit schweißbedeckter Stirne beigewohnt. Griff Rottmann in eines Anderen Werkstätte nun gar zu den Farben und Pinseln, dann war natürlich die Umbildung eine noch raschere und radikalere. So besuchte Rottmann eines Tages seinen Freund Christian Morgenstern und traf denselben vor einem Bilde, das, einen flachuferigen Fluß mit hohen Bäumen im Morgenlichte zeigend, einen durchweg idyllischen Charakter an sich trug. Rottmann war damals in jener Periode angelangt, in welcher ihm keine Farbe leuchtend und glühend genug erschien und in der das Rot in seinen verschiedenen Abstufungen eine so bedeutende Rolle spielte. Es konnte nicht fehlen, daß das fast schon vollendete Bild zum Gegenstand ihrer

Johann Jakob Dorner der Jüngere: Waldlandschaft.

Joseph von Stieler: Charlotte von Hagn. 1828.
Die neunzehnjährige Schauspielerin im Kostüm der Thekla.
(Aus der Schönheitengalerie).

Besprechung wurde. Rottmann wich in seinen Ansichten hier und dort von denen seines Freundes ab. Erst ward die Debatte noch mündlich geführt, dann deckte er hier eine Partie mit Kreide und verstärkte eine andere. Endlich aber trieb er Morgenstern aus dem Atelier mit der Bitte, ihn eine Stunde ungestört über dem Bilde zu lassen. Die Stunde verlängerte sich in eine zweite und dritte und als Morgenstern endlich zurückkehrte, fand er seinen genialen Freund noch in vollster Arbeit. Von dem weichen, duftigen Morgen war nichts mehr zu sehen, Rottmann hatte alle Glut seines Pinsels an dem Bilde verschwendet. Das Bild war bestellt, die Stimmung bezeichnet worden; es blieb also nichts übrig, als es beiseite zu stellen und ein neues zu beginnen." Daß eine solche Methode gelegentlich Zerwürfnisse nach sich zog, bedarf keiner Erklärung, zumal der Künstler — bei seiner Arbeit oft stundenlang in Schweigen versunken — recht lebhafter Aufwallungen fähig war.

Rottmann, der in der Brienner Straße, nächst dem Königsplatz wohnte, brachte während der günstigen Jahreszeit mit seiner Familie oft mehrere Wochen in dem anmutig gelegenen Dorf Leoni am Ostufer des Würmsees zu. Eine kleine halbe Fußstunde entfernt, fällt die Hügelkette, die sich dicht am Gestade hinzieht, gegen Süden jäh ab und öffnet ein Panorama des bayerischen Gebirges von atemberaubender Schönheit. Hier hielt Rottmann sich am liebsten auf, hier auch machte er, oft und lange auf einer schlichten Holzbank sitzend, Studien, die, später in seinen Gemälden ausgeführt, allgemeine Bewunderung erregten.

1851, ein Jahr nachdem Rottmann, von rastloser Arbeit verzehrt und ausgebrannt, viel zu früh gestorben war, und zwar am Todestag, dem 6. Juli selbst, vereinigte ein Fest zu seinem Gedächtnis die Münchner Künstlerschaft und zahlreiche Verehrer an dieser Stelle. Auf dem Subskriptionsweg war ein einfaches Denkmal, ein Obelisk mit dem Emblem der Unsterblichkeit und der Inschrift seines Todestags errichtet worden. Auf der „Rottmanns-Höhe", zu beiden Seiten des Obelisks, finden wir noch immer

Steinbänke, von denen man eine herrliche Fernsicht über See und Land genießt.

Nicht wie bei den Griechenlandbildern ethisch erregt, sondern — schreibt Uhde-Bernays — „sinnlich bewegt stehen wir heute in der Münchner Schackgalerie vor den außerordentlich schönen Bildern Rottmanns aus den bayerischen Bergen, die er mit freudiger Neigung für eine impressionistische Landschaftsauffassung vollendete und mit feinen Lichteffekten ausstattete".

Die stark restaurierten Arkaden-Fresken Rottmanns haben seit 1967 im Allerheiligen-Gang der Münchner Residenz eine würdige Heimstatt gefunden.

MORITZ VON SCHWIND

Ein Wiener in München

„Die weiße Landstraße schneidet einen dichten Tannenwald, den Sonnenstrahlen durchirren. Im Vorgrunde steht eine Wegkapelle, auf deren Stufen ein Landmädchen sitzt. Zwei Rehe gehen langsam über die weit hinein sichtbare, ganz einsame ins Waldesdunkel verlaufende Straße.“

So schildert der Maler Lukas von Führich, Sohn des Nazareners Joseph von Führich (1800—1876), in einer ersten, nach Moritz von Schwinds Tod im Jahre 1871 herausgegebenen Lebensbeschreibung das Bild „Die Waldkapelle“. In der Schackgalerie an der Prinzregentenstraße zu München finden wir in seiner Nachbarschaft, zu einer großen Sammlung vereinigt, die vertrauten Bilder von Schwinds Hand: „Der Traum des Gefangenen“, „Der Einsiedler, des Ritters Rosse tränkend“, „Rübezahl“, „Der Erlkönig“, „Des Knaben Wunderhorn“, „Die Hochzeitsreise“ und jene unvergleichliche „Morgenstunde“: „Schwinds Töchterchen hat eben seine Schlafstätte verlassen und öffnet das Fenster, durch das ein klarer Morgen über duftblaue Berge hereinlacht, während am andern, noch verhängten Fenster die Sonne nur einen schmalen Spalt findet, in das einfache reinliche Kämmerlein zu dringen.“

Führich berichtet in seinem Nachruf: „Moritz von Schwind wurde am 21. Januar 1804 zu Wien in der inneren Stadt, am Fleischmarkt, in dem an die griechische Kirche angrenzenden Hause geboren.“

Über ein Jahr bringt der junge Schwind auf dem ländlichen Besitz eines Onkels in Altgedein im Böhmerwald zu. Ernste Tannenwälder, zwischen verwittertem Gestein wucherndes Moos- und Farngestrüpp prägen sich tief in das reichbegabte Gemüt des Knaben ein. Auch ein Aufenthalt in Prag mit seinen mittelalterlichen Bauten bleibt nicht ohne Einfluß auf seine Entwicklung. Sein Zeichentalent regt sich, wie Führich erzählt, schon früh: „Kein Schulbuch, kein Blatt Papier blieben frei. Überall, auch an den Wänden, ließ er seiner Phantasie freien Lauf, und sein jüngerer Bruder erinnert sich lebhaft, daß eine rosenfarbige, grüngesprenkelte Bretterwand, welche den Schlafraum der Knaben von einem großen Zimmer trennte, mit zwei bis drei Fuß hohen Figuren bedeckt wurde, unter denen der Kaiser Franz mit seinen roten Hosen deutlich hervorstach."

In den Jahren 1818 bis 1821 widmet Schwind sich dem philosophischen Studium an der Wiener Universität. In diese Zeit fällt der Tod des Vaters und die Übersiedlung der Familie in das Haus der mütterlichen Großmutter „Zum Mondschein" in der Wiedener Vorstadt.

In jenen Jahren erreichte der Wellenschlag der Romantik die alte Kaiserstadt. Wer nicht selbst zum Wanderstab griff, wie Clemens Brentano, Friedrich Schlegel, Zacharias Werner und der Student Eichendorff, sandte die Botschaft seiner Dichtung, wie Tieck, Fouqué, E. T. A. Hoffmann, Achim von Arnim, Novalis. Statt des Romanischen galt als Losung: das Romantische — ein Zauberwort, das die Jugend aller deutschen Landschaften magisch anzog und das viel umschloß: die Wiedererweckung der Väter und des deutschen Mittelalters, die Entdeckung der Seele und des Gemüts, des Hintergründigen und des Poetischen schlechthin. Und doch gewann diese aus norddeutschen Quellen gespeiste Geistesbewegung in Österreich wie in Altbayern, Schwinds späterer Heimat, eigene Gestalt. Und selbst die Wiener Romantik, die Zeit des Biedermeier (von politischen Köpfen mit dem Wort „Vormärz" belegt), sollte sich in so verschiedenen Erscheinungen wie Ferdinand Raimund und dem jungen Adalbert Stifter dokumentieren.

Schwind, von diesen Strömungen erfaßt, gibt seine wissenschaftlichen Studien auf und nimmt an der Akademie Unterricht bei dem

Joseph von Stieler: Helene Sedlmayr. 1831.
Die achtzehnjährige Trostberger Schustertochter.
(Aus der Schönheitengalerie)

Joseph von Stieler: Brautbild der Josephine Stieler.
(Im Stielerhaus am Tegernsee).

Joseph von Stieler: Bildnis Goethes. 1828.

Moritz von Schwind: Lachner-Rolle
Die Allerheiligenhofkirche, das Odeon und die Hofoper,
Lachners Münchner Wirkungsstätten

Maler Ludwig Schnorr von Carolsfeld (1788—1853). Bald, vom Lehrbetrieb zutiefst unbefriedigt, verläßt er die Akademie und schließt sich dem Porträtmaler Leopold Kupelwieser, auch mehreren anderen Künstlern, vornehmlich Vertretern jener idealistisch-frommen Gruppe, an, die man Nazarener nannte. Er studiert fleißig die Gemälde alter Meister und schwankt zunächst hilflos zwischen den Schulen hin und her. „Du kommst in die traurige Lage, zu wählen, statt getragen zu sein, und kannst dir selbst nicht raten.“ So soll er später einem Schüler das Schicksal des Künstlers in bindungsloser Zeit schildern. In einem damaligen Brief klagt er: „Der Schmerz, allein zu sein und sein Handwerk niemand ganz zu verdanken! Fänd ich den Mann, dem ich unbedingt trauen könnte, so wäre ich der beste Schüler, den sich einer denken kann.“

Dieser Mann war kein Maler, war aber ein genialer Künstler und ein außerordentlicher Freund, war Franz Schubert.

„Das Mondscheinhaus“, so schreibt Führich, „gewährte gegen Norden eine prächtige Aussicht auf die ganze Stadt und darüber hin auf die Ausläufer der Alpen von Sievering bis zu dem gegen die Donau abfallenden Leopoldsberg. Die Südfront stieß an einen schmalen Hofraum, den die Mauer des Pfarrgartens begrenzte, über welchen die mächtige Kuppel der Karlskirche herüberschaute, von der zuweilen Orgelklang hereindrang. Im ‚Platzl', wie der Hof genannt wurde, gab es eine Fliederlaube, ein paar Akazien und Holunderbäume."

Im Mondscheinhaus gingen Schubert und dessen Freunde, der Maler Kupelwieser, die Dichter Bauernfeld und Schober, und der Musikstudent Lachner von München ein und aus. Rührend mutet die Bedürfnislosigkeit der Freunde an. Schwind erinnert sich: „Hüte, Stiefel, Halsbänder, auch Röcke und sonst eine Gattung, wenn sie sich nur beiläufig anpassen ließen, waren Gemeingut."

Da wurde gesungen, musiziert, rezitiert und gezeichnet. Hier wurden die neuesten Kompositionen Schuberts zum ersten Mal gespielt und vom Jubel der Freunde begrüßt; hier trugen Dichter ihre Erstlinge vor, wurde getanzt, gezecht, gelacht und Schabernack getrieben. „Keiner, der mit dem Treiben im Mondscheinhaus, von den Freunden ‚Schwindien' genannt, in Berührung kam", sagt Führich, „kann es vergessen und jeder muß noch heute zugeben, daß es sich nimmer erfinden noch herstellen ließe."

Besonders innig war das Verhältnis zwischen Schwind und dem sieben Jahre älteren Schubert. So schrieb der junge Maler: „Schubert wohnt seit kurzem in dem Haus neben uns; wir sehen uns täglich und, so viel ich kann, teile ich sein ganzes Leben mit ihm."

Hier fand Schwind das auf dem eigenen Kunstgebiet vergebens gesuchte leuchtende Vorbild, hier traf er den innerlich verwandten Künstler, der das romantische Urbild seiner Zeit vollendet zum Ausdruck brachte. Unter Schwinds Augen entstehen die Liederzyklen von der schönen Müllerin und der Winterreise, der Freund aber blickt Schwind beim Werden der Skizzen, Entwürfe und Bilder über die Schulter. Auf Illustrationen zum „Robinson" hin, den besten jener Zeit, lernen die Interessierten Schwinds Namen kennen, und schließlich erregt er die Aufmerksamkeit des alternden Goethe. Auf dessen Rezension bleibt Schwind zeitlebens stolz:

„Der Kunstfreund erblickt hier merkwürdige Titelblätter, ge-

Wilhelm von Kaulbach: Portraitskizze
(vermutlich) Wilhelm von Kobell

zeichnet von Herrn Schwind. Es möchte schwer sein, die guten Eigenschaften dieser Arbeiten in wenig Worte zu fassen. Sie sind als Vignetten zu betrachten, welche mit einem geschichtlichen Bildchen aus 1001 Nacht den Titel zieren, dann aber arabeskenartig an beiden Seiten herauf- und herabgehen, um ihn anmutig einzufassen. Wie mannigfaltig bunt die 1001 Nacht selbst sein mag, so sind auch diese Blätter überraschend, abwechselnd, gedrängt ohne Verwirrung, rätselhaft, aber klar, barock im Sinn, phantastisch ohne Karikaturen, wunderlich mit Geschmack, durchaus originell, so daß wir weder dem Stoff noch der Behandlung nach etwas Ähnliches kennen."

In dem Ölgemälde „Spaziergang vor dem Stadttor" dient der Schubertkreis als Staffage. Das Bild stammt aus dem Jahre 1827, ist kurz vor Schwinds Abreise nach München gemalt. Vorn links sitzt Schwind, die Landkarte studierend, neben ihm liegen Hut und Reiseranzen, von der Gartenmauer über ihm blickt ein Mädchen herab (vielleicht seine Wiener Braut Netty Hönig, von der ihm der

Abschied besonders schwer werden sollte). Vor dem Stadttor lustwandelt die ganze Gesellschaft, die Schwind damals verlassen mußte, darunter auch Schubert. Das Bild atmet wehmütige Abschiedsstimmung.

Es ist ein Abschied für immer. Als Schwind in München vom Tod des Freundes erfährt, ruft er aus: „Schubert ist tot und mit ihm das Heiterste und Schönste, das wir hatten!"

Einmal wollte Schubert seinen Freund Schwind zu einem Spaziergang abholen, der konnte sich aber von einer Zeichnung nicht trennen. Nur um den Freund eine Weile hinzuhalten, forderte er ihn zum Komponieren auf. Schnell wurde mit selbstrastriertem Notenpapier und in Ermangelung eines Textes mit Shakespeares Drama „Cymbeline" ausgeholfen. So entstand das Lied „Horch, horch, die Lerch' im Ätherblau" — das Heiterste und Schönste.

Schwind war nach München übergesiedelt, um unter Peter von Cornelius, dem Direktor der Münchener Akademie der Künste, sich weiter auszubilden. Nach München waren damals die Blicke aller jungen strebenden Künstler gerichtet. Julius Schnorr von Carolsfeld (1794—1872), der Bruder Ludwig Schnorrs, Professor für Historienmalerei an der Akademie, arbeitete gerade in den Nibelungensälen der Münchner Residenz. Für das Bibliothekszimmer der Königin wurde Tiecks „Phantasus" als Gegenstand gewählt und 1832 Schwind mit den Entwürfen betraut. Eine Reise nach Rom schloß sich an. Auf einem von Schwinds späteren Reisebildern weist Meister Cornelius dem Ankömmling Schwind, der — eine strohumwundene Orvietoflasche umgehängt — einen Trümmerhügel ersteigt, von weitem die Peterskirche. Schwind ist um diese Zeit mit der Komposition zu Goethes Gedicht „Ritter Kurts Brautfahrt" beschäftigt. Selbstbewußt schreibt er: „Ich ging in die Sixtina, schaute mir den Michelangelo an und wanderte nach Hause, um am Ritter Kurt zu arbeiten."

1834 malt er am Tieckzimmer und erntet den Beifall von Schnorr und Cornelius. Nach der Vollendung erhält er einen weiteren Auftrag für den Saal Rudolfs von Habsburg. So malt er seinen berühmten Kinderfries — der nach den Verlusten beim

Moritz von Schwind: Pfeifenkopf

Glaspalastbrand, wie manches andere Werk seiner Hand, den Bomben zum Opfer fallen soll. — Themenkreis von Schwinds Entwürfen für die Burg Hohenschwangau ist bayerische Sage und frühe Geschichte, so die Brautfahrt des Langobardenfürsten Authari an den Hof des Baiernherzogs oder die sagenhafte Geburt Karls des Großen in der Reismühle im Würmtal. Schwind bereitet den reichen Zyklus sorgfältig in Aquarellfarben vor. Schon bei der Komposition waren ihm Schwierigkeiten genug gemacht worden, und schließlich wurde die Ausführung al fresco, mit tiefgreifenden Änderungen, anderen übertragen. Für die Enttäuschung entschädigt ihn der Auftrag zur Ausschmückung des neuen Akademiegebäudes in Karlsruhe mit Wandbildern nach antiken Stoffen.

1842 vermählt sich Schwind mit Luise Sachs, der Tochter eines badischen Majors, und unternimmt eine Hochzeitsreise in die bayerischen Berge. Die Erinnerung lebt fort in einem Bild, das der Biograph Führich so beschreibt: „Vor dem Gasthof eines Gebirgsstädtchens steht der mit Blumen geschmückte offene Reisewagen.

Die junge Frau sitzt schon darin. Er selbst schwingt sich eben auf den Sitz. Der dicke Wirt lüpft die grüne Samtkappe zum Abschied und das Stubenmädchen, die Hand mit dem empfangenen Trinkgeld geschlossen haltend, macht einen Knicks. Gleich wird der Wagen in die frische Morgenluft und den Waldesduft des Hochgebirges hinausrollen."

In Frankfurt am Main erreicht den Maler ein Brief des Architekten Friedrich von Gärtner, seit dem Engelsturz des Cornelius Akademiedirektor in München, der ihm im Namen des Königs eine Professur an der Münchner Akademie anträgt. — Es war eine gewitterschwüle Zeit in München. Stadt und Land waren in Aufregung über den unheilvollen Einfluß der Tänzerin Lola Montez, die König Ludwig an sich fesselte und ganz von den Dingen abzog, die ihm früher teuer waren.

Schwind trifft mit alten Freunden, mit dem aus Rain am Lech gebürtigen Kapellmeister Franz Lachner, dem Erzgießer Ferdinand Miller und Ludwig Schwanthaler, dem Schöpfer der Bavaria, zusammen, auf dessen Burg Schwaneck an der Isar er einige muntere Tage verlebt. Ein Häuschen an der Ecke Brienner/Augustenstraße wird erworben. Vom Dach aus, da es ziemlich am Ende der Stadt liegt, kann man das oberbayerisch-tirolische Hochgebirge sehen. Die Arbeit geht ihm gut von der Hand, und er packt den Lehrberuf an der Akademie (damals im Jesuitenbau an der Neuhauser Straße) mit Kraft und Liebe an. Wir besitzen eine Schilderung der Lebensumstände Schwinds aus der Feder eines Schülers, des nachmaligen Professors Eduard Ille (1822, München, bis 1900):

„An der Seite seiner anmutigen Frau und umgeben von blühenden Kindern, hielt er seinen Schülern vor dem gemeinsamen Nachtmahl an seinem gastlichen Tisch oft zwanglose Vorträge. Da beleuchtete er einzelne Zweige, Richtungen oder Mittel der Künste mit überzeugender Klarheit in Wort und Beispiel. Als liebevoller Lehrer auch erwies er sich ihnen auf gemeinschaftlichen Spaziergängen und weiteren Ausflügen, oder im Garten vor seinem kleinen Hause ruhend und plaudernd. Da floß wohl mit den blauen Wölklein aus der liebgewohnten Pfeife manch ein apodiktischer

Moritz von Schwind: Zeichnung zur „Schönen Lau“
von Eduard Mörike

Satz von seiner Lippe oder ein wahres Feuerwerk von blitzenden, witzsprühenden Gedankenfunken erhellte die dämmernde, vom Jubel der Hörer widerhallende Runde. Und wenn an einem heiteren Ostermorgen die Kinder sich eilfertig umhertummelten, nach den da und dort von der liebenden Mutter versteckten bunten Eiern des Osterhasen suchend und jeden Fund mit lauten Freudenrufen begrüßend, derweil Schwind heiter blickend drinnen am Flügel saß und eine liebliche Weise von Haydn oder Mozart anstimmte, da wurde es jenen Gemütern so recht sonnenklar, daß einem die Kunst zum ganzen Leben und das ganze Leben zur Kunst werden müsse, ungeteilt und untrennbar geeinigt, um in beiden auf einem Wege zu wandern. Und wenn Baum und Strauch, weißbedeckt vom Schnee des Winters, ruhten, und am Heiligen Abend Schwind und die Frau mit den jubelnden Kindern den leuchtenden Christbaum umkreisten, da lag auch für die Schüler, als willkommene Hausgenossen, stets eine freundliche Gabe bereit, gar oft mit einer flüchtigen, harmlos neckenden Zeichnung von Schwinds Hand gekrönt, die ihnen jetzt zur teuern, kostbaren Reliquie geworden ist."

Herzliche Freundschaft entspinnt sich im Lauf der Jahre zwischen Schwind und Carl Spitzweg. Das mag auch beim ersten Ansehen nicht wundernehmen, obwohl Schwind, der Akademiker, dem Kreis um Cornelius, Gärtner und Klenze nahesteht, wogegen Spitzweg ein belächelter, vielfach gar verlachter Autodidakt ist. Schwind zeichnet für die „Fliegenden Blätter" und die „Münchner Bilderbogen". Der ausdauernde Tarockspieler steckt voller Späße, und das Kleinste ist ihm nicht zu klein. Das auf Spitzweg gemünzte Cornelius-Wort „Malen muß man können" gilt weder für ihn noch für seinen Freund. Das ominöse Wort, sagen Neider gar, sei auf Cornelius selbst zurückgefallen. Die Ausbildung als Apotheker macht es Spitzweg leicht, das ist nicht ganz unwesentlich, Farben und Malmittel selbst zu bereiten. Als er, nach Wilhelm von Kobells Art, mit Eduard Schleich zusammen sich der bayerischen Landschaft zuwendet, der südlichen Ammerseegegend und Pähl, da folgt ihm Schwind in solchen Bestrebungen. Aber auch

<Georg Dehn: Marienplatz im Jahre 1892

Joseph Anton Koch: Schmadribachfall.
„Aus der Natur wird die grobe Materie genommen
und wird in ein Kunstwerk umgebildet."

Carl Rottmann: Sparta mit Taygetos.
Nach 1835 für König Ludwig I. gemalt.

Schwind übt einen unschwer feststellbaren Einfluß auf Spitzweg aus. Es gibt eine Reihe von Spitzwegbildern, wie die „Libration“, mit Nymphen, Elfen und Sylphen, die ohne Schwind undenkbar wären.

Auf dem Bild „Künstlergesellschaft im Grün“ (im Besitz der Neuen Pinakothek zu München) zeigt Spitzweg, auch hier eine Eigenart Schwinds aufgreifend, Porträts des Münchner Freundeskreises. Da sitzt Spitzweg selbst, umgeben von Schwinds Töchtern, hinter ihm, an einen Baum gelehnt, steht Schwind (vom feinen Spott Spitzwegs in die klassische Toga des Akademikers gehüllt) und weiter ab sitzt der Wiener Maler Waldmüller im Rasen.

Schwind war häufiger Gast in der Klause des Eigenbrödlers Spitzweg am Heumarkt (dem jetzigen Sankt-Jakobsplatz), und Bilder wechselten zwischen beiden Malern hin und her. Von Spitzwegs Feder stammt dieser launige Vierzeiler. Da seufzt Spitzweg:

„O Himmel, ist die Kunst doch schwer!
Die Göttin spröd, die dralle!“

Und Schwind antwortet:

„Ja, Lieber, wenn so leicht es wär,
die Luder malten a l l e !“

Enge Freundschaft seit den Wiener Tagen bei Schubert verbindet Schwind mit Franz von Lachner, dem Münchner Hofkapellmeister und großen Orchestererzieher, dem Komponisten der Oper „Catarina Cornaro“. Der Einfluß der Musik auf Schwinds Schaffen, keine Seltenheit im bayerisch-österreichischen Kulturkreis, kann nicht hoch genug eingeschätzt werden. Schwind meinte: „Einen Mund voll Musik muß einer täglich haben.“

Auf Bestellung des wittelsbachisch-bayerischen Königs Otto von Griechenland malte Schwind die von einem gemeinsamen Rahmen kunstvoll umschlungene Bilderfolge „Die Symphonie“ (jetzt hängt sie in der Münchner Neuen Pinakothek). Am Klavier, neben der Pianistin, sitzt mit buschigem Schnurrbart, notenumblätternd, Schwind selbst. Der Dirigent aber, hinter seinem Rücken mit dem Napoleonskopf, ist Franz Lachner. Dieses Mal dirigiert er keine seiner Symphonien, seiner Kammermusiken, seiner Suiten, sondern Beethovens Chorphantasie. Unter dem in Partituren vertieften Auditorium versteckt, taucht auch das Antlitz Franz Schuberts auf.

In München, wo Schwind, von einigen Unterbrechungen abgesehen, seit 1828 sein Leben zubrachte, vollendete er in schneller Folge die Meisterwerke „Der Erlkönig" (nach Goethes Ballade und Schuberts Lied) 1830 — „Der Traum des Gefangenen" 1836 (manch eines dieser Bilder wurde für den kunstsinnigen Grafen Schack gemalt oder später von ihm erworben) — „Der Elfentanz" 1844 — der große Bilderzyklus „Aschenbrödel" 1852 bis 1854 — „Der Traum des Ritters" 1860 — und dazwischen immer wieder die vielen „Reisebilder" oder ein Bild wie „Der Traum Erwins von Steinbach", wo der große Baukünstler als Kind sein künftiges Werk, das Straßburger Münster, von einem Engel geführt, im Traum vollendet sieht. Ein Gedanke, der das Schicksal Schwinds andeutet, dem die Muse schon in der Jugend Bilder und Gedanken eingab, die er erst als reifer Künstler gestalten sollte. Schwind war ein Künstler der Erinnerung, der nie erlöschenden Erinnerung an die Zeit der Jugend. Darin vielleicht liegt der Grund, daß er sich treu blieb, auch in gewandelter Zeit. Spitzweg, der Altbayer, stand fest auf der Erde — Schwind blieb der Erzromantiker. Spitzweg stieg 1848 auf die Barrikaden, als Widerspruch auch — das ist denkbar — gegen die akademische Kunst. Schwind dagegen rief zu diesen Ereignissen aus: „Gottlob, daß unser Schicksal nicht in Menschentatzen, sondern in der Hand Gottes ruht. Meine Wut ist groß über die Menge von Gemeinheit und Lüge, die in der Welt vorrätig ist. Mögen alle mit ewigem Zahnweh belohnt werden, die dazu beigetragen haben, daß es so ist."

Schwind, im Gegensatz zu Spitzweg, ist nicht nur der Maler der kleinen Stubenbilder. Das Mammutwerk der Fresken in der Wartburg (über den Sängerkrieg und das Leben der heiligen Elisabeth, die von andechsischem Geblüt war) schließt sich an. Endlich malt er einen Freskenzyklus nach Stoffen des Musiktheaters für das neue Wiener Opernhaus. Hier stoßen wir auf den anderen

Moritz von Schwind: Der gepeinigte Herr Winter

Schwind, den zweiten Schwind. Unbehagen über solches Historisieren war ihm nicht fremd: „Ich möchte doch wieder einmal etwas machen, wo von Schönheit die Rede ist, und nicht immer und ewig in Kostümsachen mich herumschlagen."

Der Widerspruch in Schwinds Werken lag in der Zeit, der Zeit des industriellen Aufschwungs, die sich historisch kostümierte. Klar erkannte er: „Die Disharmonie, die heute Kunst und Leben immer mehr trennt, ist beklagenswert, und ich preise die alten Meister glücklich, weil sie mit aller Liebe sich auf e i n e s werfen konnten, während wir nicht einmal eine r e c h t e S o n n t a g s f r e u d e mehr zustande bringen."

Der Historienmaler, der Monumentalmaler, der Neugotiker paßt schwer in das Bild, das wir von Schwind haben. Der Gegensatz in diesem Nacheinander oder gar Nebeneinander ist erstaunlich und erschwert es, beide Schwinds als einen zu sehen und beide zu lieben. Indessen mehren sich die Zeichen, daß unsere Zeit sich anschickt, zum späten Schwind ein neues Verhältnis zu gewinnen.

Daß Schwind die Ölmalerei mehr und mehr zuwider wurde, hat seinen Grund nicht allein in der zunehmenden Loslösung der Kunst vom Handwerk und der Verwendung von chemisch sich nicht zusammenfügenden Tubenfarben, sondern in einer geistigen Folgerichtigkeit: „Die Temperamalerei ... (in den gotischen Tafelbildern verwendet, wo Schicht um Schicht lasiert wurde) ... und die Freskomalerei ist die eigentliche Malerei." Den Schülern diktiert er: „Die Malerei, der ich folge, ist die deutsche und als Grund derselben die Glasmalerei anzunehmen. Glasmalerei und Holzschnitt sind sich innig verwandt. Die deutsche Art zieht die Konturen und stellt die Farben harmonisch nebeneinander."

Schwind hatte in früheren Jahren gemalt, wie Sankt Wolfgang den Teufel zwingt, ihm die Steine zum Kapellenbau zuzuführen. Die spätere Entwicklung führte zu kirchlichen Aufträgen, doch Schwind, bescheiden genug, wehrte ab: „Einen zweigeteilten Bart kann ich so gut malen wie ein anderer, aber einen Christus zu malen, dazu muß man ein anderer Mensch sein, als ich bin." Schließlich aber, 1858, berichtete er: „Es ist mir ein sehr ehrenvoller Auftrag in den Garten gewachsen, nämlich die Altarbilder an dem neuen Flügelaltar für die Münchener Frauenkirche. Der Herr Erzbischof äußerte mir seine größte Freude."

Von Schwinds Hand stammen Entwürfe zu Glasfenstern für St. Jodok in Landshut und Freskomalereien in der Pfarrkirche von Reichenhall. Zur Zeit dieser Tätigkeit notierte er: „Daß es Vers und Prosa in der Malerei gibt, das wissen die meisten nicht. Wie man ein religiöses Gedicht nicht mit der Sprache schreiben kann, die man im Wirtshaus redet, ebenso kann man mit einem Malermodell keine Mutter Gottes herstellen."

Kein profaner Maler, wie Spitzweg, will Schwind sein. Bei ihm geht es immer sonntäglich zu. Er stellt nicht die Wirklichkeit dar, sondern — seine Stellung in ihr. Kein Werk von seiner Hand gibt es, das nicht in irdendeiner Form Bekenntnis wäre. Seine Bilder sind nicht Selbstzweck, sie dienen immer einem höheren Zweck, nicht minder als die Malereien der alten Meister, die Illustration

Gustav Seeberger:
Blick vom Alten Peter über München gegen Westen. 1843.

Moritz von Schwind: Die Morgenstunde.

der christlichen Heilsgeschichte sind. Er bewundert Albrecht Dürer, der Maßstäbe für die Illustrationskunst schuf, wie einen Ahnherrn. Er ist ein Meister der Illustrationskunst, ein Ausdruckskünstler, wie Wilhelm Worringer es nennt, und der Darstellungskunst entgegen. Darum kann er kein Maler sein, wie Spitzweg einer war. Aber er kann Graphiker sein, Graphiker und Kolorist: „Für mich ist ein guter Kontur das Leserlichste und Schönste."

Musik war vielleicht der Schlüssel, der Anlaß aber war Sprache: Sage, Märchen, Dichtung. Am Anfang seines Lebens steht der Musiker und am Ende der Dichter. — Am 9. November 1863 bittet Eduard Mörike in einem Brief Moritz von Schwind um die Illustration eines seiner Gedichte. Er spricht darin von der „unerschöpflichen Schönheit der Gemäldefolge nach dem Märchen von den Sieben Raben und der treuen Schwester".

So nimmt diese letzte und tiefe Freundschaft im Leben Schwinds ihren Anfang. Aus der Ferne witterte einer den verwandten Geisteshauch des anderen. Mörike bedauerte oft, nicht Maler geworden zu sein. In der „Andacht zum Unbedeutenden" trafen sie sich. Schwind hat Mörike wiederholt besucht, dagegen ist es Mörike nie geglückt, bis nach der bayerischen Residenz zu gelangen. Ein unschätzbares Zeugnis sind die überkommenen Briefe der beiden. Vor kurzem hatte Schwind am Starnberger See, nahe Niederpöcking, ein Holzhaus, mit breitem Dach, errichtet. Es war dicht am Ausgang eines Tannenwäldchens gelegen, und so schnitt er in die Holzwand den Namen „Tanneck". Es gibt ein Bild, auf dem Schwind vor dem Hintergrund des Häuschens, von seiner Familie umgeben, sich selbst im Kahn sitzend darstellt; neben ihm flattert die bayerische Rautenfahne. Er schreibt an Mörike: „Mein Pfahlbau am See ist das Charmanteste, was man sehen kann, Wald, See und Gebirg. Ein liebenswürdiges, gewohntes Atelier, die heimlichsten Plätzchen im Garten, die reizendste Aussicht in die Ferne — meine schöne Wohnung in der Stadt, König, Akademie — alles auf seinen Platz geschoben."

Ein andermal bemerkt er grimmig: „Mein alter Freund Lachner ist pensioniert worden, und mit ihm alle gute Musik. Der alte

König Ludwig war taub, der König Max blieb nie bis zu Ende, da gings, daß man was Gutes aufführte. Der regierende aber, mit seinen Herren Liszt und Wagner, wird uns Nägel in die Ohren schlagen, daß es nur so pumpert." (Dieser „regierende" König war Ludwig II., Sohn Max des Zweiten.)

Mörike bestätigt den Empfang der Illustration zu seinem Gedicht „Märchen vom sicheren Mann": „Wenn meine Leute mich, wie sie behaupten, im dritten Zimmer durch zwei Türen mehrmals laut auflachen hörten, so war dies keineswegs nur die einfache Wirkung des komischen Stoffs, welcher hier in das greifbarste Leben trat; es war weit mehr jene rein schöne, hohe, mit keinem andern Glück zu vergleichende Lust, die wir immer empfinden, wo die Kunst einmal wieder ihren Gipfel erreicht, wo uns der Genius selbst anlacht, eine freudige Rührung und selbstloser Dank, der vorerst gar nicht weiß, wem er eigentlich gelte, bis man zunächst dann freilich nur dem Künstler um den Hals fallen kann."

Töpfereien von Mörikes Hand, Poeme und Zeichnungen gehen hin und her. Über ein Blatt, das Mörikes Pfarrhaus in Cleversulzbach darstellt, urteilt der Dichter: „Dieses Bild anlangend, welches für meinen innerlichen und Privatmenschen eigentlich das Hauptblatt ist, so wollte mir dazu die Prosa nicht genügen, ich hoffte mir vielmehr mit einigen Versen im Ton der musikalischen Gartentür zu helfen."

Dies ist eine Anspielung auf ein altes Gedicht Mörikes. Beim Öffnen der hinteren Gartentür in Cleversulzbach ertönten als Harfenklang die ersten Takte der Arie „Ach, nur einmal noch im Leben" aus der Oper „Titus" von Mozart.

Eine Reihe köstlicher Illustrationen Schwinds zur „Historie von der schönen Lau" folgt und Mörike erwidert: „Der Traum der Wasserfrau; wie der Abt die dicke Wirtin umarmt — hochkomisch und von großer Kraft der Zeichnung. Der mehrfältige Widerhall des Kusses ist höchst ingeniös und ergötzlich dadurch angedeutet, daß die Umarmung sich in einer Art von Luftspiegelung einigemal, näher und entfernter, wiederholt."

Moritz von Schwind: Winter (Reisigtragender Mann)

Es wird hoher Abend. In einem der letzten Briefe schreibt Schwind: „Daß wir Sie nicht zu sehen kriegen, ist schlimm genug. Ich bin auch nicht mehr so beweglich als vor Jahren, wo ich ein wahrer Virtuose im Reisen war. Ich habe mich wieder an die ‚Melusina' gemacht, die immer besser aneinander paßt."

Das Alterswerk, das „Märchen von der schönen Melusine" ist Schwinds Abgesang. Am 20. Februar 1871 muß Schwinds Tochter Mörike berichten: „Unser lieber Vater war nur elf Tage krank. Anfänglich bekam er einen heftigen Anfall von Atemlosigkeit, wobei er furchtbar litt und wir alle glaubten, er müsse sterben. Doch wurde ihm nach einigen Stunden leichter, nur blieb eine große Schwäche zurück. Die Ärzte sagten, bei diesem Anfall sei ein kleines Gefäß in der Lunge gesprungen und es sei eine Entzündung dazu gekommen. Diese Entzündung hat sich nach acht Tagen wieder gehoben, und so hatten wir doch wieder Hoffnung, des Teuren Leben zu erhalten, trotz der immerwährenden Erstikkungsanfälle, die ihn quälten. Doch sagten uns die Ärzte immer, sie hätten die größte Sorge, ob das Herz, das sehr schwach sei, die Krankheit aushalten könne. Ihre Befürchtungen waren leider nur zu begründet. Am 8. gegen 1/2 5 Uhr nachmittags lehnte er sich plötzlich in seinen Stuhl zurück, tat ein paar schwere Atemzüge, und ohne Kampf oder Schmerz, mit friedlich verklärtem Angesicht entschlief er."

Nach Führichs Mitteilung fragte seine Tochter ihn, wie es ihm gehe. Mit dem Wort „Ausgezeichnet" verschied er. Mörike bezieht sich auf Julius Naues (1833—1907) Zeichnung: „Über sein Totenbild möcht ich lieber gar nichts sagen. Beim ersten Blick darauf schoß mir das Wasser in die Augen; dann aber ging das herbe, persönlich gemischte Schmerzgefühl alsbald in eine andere allgemeine, nur noch rein schöne und erhabene Empfindung über."

Auf dem Alten Südlichen Friedhof in München, diesem Pantheon großer bayerischer Namen, wölbt sich Schwinds Grabhügel, nicht weit von den Gräbern Spitzwegs und Lachners. Der Schatz seiner Bilder aber, der in dieser Stadt angehäuft ist, wurde ein köstlicher

Besitz. „Das Schöne ist das Allernotwendigste auf der Erde." Das sagt uns Schwind.

Ein wenig still ist es um ihn geworden. Aber die Stille gehört zu ihm. Er hat sie uns gemalt. Ist es nicht so, wie Führich in seinem Nachruf auf Schwind gemeint hat: „Leer und öde ist das Haus, und die Menschen hasten und jagen vergebens nach Freuden, die sie selbst verscherzt."

CARL SPITZWEG

Neue Möglichkeiten der Münchner Malerei

An einem der letzten Tage des Septembermonats 1885, als nach regnerisch trüben Wochen ein seidig blauer Herbsthimmel sich lichtete, als schon das erste Laub sich goldgelb färbte und das feine Mariengarn des Altweibersommers da und dort in der milden Sonne aufglänzte, bewegte sich, widerspruchsvoll in solchem Farbenspiel, ein schwarzer Zug von kränzetragenden Trauergästen durch das schmiedeeiserne Friedhofstor neben dem Stephanskircherl, draußen an der Thalkirchner Straße. Carl Spitzweg war es, ein alter Sonderling und ein begnadeter Maler, dem man die letzte Ehre erwies. Gerade wieder einmal hallte ausgelassener Jubel durch die Gassen der Stadt, und wenige hundert Meter weit, auf der „Wiesn", feierten die Münchner ihr Oktoberfest.

Ehrsame Nachbarn vom Sankt-Peters-Viertel standen an der offenen Grube und wenige Freunde, die ihn überlebt hatten: Franz Lachner, der greise Komponist und Generalmusikdirektor, der Maler Eduard Grützner, Friedrich Pecht, der Kunstkritiker, und der Schriftsteller Professor Hyazinth Holland. Der Präsident der Münchner Künstlergenossenschaft Eugen Stieler aber, der Sohn Joseph Stielers, der Bruder des Dichters Karl, rief ihm das Abschiedswort nach: „Es war nur wenigen vergönnt, mit ihm in näherem freundschaftlichen Verkehr zu stehen, und doch haben wir alle an diesem Grabe das Gefühl des Verlustes."

Wenig gibt es, das über Carl Spitzweg nicht schon gesagt worden wäre, und dennoch hat sich jede Zeit ihren eigenen kleinen Spitzweg ausgeschnitten, ihre eigene Spitzwegwelt zurechtgezimmert. Es gilt mehr denn je, wie Eugen Kalkschmidt treffend meint, „nicht, offene Tore für ihn einzurennen, sondern die Aussicht hinter den offenen Toren zu öffnen". Viel Irrtümliches ist über ihn gesagt worden, und sogar sein Ruhm beruht auf einem Irrtum. Hier trifft Jean Pauls Wort zu: „Nichts wird man leichter als das, wofür man gehalten wird."

Der Maler wurde als zweiter Sohn des „bürgerlichen Handelsmannes" Simon Spitzweg am 5. Februar 1808 geboren; auch da war die Münchner Stadt von Jubel erfüllt — der Fasching ließ das lebensfrohe Volk mit Masken durch die Gassen treiben und ausgelassene Redouten feiern. Am gleichen Tag taufte den Buben der Stadtpfarrer von Sankt Peter auf die Namen Franz Carl, wobei der erste Name auf den Göden (Paten) Franz Xaver Lauterer zurückging, den „Schuhbauernbrenner" vom Promenadeplatz.

Seit 1695 sitzen die Spitzwecks (wie sie damals noch heißen) als Tafernwirte und Posthalter in Unterpfaffenhofen, jenem unweit der westlichen Tore Münchens gelegenen idyllischen Dörflein. Erst mit dem 1776 geborenen Simon soll die Wendung eintreten. Er besucht das Gymnasium in München und wird von seiner praktischen Veranlagung in den Kaufmannsstand gedrängt. Die abgeschlossenen Lehrjahre befähigen ihn zum Buchhalter bei der Firma Lorcy und Krempelhuber in München. Nach ausgedehnten Reisen durch die bayerisch-österreichischen Lande über Passau, Wien, Krain, Görtz und Triest kehrt er nach München zurück, um hier einen Hausstand zu gründen. 1804 erwirbt Simon das Münchner Bürgerrecht, das ohne Unterbrechung seit dem Jahre 1310, bis hinauf ins Jahr 1919, alle freiwillig Zugezogenen eine schöne Stange Geld kostete. Im gleichen Jahr ehelicht er die vermögende Münchner Obstlertochter Franziska Schmutzer und erwirbt im darauffolgenden Jahr das stattliche vierstöckige Anwesen Eisenmanngasse 14 an der Ecke der Neuhauser Gasse, um dort „Tuch-Woll-Baumwoll-Seiden und Spezereywaren in Commission und Spedition" zu handeln.

Vater Simon, ganz ein Kind der Aufklärung, wurde nach der Errichtung der Konstitution im Jahre 1818 als Vertreter der Stadt zum Landtagsabgeordneten gewählt. Des Italienischen und Französischen mächtig, betätigte er sich als Beigeordneter im Wechsel- und Merkantilgericht, setzte die Gründung der ersten höheren Töchterschule durch und machte den „Vorschlag eines ehernen, dem König Max Joseph zu errichtenden Denkmals als Dank für die gegebene Konstitution". Dieser angesehene Mann von großbürgerlichem Format bestimmte in weiser Vorsorge seinen ersten Sohn, der den Vaternamen Simon trug, zur Übernahme des Geschäfts, den zweiten, Carl, zum Apotheker und den dritten, 1811 geborenen Eduard, zum Arzt. Auf diese Weise sollten die drei sich „dereinst gut in die Hände arbeiten".

Des Vaters Wunsch ging nicht in Erfüllung. 1819 verließ die Mutter ihre drei Buben für immer, und wenn auch der Vater noch im gleichen Jahr deren Schwester Crescenzia zum Weib nahm, war das Glück nicht von langer Dauer. Viel zu früh, schon 1828 verlor die Familie ihr Oberhaupt, und fünf Monate später, im Frühjahr 1829, traf die Schreckensbotschaft ein, daß den ältesten Sohn Simon in Kairo, wo er als Handlungsgehilfe tätig war, die Pest dahingerafft habe. Der jüngste, Eduard, der stets treue Weggenosse Carls, erwarb später die Musikalienhandlung Aibl in der Rosengasse, die von seinen Söhnen im Palais Porcia an der Promenadestraße zum Verlag und Sortiment ausgebaut werden sollte. (Josef Rheinberger, Hans von Bülow, Max Reger und Richard Strauß verdanken diesem Verlag ihre ersten Veröffentlichungen.)

Lange schien es, als sollte nur einer den befohlenen Beruf ergreifen: Carl Spitzweg. Er absolvierte das Königliche Alte Gymnasium und konnte nach kurzer Anfangstätigkeit in Erding, dank der Vermittlung des Vaters, in die unter Franz Xavier Pettenkofers Direktion florierende Kgl. Hof- und Leibapotheke eintreten. „Hier hantierte der Jüngling", schreibt Hyazinth Holland, der ausgezeichnete Kenner der alten Münchner Kunst, „im offizinellen Quadrivium mit Stößel und Mörser, drehte Pillen, strich Pflaster, kochte Säfte und Mixturen nach den rätselhaften Keilschriften und Hieroglyphen der ordinierenden Heilkünstler, schrieb Signaturen auf Tiegel, Flaschen und Büchsen, etikettierte Gläser, Phiolen und

Moritz von Schwind: Die Hochzeitsreise

Moritz von Schwind: Die Waldkapelle.
„Das Schönste ist das Allernotwendigste auf der Erde."

Carl Spitzweg: Spanisches Ständchen. Ausschnitt.

Carl Spitzweg: Landstädtchen (Erding)

Schächtelein, aber zeichnete nebenbei zu seinem Privatvergnügen die ihn interessierenden Kunden utriusque generis in lustigen und ernsten Croquis, bis er, endlich freigesprochen, als vollendetes ‚Subjekt' in einer warm empfohlenen Apotheke zu Straubing in ‚Kondition' trat."

Von Spitzwegs schauspielerischem Talent wird noch die Rede sein müssen, jedenfalls erwies sich der Gehilfe der Löwenapotheke als begehrter Darsteller im dortigen Bürgertheater, glänzte aber in Liebhaberrollen nicht nur auf der Bühne, sondern war auch Hahn im Korb beim Straubinger schönen Geschlecht. Die Erinnerung an die frohbeschwingten Monate in der alten Herzogsstadt hat er immer hochgehalten und bewahrte zeitlebens die Briefe der Straubinger Freunde in einem gesonderten Paket.

Im Jahr 1830 bezog er die kurz vorher von Landshut nach der Hauptstadt verlegte Universität — er blieb dem Vater gehorsam bis übers Grab hinaus — und verließ sie nach zweijährigem Studium der Pharmazie mit der Note der Auszeichnung. So stand der Absicht nichts mehr im Weg, als wohlbestallter Provisor in Zürich oder St. Gallen zu konditionieren und dann eine Apotheke in

München zu erwerben. Zuvor erfüllte er sich aber einen Herzenswunsch, der dem Wunsch des Vaters nach fleißiger Pflege neuer Sprachen entgegenkam, eine Reise nach „Arkadien". Über Salzburg und Laibach nach Triest führte ihn zunächst der Weg, ans Tor zum Orient, das einst der unglückliche Bruder Simon passiert hatte. Weiter ging es in die Lagunenstadt, nach Padua, Florenz, Rom und Neapel. — Eine Typhusepidemie warf den in rauhere Münchner Breiten heimgekehrten Spitzweg aufs Krankenlager. Der Genesende begab sich zu einem längeren Erholungsaufenthalt nach Bad Sulz am Fuß des Hohenpeißenbergs. Dort sollte sich die entscheidende Wendung in Spitzwegs Leben vollziehen.

Dr. Zeuß, der Besitzer dieser Kuranstalt, meinte, daß der Aufenthalt in Gottes freier Natur mit einem heiter zerstreuenden Zweck verknüpft werden sollte. So empfahl er seinen Gästen, die schöne Natur nicht nur zu genießen, sondern auch mit dem Zeichenstift festzuhalten, gewissermaßen durch Zeichnen sehen zu lernen. Diese Anregung verdankte der kunstsinnige Dr. Zeuß einer Gruppe Münchner Landschafter, die ins Ammermoor nächst Polling auszuschwärmen begann und den Wahlspruch vom „Malen nach der Natur" als Protest gegen die steife Kartonkunst der Münchner Akademie auf ihr Panier geschrieben hatte. Spitzweg bequemte sich zum Wettbewerb mit zwei anderen Gästen, einem Fräulein von Dietrich und dem Entdecker des Wasserglases, dem Chemieprofessor Johann Nepomuk Fuchs. Als am Abend unter allgemeiner Spannung die Arbeiten verglichen wurden, erhielt er für seine Zeichnung eines bäuerlichen Kachelofens, hoch aufgebaut, mit Bank und Trockenstangen, ohne weiteres die Palme zuerkannt. Nun aber begibt sich das eigentliche Rätselhafte: Christian Heinrich Hansonn, einer der „Pollinger" (1791—1861), unterrichtet Spitzweg im Umgang mit Pinsel und Palette, und dieser hängt den ehrenwerten, sicheren Beruf des Apothekers an den Nagel, um auf eine völlig ungewisse Aussicht hin den Weg des Malers zu beschreiten.

Und ungewiß, ja mehr als ungewiß waren die Aussichten: Nicht allein, daß Spitzweg sich zum Akademiestudium zu alt fühlte:

Franz von Pocci: Die Geburt Kasperls aus dem Ei

Die akademische Richtung des allmächtigen Direktors wäre ihm alles andere als förderlich gewesen, das wußte er. Ihn reizte das hohe Ideal weit weniger als die kleine Wirklichkeit. Auch andere flüchteten sich aus der Akademie zu den alten Meistern in die Museen. Aber in der Galerie zu kopieren war nicht gestattet. So wurde die Gruppe der Pollinger Maler zur Keimzelle des Widerstands gegen Cornelius und zur unentbehrlichen Lehrmeisterin junger kunstbegeisterter Seelen, ja, sie ist darüber hinaus als Wiege des Münchner Realismus betrachtet worden. Dazu stießen immer wieder andere: Der Pfalzbayer Heinrich Bürkel (1802—1869), der Niederbayer Eduard Schleich der Ältere aus Harbach bei Landshut (1812—1874), der Hamburger Christian Morgenstern (1806—1867), der Münchner Sebastian Habenschaden (1813—1868), der Würzburger Hermann Dyck (1812—1874), der Aschaffenburger Holzschneider Kaspar Braun (1807—1877). Die Freunde trafen sich im Schaidelschen Kaffeehaus an der Ecke Kaufinger-, Rosengasse, später auch im Englischen Kaffeehaus, und abends ging es in den Stubenvollbräu am Unteren Anger zum Bier.

Aus Carls Briefen an den (in Triest weilenden) Bruder Eduard wissen wir, wie sauer ihm der eingeschlagene Weg wurde, wie oft er nahe am Verzweifeln war, so etwa, wenn er, dem ungeschriebenen Gesetz der Pollinger getreu: „Sehen, nicht fühlen und denken", seine eigenen Früchte der Freilichtmalerei mit denen anderer, glücklicherer Freunde verglich: „Da bleibt dir der Verstand stehen, wie der arbeitet! Wie das gemacht ist! Da ist das Deinige offenbar alles Mist dagegen! Umsonst suchst du unter deinen Studien etwas zu finden, was dir gefallen könnte — alles Mist!“ Aber als echtes Münchner Kind läßt er nie lange den Kopf hängen, und mit ergötzlichem Humor schildert er die wilden Attacken, die sein kleiner Spitz den Kühen im Hochgebirge liefert, wie der Maler sich die Hosen zerreißt und das Gesicht an Dornen zersticht, wie er auf die Leinwand statt Lichttupferln, die so klein wie Nadelspitzen sein sollten, unförmige Farbkleckse patzt, wie ihm die Schnaken und Bremsen zusetzen, der Wind ihm das Parasol durch die Lüfte wirbelt, daß es um Haaresbreite in den Bergbach stürzt, wie er, außer Atem und erhitzt zurückeilend, die nasse Ölstudie mit dem Antlitz auf der Erde findet, so daß eine Sammlung von mineralogischen, botanischen und zoologischen Seltenheiten in der Farbe klebt, wie der Regen niedergießt und er, von Schweiß und Wasser triefend, zurück ins Wirtshaus wankt.

Auch der Münchner Kunstverein war eigentlich eine Kampfansage an Cornelius. Dennoch zeigte der Gewaltige sich großmütig genug, ihm beizutreten, nachdem er freilich seinem König (1825) den Vortritt gelassen hatte. Im Kunstverein im Himbselhaus am Dultplatz (dem heutigen Maximiliansplatz), seit 1826 im „Bazar“ am Hofgarten, wurden die Leistungsproben der jungen bürgerlichen Kunst Münchens ausgetragen. Hinter den Arkaden gelangten allsonntäglich (Schmellers Tagebuch bringt ein Beispiel) die jüngsten — und frischesten! — Werke der Münchner Künstlerschaft zur Ausstellung und zum Verkauf. Es waren gute Zeiten der Wechselwirkung zwischen Künstler und Gesellschaft. Die Bilder des neunzehnten Jahrhunderts wurden ja nicht ins Leere hinein gemalt; sie entsprachen einem Bedürfnis der Öffentlichkeit. Darum folgten in Kürze nach dem Münchner Beispiel Gründungen von Kunstvereinen in allen größeren deutschsprachigen Städten.

Viel gerätselt worden ist über die Hintergründe der Ablehnung von Spitzwegs erstem, 1839 im Münchner Kunstverein gezeigten Gemälde „Der arme Poet“. Es mag mehr als ein Körnchen Wahrheit in der Version liegen, daß eine Öffentlichkeit, die das Reimen

Franz von Pocci:
Zeichnung zu Franz von Kobells „Schnaderhüpfln"

nach des Königs allerhöchstem Beispiel zum guten Ton rechnete, sich in diesem Verse skandierenden, mit allen Attributen der Lächerlichkeit ausgestatteten Dachstubendichterling verspottet fühlte. Entscheidend für die Ablehnung durch Kritik und breite Öffentlichkeit dürfte aber Spitzwegs Unvorsichtigkeit gewesen sein, selbstbewußt mit vollem Namen zu signieren. Der dilettierende Apotheker war stadtbekannt. Spitzweg fühlte sich tödlich getroffen, denn er betrachtete (mit uns) den „armen Poeten" als Eckstein seiner künstlerischen Laufbahn. Gedemütigt wählte er von nun an verschiedene Pseudonyme: „Spitz", „Katz", „Zucchi", um bald für immer zu seinem berühmt gewordenen Monogramm, dem „Spitzweck", einem damals in Rautenform gebackenen Vierkreuzerbrot, zu finden. Im Kunstverein aber hat der Schmollende bis ins Greisenalter nie wieder ausgestellt.

Der König sorgte selbst dafür, daß die von ihm gezüchteten Bäume nicht in den Himmel wuchsen und vollzog 1840 den gewaltsamen Bruch mit seinem Akademiedirektor. Fast im Vorbeigehen entledigte der König sich einer von längerer Hand vorbereiteten Aufgabe. In der Ludwigskirche geschah es, unter den Gerüsten des noch unvollendeten, uns Nachfahren beeindruckenden, in seinen Ausmaßen riesigen „Jüngsten Gerichts", daß er Cornelius absetzte. Er bestellte Gärtner zum Nachfolger, der die Professur der Landschaftmalerei wieder einführen sollte, gründete die Neue Pinakothek und hob überdies selbst die Genremalerei durch den Ankauf der „Testamentseröffnung" von David Willkie zu Ansehen.

Spitzweg hatte sich inzwischen von seinem behüteten Zuhause getrennt: In der unruhigen Zeit des Vormärz wohnte er als „Zimmerherr" im sogenannten Fladhaus, am Eck Pfandhausgasse, Dultplatz, der Nahtstelle des alten und neuen München, dort, wo er sich geistig am Platz fühlte. Durchs Fenster blickte er auf das Himbselhaus (heute erhebt sich dort der Prunkbau der Bayerischen Börse), mit den geliebten Freunden traf er sich im Nachbargebäude, dem sogenannten Englischen Kaffeehaus (das dort seinen Bestand bis zur Erbauung des Bernheimer-Hauses haben sollte).

Der Holzschneider Braun, auch einer aus diesem Kreis, gründete 1843 zusammen mit dem Buchhändler Schneider die „Fliegenden Blätter". Von seiner Wohnung hatte Spitzweg nur einen Katzensprung hinüber zur Redaktion der „Fliegenden", dem späteren „Braun- und Schneider-Haus". Viele Beiträge lieferte Spitzwegs Zeichenfeder, so eine Erinnerung an Méhuls „Jagdsymphonie", in welcher — wie Hyazinth Holland beschreibt — der ängstlich zählende Paukenschläger nach 251 Pausen den Schuß zu markieren hat, während ihm ein gänzlich unbeteiligter nachbarlicher Schnupfer ahnungslos eine Prise aus der Dose bietet und dieser darob mit Höllenangst im gewissenhaftesten Zählen jammernd ausbricht: „Zweihundertsechsundvierzig — siebenundvierzig — um Gottes willen, nur jetzt lassen S' mich — sieben ..." — „Aber ganz eine frische ..." — „Zweihundertsiebenundvierzig — sieben — sechs — alle Teufel — jetzt bin ich schon draus!"

Auch der Puppengraf Franz Pocci, geboren 1807 in München, war gelegentlicher Mitarbeiter der „Fliegenden"; sie haben seinen „Staatshämorrhoidarius", jene Satire auf den Amtsschimmel, in die Welt getragen. Spitzwegs Freundschaft mit ihm geht auf diese Zeit zurück. Pocci war, wie er sich selbst darstellt, von hoher, hagerer Gestalt, hatte ein auffallend langes Gesicht, ging immer englisch gekleidet, in der charakteristischen karierten Röhrlhose. Das Ingenium des Hofzeremonienmeisters war unerschöpflich. Dem Zeichner Ludwig Richter (1803—1884) wurde er zum Vorbild. Schier unzählige Blätter, auch feingestimmte Aquarelle, sind in seinem Sommerschloß Ammerland aufgehäuft. Bisweilen trat er in eine Münchner Schulstube, und dann entstand auf der schwarzen Tafel eine Zeichnung, die jedes Kinderherz höher schlagen ließ: jener Kasperl Larifari — Nachfahre des uralten Münchner Faschingsharlekins —, den er in seinen Puppenspielen für Papa Schmid unsterblich gemacht hatte. Lange schonte der Lehrer die Kreidestriche und löschte sie nur widerstrebend mit dem Schwamm. Diesem Freund widmete Spitzweg die Zeilen:

Was hebt und engt die Menschenbrust
Zu sagen ist euch unbenommen;
Doch dieser singt voll Herzenslust:
„Laßt mir die *Kleinen* kommen!"

Es war die Zeit, als Gottfried Keller, der gleich vielen anderen in der Münchner Stadt sein Heil als Kunstmaler suchte, aus bitterer Armut sich damit begnügen mußte, weißblaue Spiralen auf Fahnenstangen zu streichen. Seit je war die bayerische Haupt- und Residenzstadt eine festfreudige Metropole gewesen. Zu den großen Kirchenfesten mit ihren leuchtend farbigen Prozessionen, zu den Maifeiern, Starkbierzeiten und Dulten, zum Schäfflertanz und Metzgersprung, zum Fasching mit seinem tollen Mummenschanz kamen die ersten Oktoberfeste mit den klingelnden, glitzernden Brauereiprunkgespannen; alles bisher Dagewesene sollte aber das große Dürerfest des Karnevals von 1840 in den Schatten stellen, das durch Kellers einzigartige Schilderung in die Dichtung eingegangen ist. Auch unseren Spitzweg muß Keller im Festzug gesehen haben, denn wie bei allen Geselligkeiten fehlte er auch hier nicht. Der Münchner Eugen Napoleon Neureuther (1806—1882), hat ihn gezeichnet, wie er gestelzt-würdig in der Maske eines Ratsschreibers dahinschreitet. Ein Blick auf diesen anderen Münchner Maler ist angebracht.

„Am Grashalm sieht man am besten, wie der Wind weht", meint ein alter Volksspruch. Neureuthers von Erfindungen strotzende Schnaderhüpfl-Umrankungen — die auch Poccis „Ranke" beeinflußten —, alle Vielfalt seiner ornamentalen Zeichnungen und Malereien, in ihrem Einfallsreichtum an kostbare Cimelien erinnernd, ließen es Goethe — wie er selbst sagte — dankbar empfinden, so hohe Jahre erreicht zu haben. Neureuthers meisterhafte Kleinigkeiten deuten auf Größeres, auf keusche Alpenjodler und reine Zitherweisen, die nach München hereinhallten, wo Altbayerns bedeutendster Mundartlyriker, der Innviertler Franz Stelzhamer, den gedrängt vollen Odeonssaal zu Begeisterungsstürmen hinriß.

Spitzweg, wie sein Vater mitten im Leben stehend und allem Neuen zugetan, wird als hübscher Mann geschildert. Er war immer adrett gekleidet, so daß ihm die Freunde den Necknamen „Der Schneider" anhängten. Er ließ sich, wie er selbst schreibt, „gern von dunklen Augen und weißen Schürzenbändern gefangen nehmen", aber erst im Jahre 1849 dachte er — dem Rat Schwinds folgend, der ihm das Lob des häuslichen Lebens gesungen hatte — an eine dauernde Bindung. Es war Clara Lechner, die bildsaubere Tochter eines Tölzer Schreinermeisters, dunkeläugig, mit glänzend schwarzem Haar, die er sich erkor. Ihre Bekanntschaft scheint Spitzweg in den Tagen der Revolution gemacht zu haben, denn er stand 1848, nach den Worten eines Freundes, zur allgemeinen Heiterkeit im ersten Glied des Münchner „Künstlerfreikorps" als strammer Musketier unter den Waffen. Die arme Clara war in der erzwungenen Ehe mit einem kleinen Webermeister, der zum Revolutionsklüngel Vorstadtmünchens gehörte, todunglücklich. Diese Begegnung brachte beiden die große Liebe, die Spitzweg alle Schrecken eines aussichtslosen Ehescheidungsprozesses auf sich nehmen ließ. Doch die unlösbaren Schwierigkeiten sollten plötzlich mit dem unerklärlichen Tod der Geliebten ihr Ende finden. Dieses grausame Erlebnis hat ihm nicht nur zeitlebens die Lust zur Heirat genommen, sondern sein Inneres verändert.

Hatte er 1846 schon eine Fahrt nach Tirol, mit Aufenthalten

Eduard Schleich der Ältere: Oberbayerische Ebene in den Voralpen.
Eines der schönsten frühen Schleichgemälde.

Eduard Schleich der Ältere: Das Isarbett bei München.

Carl Spitzweg: Der arme Poet.
Der Maler hat vermutlich den Dichter Etenhuber als Vorbild gewählt.

>

in Rattenberg, Brixen, Sterzing und Bozen unternommen, so sollte das Jahr 1849, nach dem Tode Claras, als Spitzweg auf Befreiung von dem tiefen Kummer sann, nicht nur das Erlebnis eines Besuchs in Prag, sondern auch entscheidende Eindrücke in Oberfranken mit dem Maintal, mit Staffelstein und Lichtenfels, mit Bamberg und Banz bringen. Es war eine der vielen gemeinsam mit dem gleichgesinnten Eduard Schleich angetretenen Reisen.

Heute berührt es mehr als sonderbar, zu hören, daß Eduard Schleich, nach Rottmann wohl der bedeutendste Meister der Münchner Landschaftsmalerei, als Akademieschüler nach kurzer Zeit wegen „völliger Talentlosigkeit" entlassen wurde. So mußte er auf eigene Faust losziehen und gleich Spitzweg die Leiden des Autodidakten erfahren; wie Spitzweg auch war er spät entwickelt und spät zur Erkenntnis der eigenen Kraft gelangt.

Auf diesen Fahrten durch unberührte Städte und Landschaften ereignete sich der Glücksfall, daß die beiden wie von ungefähr das Barockschloß Pommersfelden mit der Privatgalerie des Grafen Schönborn entdeckten. Die erlesene Sammlung mit ihren Schätzen, vor allem an Holländern und Franzosen, wurde zur wahren Fundgrube für die schönheitsdurstigen Künstler und bot überdies die Möglichkeit, nach Herzenslust zu studieren und zu kopieren.

Von einer 1850 allein unternommenen Reise nach Venedig kehrte der immer Suchende, alles Neue mit Begierde, doch nicht ohne Bedacht aufnehmende Spitzweg mit neuen Eindrücken heim; er hatte sich mit der venezianischen „malerischen" Malerei, besondern mit Guardi, auseinandergesetzt. Die eigentliche Wende sollte Paris bringen. Eine selbstgefertigte Übersetzung von Burnetts „principles of art" in der Tasche, bereiste er, den Freund Schleich an der Seite, das halbe Europa. Bruder Eduard begleitete ihn bis zur ersten, aber wichtigsten Station: Paris. Der sprachenkundige Spitzweg führte die Genossen auf dieser großen Studienreise. Paris brachte die intime und begeisternde Bekanntschaft mit dem Werk des revolutionären Delacroix, mit der Palette von Decamps und Diaz. Wie einfach wäre es, wenn wir nach Kenntnis dieser Reise, die bis London und zurück über Brügge, Antwerpen, Brüssel,

Aachen, Düsseldorf und Frankfurt führte, sagen könnten: Bis 1851 malte Spitzweg auf diese, nach 1851 auf jene Weise. Wohl kehrt ein so aufklärerisch gesonnenes Bild wie „Gutsherr und Bauernmädel“, in dem sich die Anekdote weit vor die qualitätvolle Malerei schiebt, nicht wieder, aber den „Bibliothekar“ malt er erst 1852, die Kaktusfreunde, Angler, Witwer und Ständchen ziehen sich in vielen Fassungen durch sein ganzes Lebenswerk, der „Sonntagsjäger“ entsteht erst um 1873, der „Verliebte Provisor“ (diese Straubinger Erinnerung) nicht früher als 1878. Eines dagegen läßt sich mit Bestimmtheit sagen: Während etwa bei Hermann Dyck die Anekdote stetig mehr in den Vordergrund tritt — bei Spitzweg wird sie immer unwesentlicher; der Erzähler Spitzweg, der mit seinem Pinsel „die Leute von Seldwyla“ schrieb, tritt zurück hinter den Maler Spitzweg. In diesem Zusammenhang verdient erwähnt zu werden, daß Spitzweg mit dem Jahr 1852 seine Tätigkeit für die „Fliegenden“ einstellte und sich später ungern daran erinnern ließ.

Als erste in der langen Folge von Spaltungen der Münchner Künstlerschaft können wir begrüßen, daß ein Teil der jungen Mannschaft unter Eduard Schleichs Führung aus dem Schaidelschen Kaffeehaus in die Restauration des Bahnhofs übersiedelte. Nach zeitgenössischem Bericht „schoß Carl von Enhuber immer wie eine Rakete in diese Gesellschaft hinein“. Der realistische Humor des nur drei Jahre nach Spitzweg in Hof Geborenen (gestorben 1867) scheint auf den ersten Blick an den Meister des „Armen Poeten“ zu erinnern. Aber schon bald nach seinem ersten Erfolg, dem 1835 ausgestellten kleinformatigen „Mausfallenhändler“, wird der Unterschied deutlich: Dieser Erfolg blieb Enhuber, der es wie wenige verstand, scharf beobachtete Anekdoten zu malen, bei seinem „Haferlgucker“, „Fliegenfänger“ und „Schuhmacherlehrling“ treu. Folgerichtig gelangte er zu größeren Dimensionen beim „Unterbrochenen Kartenspiel“ und dem „Gerichtstag“. Spitzweg standen andere Möglichkeiten offen. Auch Carl Rahl (1812—1865) hatte ihm dazu das Stichwort gegeben. Im Bahnhofrestaurant las der herkulische, stiernackige Wiener Maler, umnebelt von

Franz von Pocci: Kasperl Larifari

Rauch und Bierdunst, mit mächtiger Stimme sein Privatkollegium über die *Farbe.* Dieses Wort könnte über Spitzwegs Hauptschaffenszeit bis 1869 geschrieben stehen.

Ergebnisse der Auseinandersetzung mit den neuen Problemen zeigt seine im Wettbewerb mit Schleich und Dietrich Langko (1819—1896) gemalte Kopie des „Frauenbades in Dieppe" nach Isabey. Während Schleichs und Langkos Versuche im Kopistischen steckenbleiben, macht Spitzweg vom Original weg einen verblüffenden Sprung nach vorn, zum Impressionismus hin. Spitzwegs „Frauenbad in Dieppe" stellt keine Kopie, sondern ein eigenes Bild dar, das bis dato niemand anderer malen konnte. Der Meister hatte das Bild bis zuletzt in einer Ecke seines Ateliers hängen. Der reife Spitzweg hält mit dem Spiel der Farben in der Natur unmittelbare Zwiesprache. Der größte Gewinn in Spitzwegs Werk ist der Gewinn der Landschaft! Mit Schleich zusammen zog er hinaus ins Dachauer Moos, um die Sonne scheiden zu sehen. Schwer können wir es uns heute vorstellen, wenn wir die „kultivierte", mit einem Gewirr von Häusern und Häusln zugepflasterte Gegend sehen.

Spitzweg machte sich insgesamt viermal mit Schleich zusammen auf die Reise nach Oberfranken, wanderte mit ihm durchs Ammerseegebiet, nach Pähl und bis hinauf nach Oberammergau.

Gleichzeitig mit dem Freund entfernte Schleich sich vom „Arrangement“, beschäftigte sich mit den malerischen Fragen der Landschaft, sah vom Dachauer Hofgarten aus die weite Hochebene Münchens vor sich liegen, beobachtete über dem Schloß Pommersfelden den unruhigen Lichtwechsel, dem der Spiegel des Teichs antwortete, zeigte in seinen Fluß- und Seenlandschaften Oberbayerns Farben und eine reiche Durchbildung der Luftperspektive. Gleich Spitzweg umfaßte er im Kleinsten das Größte.

Wie man schon bei Kobell gesehen hat, war die Münchner Luft der Romantik mit ihrer literarischen wie künstlerischen Formulierung entschieden abträglich. Ähnlich verläuft die Wiener Entwicklung. Spitzwegs Kunst kokettiert nicht mit sentimentalen Gedanken oder religiösen Gefühlen, sie vergeistigt nicht, sie *verlebendigt.* Man muß schon ein freundschaftliches Verhältnis zum Wald, dem Reich des großen Pan haben, um Spitzweg zu folgen. In diesen glücklichen Jahren entstehen die Bilder „Der Forellenfischer“, „Der Adlerjäger“, „Die Waldkapelle“ (1865), „Die Schulkinder im Wald“ (1867) und „Der Maler im Buchenwald“ (1868) mit dem Gleisental bei Deisenhofen. Über das Bild „Im bayerischen Hochland“ schrieb Adalbert Stifter anläßlich der Ausstellung der 1858 entstandenen ersten Fassung im Linzer Kunstverein:

„Der Duft, die Stille, die Einsamkeit und Erhabenheit der Alpenwelt sind durch alle Teile dieses Bildes gehaucht. Die Ausführung ist mit großem Geschicke und der Fertigkeit vollendet, die wir schon öfter an diesem Künstler zu bewundern Gelegenheit hatten. Nur hat uns überrascht, wie er, von dem wir bisher meistens gebrochene Farben gesehen haben, mit dem frischesten Gefühl den reizenden Sonnenduft dem Gebirge zu geben wußte.“

Stifter hat aus der Ferne Spitzwegs von der Natur erneuerte Palette gut beobachtet! Über die Behandlung eines nahezu Kubinschen Motivs urteilte Stifter: „Nachtlandschaft bei Mondlicht — von Spitzweg ist ein vortreffliches Bild, in welchem der aufgehende Mond in dem Gedüfte der Wolken, die ihn umgeben, die Stückchen heiterer Luft, die daneben sind, der einsame Steg, der hoch über das Wasser führt, die Gräser, deren Spitzen in die sil-

Carl Spitzweg: Gehöft am Teich. Um 1860. Spitzweg als souveräner Landschafter.

Eugen Napoleon Neureuther:
Zeichnung aus den Schnaderhüpflumrankungen; Ausschnitt

bern schimmernde Luft starren, die Töne des Himmels hinter dem Steg hinab, selbst das abgelegene Wirtshaus jenseits des Steges sowie das Gebüsche und Gestrüppe samt dem trägen Wasser mit dem morschen Kahn darin meisterlich gemalt sind."

Als weiterer Höhepunkt in Spitzwegs Werk muß das zwischen 1863 und 1865 datierte Bild „Künstlergesellschaft im Grün" oder „Déjeuner en herbe" gelten. Das Wagnis, an zwanzig Personen zu vereinigen, ist überraschend gelungen: Wie erstaunt immer wieder der Besucher der Neuen Pinakothek, der vordem nur eine Reproduktion dieses Gemäldes in Händen hielt, über die winzigen Maße des Originals. Das Bild ist biographisch: Spitzweg stellt nicht nur sich selbst und Schwind mit dessen Töchtern dar, sondern auch den Freund Schleich mit Frau und Kind, Neureuther, den Tiermaler Ludwig Hartmann (1835—1902) und als ragenden Mittelpunkt Ferdinand Waldmüller. Man weiß nicht, was man an dem Bilde mehr bewundern soll, die lebendige Unmittelbarkeit, die reichgestufte Farbe oder die raffinierte Komposition. Er, Spitzweg, aber, macht sich wieder einmal kleiner, als er ist, wenn er ausruft:

A Leinwand hon i aufg'spannt,
So glatt und so fein —
Ja, komponiern kunnt i scho, woaßt,
Aber 's fallt ma nix ein!

Jetzt ist er in der Lage, so aus dem Moment geschöpfte, den vorbeiziehenden Augenblick erhaschende Bilder zu malen wie „Ankunft des Dampfers in Seeshaupt" oder „Der letzte Zug". Beklagenswert bleibt, daß die Schackgalerie mit dem „Türkischen Kaffeehaus", „Spanischen Ständchen", „Studentenabschied", „Dachstubenleben", „Sonntag auf der Alm" den reifen Spitzweg überhaupt nicht enthält. — Er bekennt sich jetzt ganz frech zu einer Vernachlässigung der Zeichnung zugunsten der Malerei. Mit Schwind ist er sich in Hartmanns Atelier an der Schillerstraße, wo oft ein Kreis um Friedrich Johann Voltz (1817—1886) und Schleich zusammentraf, ordentlich in die Haare geraten. Dort verteidigte er Meissonnier und Corot, während Schwind die „Farbenmalerei" als etwas „Unreines" bekämpfte. Aber diese Streitgespräche hatten zur Belustigung der anderen stets etwas von Spiegelfechterei an sich, ernstlich gram konnten die beiden sich nie sein, dazu hatten sie sich viel zu gern. Manches Beispiel ließe sich dafür anführen. So war Spitzweg als ein Verschwender von Farben bekannt, was er mit dem launigen Schnadahüpfl erläuterte:

Nur Farb drauf in Häuf'n,
Als wann g'mauert wer'n müaßt,
Daß d' Nachwelt kann greif'n,
Wann d' Farb eppa schiaßt!

Was für ein verdutztes Gesicht muß er gemacht haben, als er einmal seine Palette reinigte und Schwind, der Feind aller Verschwendung, aus den abgekratzten Resten noch ein reizendes Bildlein malte, ein Porträt seiner Tochter Anna im Sonntagsstaat mit Fransenschirm und Reiherhut.

Seine musische Begabung war vielfältig. Das läßt an Pocci denken — oder an Stifter. Auch darin verstand er sich mit Schwind; wie Schwind auch hatte er ein inniges Verhältnis zur Musik, lobte das Orgelspiel in Ottobeuren und schätzte die Münchner Standmusiken, kein Wunder, wenn man weiß, wie leicht und graziös die bayerisch-österreichischen Militärweisen des ausgehenden 18. und beginnenden 19. Jahrhunderts waren; man denkt unwillkürlich an Haydn oder Mozart und findet diese Tradition noch im Radetzky-Marsch.

Als echtem Münchner Gwachs und überzeugtem Bayern war ihm alles Nordisch-Teutsche verdächtig. Aber neugierig auf das Fremde, wie er einmal war, vielleicht um zu sehen, ob es dort wirklich so überaus großartig hergehe, wie die Propheten ihres Vaterlandes verkündeten — immerhin war dort ein so überragender Könner wie Adolph Menzel (1815—1905) daheim, der ja schon den Münchner Barock genossen hatte —, ist er einmal, 1856, in die preußische Hauptstadt gekommen, aber „Berlin hat", schreibt er, „nicht das heitere Gesicht wie Wien, und die Menge, die sich eilig durch die Straßen treibt, erinnert an eine entsetzliche Hast im Geschäfte- und Geldmachen, bei der einem angst und bange werden könnte". Stracks kehrte er um und pflog lieber wieder den Umgang mit seinen türkischen Moslems und Haremswächtern, die aussahen wie Münchner Spießbürger im Maskengewand des Faschings.

Erst 1858 hatte Spitzweg sein Domizil im Fladhaus verlassen und nach einem Interregnum in der lauten Neuhauser Gasse anno 1863 seine Wohnung im Haus des Tändlers Hasenmüller am Heumarkt (dem heutigen Sankt-Jakobs-Platz) bezogen. Es ist gemunkelt worden, daß Spitzwegs Rückzug in die Stille mit einer jungen, hochverehrten Dame zusammenhing. Sicher können wir annehmen, daß die Verehrte eine Schauspielerin oder Tänzerin mit üppigen dunklen Haaren war. Einmal sehen wir sie mit einem

Reiherhütchen, auch (im „Déjeuner en herbe") mit einem zierlichen Pinscher auf dem Arm, und sogar als Nymphe taucht sie immer wieder in Spitzwegs Bildern auf. Sollte es sich um die beliebte, bezaubernde Schauspielerin Amalie Schönchen gehandelt haben?

Logier in a Dachstub'n
Und da bin i gern,
Da siech i gar weit rum,
In d' Höh und in d' Fern.
Da guck' i frohseli
In d' Himmelswelt naus,
Bis kimmt s'letzt Micheli,
Da ziehg i dann aus.

Friedrich Pecht erzählt: „Das Vorzimmer war mit angefangenen Bildern, fremden und eigenen, vollgestopft, im kleinen Atelier hingegen waren alle Wände voll davon. Ein anderes Zimmer bildete eine zur Galerie umgewandelte Prunkstube mit den Werken seiner Malerfreunde Bürkel, Schleich und Schwind. Ein dahinterliegendes, seit Dezennien stets verschlossenes Zimmer hütete der Alte wie der Ritter Blaubart den obersten Söller seiner Burg. Nach seinem Hinscheiden fanden wir darin die Studien, unvollendete Bilder und Skizzenbücher vom Anbeginn seiner Künstlerlaufbahn aufgestapelt." An die Vergangenheit ließ er sich nie gern erinnern.

„Spitzwegs Atelier am Heumarkt, mit erträglichem Nordlicht, hatte" — wir zitieren Hyazinth Holland — „Aussicht auf endlose Dächer, Giebel, Türme und auf den herrlichen Horizont mit den reichsten Luft- und Wolkenspielen. Sein von Urväterhausrat strotzendes und deshalb ob drohender Feuersgefahr unheizbares Schlafgemach gewährte gegen Süden den weitesten Ausguck bis an die ferne Alpenkette. — Und hier oben in stiller Ungestörtheit zu malen, zu rauchen, manchmal Klavier zu spielen oder einer erquicklichen Lektüre obzuliegen, waren seine Wonnen. Auffällig war die Anzahl schwerer, stark angerauchter, ahornhölzerner Zigarrenspitzen, die getrocknet zum Wiedergebrauch unter dem Atelierfenster lagerten. Ein arg ramponiertes Sofa bot kaum be-

Carl Spitzweg: Der Renegat
„Ein Spießbürger, ins Türkische übersetzt“

haglichen Sitz. An einem nicht meterlangen Tischlein genoß der Herrscher in diesem Reich sein Mittagessen und Nachtmahl, wozu eine kleine grüne Blechlampe mit dito Schirm die Beleuchtung konzentrierte.“ Er war sehr kurzsichtig, der Alte.

Ein herzliches Verhältnis band ihn an die Familie des Bruders Eduard, die am Rindermarkt 5 wohnte. Einmal bastelte er zum Weihnachtsfest ein richtiges Kindertheater mit Wald, Bauernstube, Marktplatz und plätscherndem Brunnen. Mit dem Vetter Heinrich Bronberger, der ein Kolonialwarengeschäft im alten Rathaus betrieb, zog er alljährlich in die Sommerfrische hinaus nach Benediktbeuern. Die hübschen Töchter Anna und Marie, die Zither spielten und zweistimmig sangen, begeisterten sein immer junges Herz. Mit der Verheiratung der lebensfrohen Mädchen erlosch eine der letzten Freuden Spitzwegs. 1871 war Schwind gestorben. Schleich, der so oft die wenigen Schritte von seiner Wohnung an der Blumenstraße zum Heumarkt genommen hatte, war 1874 für immer gegangen. An einem Frühlingssonntag des Jahres 1876 (dem 7. Mai) aber hatte den Grafen Pocci, als er von der Frauenkirche durch die Promenade heimwärts ging, auf einer Bank der Eschenallee vor seinem Haus am Maximiliansplatz der Tod bei der Hand gefaßt. So wurde es immer stiller um Spitzweg. Aber in der Stille und im Schatten der „großen" Kunst neuer Sterne wie Lenbach und Kaulbach wuchs sein Werk.

Nach Hyazinth Hollands Mitteilung begann er fast jeden Tag mit einem Bild. An viele seiner Arbeiten legte er das rasierende oder spaltend vernichtende Messer oder er schob sie gleich eigenhändig in den Ofen. Oft benutzte der leidenschaftliche Raucher statt einer Leinwand die Deckel, Böden oder gar Seitenbrettlein der Zigarrenkisten aus Zedernholz, denn sie hatten das Format, das er liebte. Täglich wurde bienenfleißig an mindestens drei Bildern weitergearbeitet und jeden Tag fand man eine andere Tafel auf der Staffelei. Mit erstauntem Kopfschütteln bemerkten zufällige Besucher die Gewohnheit des Alten, die Holzbretter wie Bücher in Reihen nebeneinander auf dem Boden zu stapeln.

Auch das ist es, was wir bewundern können, die „Mystik der Genügsamkeit", den instinktiven Widerstand durch seine winzigen Widerspruchsbilder. Die kleinen Brettln haben der Zeit standgehalten; sie sind weder nachgedunkelt, noch ist der Farbkörper rissig geworden, ein Beweis für die technische Sorgfalt, mit der sie gemalt sind.

Die von der Gicht wulstig gewordene Hand gleitet, wie Alois Gelsen schreibt, „um so leichter und ungehemmter, fast kraftlos, den Malstock entlang, den einzelnen Farbton mehr abwandelnd als eigentlich befestigend. Der späte Spitzweg liebt die ungebeten sich einstellenden ‚Zwischenwelten', die Übergänge der anbrechenden oder schwindenden Dämmerung, die Mondnächte, die ersten bleichen Morgenstreifen, das blendende Flimmerlicht des Mittags". Noch malt er ins steile Hochformat gefügte Kinder, die einen Drachen steigen lassen, aber immer mehr verlieren sich die Umrisse, wie beim „Faschingssonntag am Max-Joseph-Platz", wo die bewegten Figuren im Schneegestöber verschwimmen. Im Gegensatz zu diesem Bild, das eine naturgetreue Kulisse, den Königsbau der Residenz und den Nationaltheater-Portikus, zeigt, greift er immer ausschließlicher auf die „Kamera" seines Gedächtnisses zurück, komponiert Architekturen und Landschaften frei in seinem Atelier. Mit Bildern wie der „Arkadischen Landschaft" oder „Don Quichotte und Sancho Pansa" gelangt er vom „paysage intime" zum „paysage idéal".

Von der Rolle, die schöpferische Phantasie beim späten Spitzweg spielt, gibt Eduard Grützner (1846—1925) ein eindrucksvolles und rührendes Zeugnis, jener Grützner, von dem man kaum annehmen will, daß er ein halbes Menschenalter jünger als Spitzweg ist. Mit seinen frischen Stilleben macht er uns viel Freude, aber sie stellen nur Episoden dar, denn ihm blieb es vorbehalten, den Spitzwegischen Mönch, der sich heimlich am Glase Wein delektiert, zur Gattungsmalerei auszubauen. Der gebürtige Breslauer soll es einem Gebäude schon von außen angesehen haben, ob innen noch ein altertümlicher Gegenstand zu finden sei; er lockte den Bauern ihre Kästen und Truhen heraus, und sah sich endlich genötigt, „um die angehäuften Antiquitäten herum" am Praterbergl beim Maximilianeum ein „echt gotisches" Haus zu bauen. Trotzdem ist es, nicht allein wegen seiner beneidenswerten Lage, voller Reize. Im Münchner Hoftheater, erzählt also Grützner, sollte von einer gastierenden Truppe ein französisches Drama aufgeführt werden. Er begegnet Spitzweg, der ein Buch in der Hand hält, das sich als der Text dieses Stückes erweist. Auf die verwunderte Frage, warum er denn nicht ins Theater gehe, sagt Spitzweg: „Ich lese das heute abend daheim. Da spielen sie mir's vor."

Die mimische Kraft hatte ihn im Alter nicht verlassen: Zwischen Staffelei und Tisch agierte das Männlein mit kräftiger Gebärde und mimte beispielsweise den Chirurgen Nußbaum bei der Operation einer Balggeschwulst oder spielte in unübertrefflicher Charakterisierung die Jury des Glaspalastes, verschwieg allerdings, daß es dabei um ein Spitzwegbild ging: 1873 hatte er ein kleinfiguriges Kabinettstück seiner Kunst eingereicht, das, weil die Jury es nicht wirkungsvoll genug fand, von der pfiffigen Hängekommission so hoch placiert wurde, daß die Diskrepanz zwischen dem auf Nahsicht gearbeiteten Bildlein und dem fernen Standort jedem, der es überhaupt beachtete, auffallen mußte. Das war die Rache der Großen an dem kleinen, bescheidenen Mann, der sich daraufhin erst recht absonderte und lieber seine eigene Ausstellung bei sich in der Werkstatt machte.

Verdrießlich wurde Spitzweg nur, wenn ein Besucher ein Bild kaufen wollte. Er war der sonderbaren Meinung, daß man eine Gottesgabe wie die Kunst nicht mit Geld bezahlen oder für Geld verkaufen solle. Lieber verschenkte er und wiederholte das Motiv; daher rühren die verschiedenen Fassungen seiner bekanntesten Werke. Das Bild „Der Storch“ schenkte er Grützner, eine Reihe anderer Bilder erwarb dieser angeblich für einen überaus vermögenden Kunstfreund. Solche List gebrauchte er, damit der Alte ihm nicht gar zu billige Preise mache. Als Spitzweg ein paar Wochen darauf seine Werke bei Grützner hängen sah, traten ihm Tränen in die großen ehrlichen Augen. Auch hat er die Freunde, von denen er wußte, daß sie seine Kunst zu würdigen verstanden, öfters dadurch freudig überrascht, daß er ihnen seine kleinen Taferln heimlich in die Manteltasche praktizierte. — Er schätzte sehr die Honigkuchen des Hofwachsziehers und Lebzelters Mathias Ebenböck vom Rosental. Wie Eugen Kalkschmidt mitteilt, „hatte sichs eingebürgert, daß die Ebenböckin dann und wann einen Korb echter Lebzelten einpackte, um den Meister Spitzweg damit zu beglücken. Dieser zeigte sich dafür mit Bildern erkenntlich, die die Frau ihrem Mann bei festlichen Gelegenheiten auf den Gabentisch legte. Mit der Zeit jedoch bekam sie Gewissensbisse über diesen ungleichen Handel und brachte dem Maler keine Honigkuchen mehr ins Haus. Spitzweg wunderte sich, überlegte hin und her und meinte eines Tages gekränkt zu ihr: ‚I glaub allweil,

Carl Spitzweg: Das Picknick. („Künstlergesellschaft im Grün“ oder „Déjeuner en herbe“)

Unbekannter Künstler:
Ausblick aus Spitzwegs Stube am Heumarkt (mit dem „Alten Peter")

meine Bildln san dir net guat gnua!‘ Was die Ebenböckin mit Heftigkeit bestritt. Und so wanderten ihre Lebzelten wiederum zum Heumarkt, und die Spitzweg-Galerie beim Meister Ebenböck vermehrte ihren Bestand.“

Fast scheint es, als wollte er sein Lebenswerk in dieser Stadt zusammenhalten als einen Sauerteig münchnerischer Kultur. Aber konnte er es wirklich einmal nicht verhindern, daß eines seiner Bilder in die Fremde zog, dann sagte er: „Gebts obacht auf das Bildl, daß es nicht in unrechte Hände kommt und gar ein Schacherobjekt wird. Für mich ist so ein zum Leben erwecktes Bildl wie ein Kind. A Mutter gibt aa nit dem nächsten besten ihr Kind.“

Gegen Fremde verhielt er sich nach Münchner Art ablehnend. Zog man die Glocke am rostigen Draht, so erschien brummend hinter dem Küchenfenster die alte Hauserin Fanny, musterte strengen Blicks den Eindringling und schickte ihn unbarmherzig heim, wenn er als lästiger Störenfried für den „Herrn Professor“ verdächtig erschien. Dieser Titel hat freilich, im Gegensatz zu vielen „Berufenen“, den eingeborenen Sohn der Kunststadt nie geschmückt. Sogar der kunstsinnige Prinzregent Luitpold, der mit seiner Schwester Adelgunde in frühester Morgenstunde die Künstler besuchte, ja zuweilen aus den Betten scheuchte, mußte die widerstrebende Fanny beiseite schieben und sich so den Weg zu Spitzwegs Atelier oder Schlafraum bahnen.

Wie C. A. Regnet berichtet, stand man vor der Wahl zwischen zwei Wohnungen, denn keine Tafel verriet die Werkstatt des Meisters. Selbst der Postbote hatte Mühe, ihn zu finden. „Der vermutlich viel in Anspruch genommene Briefstempler“, schreibt Spitzweg an einen Freund, „drückte seinen grausamen Stempel gerade auf meinen Namen (ich glaube mich sogar zu erinnern, daß es mich am 11ten schmerzlich in der Nähe des Herzens mit einem Stiche berührte) und der Briefträger hatte nicht kleine Mühe, den Brief Heumarkt 3/3 anzubringen. Meine eigene Köchin, wer sollte es glauben, bemerkte dem Briefträger: ‚In unserem ganzen Hause wohnt kein Historienmaler‘ und weiter: ‚Der Herr Spitzweg ist ein Kunstmaler!“ — Der etwas tolerantere Briefträger aber drängte ihr den Brief förmlich auf: ‚Er wird's schon sein; denn da steht ja Heu 3/3' — Sollte das nicht eine etwas beleidigende Anspielung sein? Morgen mit frühestem geh' ich aufs Oberpostamt."

Wenn man anhand zeitgenössischer Darstellungen und Photographien, die Spitzwegs Äußeres überliefern, verfolgt, wie das Haupthaar lichter und die Falten tiefer werden, ergreift Grützners Kreidezeichnung vom Jahr 1884 am meisten. Da sitzt ein dürres Männlein mit gekrümmtem Rücken vor der Staffelei und nimmt bedächtig letzte Retuschen am „Bettelnden Klarinettisten" vor; das Antlitz ist von einem feinen Netz unzähliger Fältlein überzogen, auf der gewaltig über den struppigen Bart vorspringenden Nase sitzt die Nickelbrille. Spitzweg hat eigenhändig in die linke obere Ecke des Blattes geschrieben:

Da bin ich, wie ich leib und leb,
doch leider sehr geschmeichelt.
Was hier viel an Apoll gemahnt,
ist offenbar erheuchelt.

Gekleidet oder vielmehr gehüllt ist das hagere Männlein in den liebgewohnten, brüchigen Schlafrock.

Wie arg, daß jetzt mein Schlafrock hin,
zerfetzt und durchgefressen,
kaum siebzehn Jahr ich älter bin,
seit er mir angemessen.
Von Wolle kaum mehr eine Spur,
durchlöchert schon von Schaben —
ich tröste mich mit solchen nur,
die keinen Schlafrock haben.

Lange Zeit war es Spitzwegs größtes Vergnügen, sich in die Wartehalle des Bahnhofs zu setzen und das Treiben der Reisenden zu beobachten. In Giesing auf einem Holzplatz konnte er stundenlang den Spielen der Jugend zusehen, bevor er in der Stube des Weinbauern seinen Schoppen trank. „Bei meinen Spaziergängen als wankender Greis“, schreibt er, „fällt mir immer der 90jährige Cassier Lehner ein, der, wann man ihn frägt: ob er sich denn so allein zu gehen getraue, immer antwortet: ‚Ja wissen S’, in jeder von meinen Taschen steckt eine Visitenkarte von mir, damit’s die Leut’ gleich wissen, wer ich gewesen bin.‘ “

Die Füße versagten den Dienst, brachen auf und mußten durch Binden zu widerwilligem Dienst gezwungen werden. So las er von neuem im geliebten Jean Paul und schrieb jene ob ihres unverwüstlichen Humors rührenden letzten Briefe an Friedrich Pecht, wobei er, der alten Gewohnheit getreu, sorgfältig mit Bleistift seine Antwort auf das letzterhaltene Skriptum konzipierte:

„21. Jänner 1884

Ich 76 Jahr! und Liebesglück? Ja! Bauchbinden und Flanelljacken verhängen mir schon lange meinen Himmel zu finsterer Nacht bei Tag.“ Und wenig später: „Mein Doktor will mich ich glaube perennierend in horizontale Lage haben, ist mir daher das Ausgehen, Natur- und Kunstgenuß von vornherein abgeschnitten — es bleibt mir höchstens die schwache Erinnerung an meine allererste Jugend, wo ich auch ‚gefatscht‘ wurde. Liszt hat erklärt, nie wieder das Ungarland betreten zu wollen, weil sie in Pesth eine seinige Composition ‚Königshymne‘ nicht aufführten. Ich geh auch nimmer hin, auf Ehr, aber nicht deswegen. — Also die Grippe! Gewöhnlich kommt alle Jahre bald nach der Krippenzeit die Grippenzeit — die wieder vergeht — ich aber stehe in der Krüppelzeit, die nie mehr vergeht. Die Lust an Gesottenem und Gebratenem habe ich Gott sei Dank noch — aber essen darf ich’s nicht — wenigstens ist der Küchenzettel so beschränkt, daß man ihn auf meinen Fingernagel schreiben könnte. — Bezüglich des Pegasus ist’s bei mir eine eigene Sache; wenn ich aufsitzen will, laßt er m i c h aufsitzen; wozu denn sich ärgern? Ich gehe im Zimmer hübsch prosaisch in Filzschuhen, wenn’s draußen 25 Grad im Schatten hat, gleichviel, und höchstens reib ich mir in Jambenbewegung meinen Parmesankäs zur Reissuppe — das ist jetzt schon bald die ganze Poesie meines Lebens.“

Spitzwegs letzter Brief ist am 17. September 1885 geschrieben:

Wilhelm Leibl: Bildnis der Frau Gedon. 1869. Leibls „Schicksalsbild“.

< Carl Spitzweg: Hinter den Kulissen. „Immer mehr verlieren sich die Umrisse.“

Wilhelm Leibl: Bildnis des Malers Charles Schuch. Etwa 1875

Johannes Sperl: Frühlingslandschaft

„Wir aber bleiben vor der Hand noch ein wenig hier und zwar so lang als möglich, ‚es pressiert nicht so‘ sagte der Posthalter von Wolfratshausen ‚ich mag nicht so schnell schon ein Engerl werden.‘ Zu Fensterparaden und zu allerlei Liebestechtelmechtel sagen wir resigniert A. D.; aber die Liebe zum Leben mögen wir nie verlieren bis ganz zu allerletzt.“ — Wenige Stunden später fand die Pflegerin „ihren Herrn“, den sie kurz vorher bei Lampenlicht lesend verlassen hatte, schlagbetäubt in seinen Stuhl zurückgelehnt. So schlummerte er ohne wiederkehrendes Bewußtsein am 23. September 1885 hinüber, nach seinem Wunsch:

Oft denk ich an den Tod, den herben,
Und wie am End ich's ausmach?!
Ganz sanft im Schlafe möcht ich sterben
Und tot sein, wenn ich aufwach.

Auf dem Tisch aber lag ein Blatt mit seinem letzten Gedicht. Tiefe Rührung übermannte die Freunde, als sie lasen:

Die gelben Blätter schaukeln
Im Sonnenlicht, dem fahlen,
Nicht Amoretten gaukeln
Wie Anno dazumalen.
In warmer Ofennähe,
Filzschuhe an den Füßen,
Erwart' ich still und spähe,
Was bald wird kommen müssen.
Doch will getrost ich wandern,
Und wird der Vorhang fallen,
So gönn ich gerne andern,
Den Frühling neu zu malen.

Wie hat es die Nachwelt mit ihm gehalten? Sicher handelten die Hasenmüller-Lausbuben, ohne es zu wissen, in des verewigten Meisters Sinn, wenn sie in den Tagen nach dem 23. September, ehe Erben und Nachlaßverwalter ans Verzeichnen gingen, verstohlen manche der dazumal nicht viel bedeutenden Täflein für ein Taschengeld von zwei oder drei Mark an den kunstinteressierten Mann brachten. Von den durch Spitzweg aufgeführten etwa 460 verkauften Bildern blieb rund die Hälfte in München, und so wird sich das Verhältnis im Gesamtwerk darstellen, das wir auf weit über tausend Gemälde und Ölskizzen beziffern dürfen. Besitzer von Spitzwegs Bildern waren unter den bayerischen Adelspersonen, den Grafen Schack, Moy, la Rosée, den Freiherren Stengel und Ziegler, vor allem aber unter den Münchner Bürgern, den Püttrich, Radspieler, Schmederer, Humpelmeyer, Radlkofer, Lunglmayer, Seidl, Brandmüller, Vötter und Obermeier. Beim Rentier Barlow sammelten sich die kleinen Tafeln, bei Franz Lachner in der Maximilianstraße, beim Cafétier Kirchmaier im Heiliggeistgäßl, im Atelier Hartmann, beim Hofrat Hanfstaengl, beim Staatsrat Pfistermeister in der Knöbelstraße, beim Kriegsrat Knözinger, bei den Bierbräuerfamilien Sedlmayr und Pschorr. Als sie noch keinen Marktwert darstellten, waren Spitzwegs Bilder in den besten Händen. Das hat sich gründlich geändert. Was ist die Ursache? — Spitzwegs Ruhm.

Bereits an der Schwelle des 20. Jahrhunderts schrieb Grützner: „Ich kannte den Alten und war befreundet mit ihm, wir besuchten uns öfter. Das aber dürfen Sie mir glauben, daß ihm dieser immerwährende Radau im höchsten Grade unangenehm wäre.“ Wenn wir auch unterstellen können, daß bei Grützners Äußerung ein wenig der Neid mitschwang: Wir dürfen ihm glauben, denn Spitzweg war — nach Pechts Worten — bis zuletzt naiv und originell in allem, ohne es jemals sein zu wollen. „Ich will nicht sagen“, scherzte er einmal, „mein Monument möge von gelbem c a n a r i - schem Marmor sein, aber doch von Haubenpappendeckel, mit Käspapier geschmackvoll überzogen. Das Ganze kann die Form einer Hanswurstenmütze haben. In der Mitte müßte ein Relief in Tragant (wie es die Zuckerbäcker brauchen) angebracht sein, worauf alle Schreiber und Türken, Badergesellen und Bürgermeister, Mautner und Einsiedler in Reichsstädten, Sandwüsten und Alpenregionen, die ich in meinem ganzen Leben gemalt habe, vereint wären, wütend um Rache schreiend über ihren Urheber. Auf

Eduard Grützner: Der alte Spitzweg an der Staffelei. 1884

der Spitze eine Vase für Salben und der Boden geheftpflastert — zum Andenken an die biedermännisch verlebten Subjektjahre." — Wir wissen, daß Spitzweg stets den Ruhm für eine Summe von Mißverständnissen gehalten hat. Daß er gerade in seinem Fall so bitter recht behalten sollte, konnte er nicht ahnen.

Die Mißverständnisse sind vielschichtig wie sein Werk. Spitzwegs Volkstümlichkeit und Ruhm beruhen zunächst auf der inhaltlichen Wirkung seiner Bilder; den Siegeszug trat der Erzähler, nicht der Maler an. Die Nachwelt sah in Spitzwegs Gegenstand ein verlorenes Paradies, nahm die Thurn-und-Taxissche Post als romantisches Prinzip, empfand eine unverdorbene Architektur als — Märchen. Spitzweg aber sah durch die enge Nickelbrille nur seine Wirklichkeit, ohne Attitüde, ohne Pose, ohne Faltenwurf. Diese Wirklichkeit hatte er schon als spielender Bub in der Neuhauser Gasse eingesogen: Vor dem Elternhaus die breite Front der Akademie, der Michaelskirche und des Augustinerstocks mit den aufragenden Türmen des Domes zu Unserer Lieben Frau, von nebenan die Geräusche und Gerüche des Pschorrbräus und der Augustinerbrauerei. Die Gassen und Winkel, die Käuze, das ganze alte Inventar konnte er gleichsam an ein liebendes Herz drücken.

Liegt die Summe der Mißverständnisse darin, daß *wir unser* Inventar nicht gleichfalls von warmem Herzen zu lieben vermögen, die Überschallflugzeuge und die Atomreaktoren? — So einfach lägen die Dinge, würden wir unsere „zukunftsträchtige“ Welt nicht täglich selber zimmern! Spitzweg, heimisch in dieser nach Süden geöffneten Stadt, hatte zeitlebens die gewisse wohltuende Schlampigkeit und Nachlässigkeit, trotz aller Aufgeschlossenheit, von der wir hörten, die humorige Verschränktheit ins Kleine; nichts war ihm fremder als jene Spezies ernsthafter Tüchtigkeit und Gründlichkeit, die alles auf den „allerletzten Stand“ bringen muß. Rastloses Streben in die Zukunft und romantische Sehnsucht nach der Vergangenheit, zeigt figura, hängen zusammen wie „Wappen“ und „Zahl“ einer Münze.

Hermann Uhde-Bernays schrieb von „unserer törichten Sehnsucht nach Reichtum und äußerem Ansehen“, um zu gipfeln: „Unsere eigene Unzufriedenheit schaut hinter dem Spiegel der Spitzwegschen Kunst verzerrt heraus. Wir suchen in den Spitzwegschen Bildern sogar eine Art billiger Entschuldigung, wenn uns in dem fortwährenden Treiben Müdigkeit befällt und wir zurückgestoßen werden von der Kraft der Rücksichtslosen.“ Das schrieb er 1920. Inzwischen hat der Rummel um „echte Spitzwegs“ das Ärgerliche des hochmodischen Schachers um Antiquitäten angenommen. Die Münchner Museen machten die sechsstelligen Spitzweg-Preise nicht, die eingesessenen Bürger und Kenner noch weniger. Sie wurden bei Auktionen schon lange ans Katzentischlein abgedrängt. Daß es um die Kunst selbst am wenigsten geht, erweist die gleichzeitige Verkennung Joseph Georg Edlingers. Armer, naiver Spitzweg! Du hast nicht mit Menschen gerechnet, die alles, auch die göttliche Kunst, zur Aktie machen und nicht schnell genug zulangen können beim Ausverkauf der Symbole einer mit den gleichen Händen vernichteten Welt. Keinen Bannfluch auf die Makler würde er schleudern, der alte, stille Meister, könnte er noch einen Tag leben, aber er würde vielleicht weinen und seine bei anderer Gelegenheit geschriebenen Zeilen vor sich hinmurmeln:

Und wird die Welt auch noch so alt,
Der Mensch bleibt immer Kind!
Zerschlägt sein Spielzeug mit Gewalt,
Wie eben Kinder sind!
Wann alles erst in klein zerstückt
Und nichts mehr zu verderben,
So sucht er wieder — neubeglückt —
Und spielt drauf mit den Scherben!

DIE MALERFÜRSTEN

Zur Zeit des Prinzregenten Luitpold

Gerade als Spitzweg gestorben war, im Frühling 1886, im selben Jahr, als Prinzregent Luitpold die Regierung antrat, weilte Franz von Lenbach (1836—1904) mit seinem Freund Gabriel von Seidl in Rom, um sich für den Bau eines fürstlichen Künstlerhauses in München anregen zu lassen. Zu beiden, dem Maler und dem Baumeister, die so oft gemeinsam planten und schufen, bekannte sich auch der Bildhauer Lorenz Gedon. Sie, die Nachfahren der Asam, Effner und Gunetzrhainer, standen auf bodenfestem Grund, vertraten das Heimische, das Münchnerische — freilich in anderer Zeit. Das Lenbachhaus an der Luisenstraße wird 1887 errichtet; ockergelb sticht es aus dem Grün der Brienner Straße.

„Schon die Arbeitsräume sind auf das kunstvollste ausgestattet", schreibt Louise von Kobell 1897 in ihren „Münchner Porträts": „An den ersten, mit altdeutschen und italienischen Gemälden geschmückten Saal schließt sich seitlich die ‚Grottenhalle', in welcher ein kleiner Wasserfall, von Lenbach entworfene Mosaiken, kostbare Stoffe auf ornamentierten Steinsitzen, ausgestopfte Vögel mit grelleuchtendem Gefieder eine mystisch antike Stimmung hervorrufen. — Ein prachtvoller Ausblick bietet sich von der Veranda dar. Oben ein weites Stück Himmel, in der Ferne von Gewitterwolken umzogen, und hier und da von Blitzen durchzuckt, unten grüne Baumwipfel, schmale, sauber gehaltene Wege und ein mächtiger Springbrunnen, dessen sich aufbäumende Bronzerosse an das Schaffen einer klassischen Kunstepoche gemahnen. Seitwärts

Karl Haider: Gebirgssee (Schliersee)

ragt der nördliche Teil der Propyläen mit seinen schmucken Marmorreliefs herüber."

Wie fern lag solche Selbstdarstellung dem anspruchslosen Adolf Lier aus Herrnhut, der 1882, erst 56jährig, in München gestorben war. Bei Dupré in Paris gelernte sachliche Landschaftsbeobachtung befähigte den Gegner Rottmanns zu klarer, schöner Freilichtmalerei. So schenkte er uns intime, unromantische Landschaften von der Ramsau, von Brannenburg und Rosenheim. Noch lebte der Münchner August Seidel — aber wie anders lebte er —, der nie recht anerkannte und doch so schätzbare temperamentvolle Landschafter, dessen Beiname „oberbayerischer Constable“ als Werturteil gelten mag (1820—1904). Auch der in München geborene Lier-Schüler Joseph Wenglein (1845—1919) war aus anderem Holz geschnitten oder die Brüder Willroider aus Villach in Kärnten oder der Tiroler Joseph Wopfner (1843—1927), die ihre Landschaften voll warmer Liebe und Daseinsfreude schufen, von jenen vielen anderen Hochbedeutenden zu schweigen, die in München im verborgenen lebten, mit ihrer Kunst aber nachhaltig wirkten, die heimischen Anton Zwengauer (1810—1889) etwa oder Robert Schleich (1845—1934).

Und dabei hatte dieser Lenbach so bescheiden begonnen. Der 1836 geborene Sohn eines Maurers aus Schrobenhausen war als Bub oft barfuß nach München gelaufen, um die Pinakothek zu sehen.

Akademiedirektor war zu jener Zeit der berühmte Historienmaler Carl von Piloty (1826—1886), Sohn Ferdinand Pilotys des Älteren (1786—1844) und Bruder Ferdinand Pilotys des Jüngeren (1828—1895). In seinen gewaltigen Werken ging es nun freilich ganz anders zu als auf den Schlachtenbildern der einfachen Kobell-Schüler Albrecht Adam (1786—1862) und Peter Heß (1792—1871). Von Peter Heß, dem Begleiter König Ottos nach Griechenland, kennen wir neben großformatigen vielfigurigen Werken, für die „König Ottos Einzug 1833 in Nauplia“ als Beispiel einer ehrlichen, unmittelbar erlebten, koloristisch unübertroffenen Malerei stehen möge, zierliche Schilderungen des oberbayerischen Volkslebens, des Leonhardifestes etwa, Porträts und stimmungsvolle Landschaften aus Partenkirchen oder vom Chiemsee. Bei Carl von Piloty dagegen überbieten sich die realistisch tuenden „Haupt- und Staatsaktionen“, die gigantischen „Unglücksfälle“ („Seni vor der Leiche Wallensteins“) und die pompösen Rührstücke, deren Unwahrhaftigkeit wohl in dem für Graf Schack geklitterten „Columbus“ gipfelt. Ihr Erfolg kann vielleicht aus der Theater- und Opernbesessenheit der Münchner erklärt werden. Und dennoch

Franz von Defregger: Die Werbung.
„Von heimischen Blumen soll dir ein Kranz die Stirne schmückend umwinden."

Eduard Grützner: Vor der Vesper (Mönch am Eßtisch).
Altmeisterlich anmutende Akribie.

Adolf Eberle: In der Stube

Wilhelm Heinrich Trübner: Bildnis Fräulein von Holzhausen zu Pferd

Wilhelm Leibl: Am Fenster (Kohlezeichnung)

hat beachtlicherweise das Handwerkliche an solcher Gestelztheit nicht Schaden genommen, bildete Piloty doch zu Meistern den jungen Franz Lenbach und dessen großen Kontrahenten — Wilhelm Leibl.

An Leibl auch lassen sich Lenbachs frühe Arbeiten durchaus messen, solange sie in der heimatlichen Umwelt wurzeln, frisch und wirklichkeitsgesonnen wie die Skizze „Der rote Schirm", die von prallem Licht überfluteten „Hirtenknaben" in ihren verschiedenen Fassungen oder auch jene köstliche oberbayerische „Dorfstraße von Aresing". Die Unterstützung durch den Grafen Schack, die Italien- und Spanienreise, und die siebzehn dort für die Galerie des Förderers gemalten Kopien nach Tizian, Giorgione und Velasquez erweisen sich als Scheingewinn. Denn jetzt vollzieht sich Lenbachs Wandlung zum reinen Auftragsporträtisten zahlungskräftiger Berühmtheiten — Bismarcks, Richard Wagners, Papst Leos XIII. — in museal-feierlichem Stil. Der bekannteste Bildnismaler seiner Zeit wird 1882 geadelt. Der Prinzregent von Bayern, Staatsmänner aus aller Welt sind in der — wie Louise von Kobell schreibt — „mystisch antiken" Lenbach-Villa zu Gast, Fürsten beim Fürsten.

Freilich wird man sich die Erscheinung Lenbachs aus seiner Zeit erklären. Ein schwieriges Unterfangen ist die Betrachtung der Vergangenheit ohnehin; das wird schon deutlich, wenn man sich eigene Vergangenheit zu vergegenwärtigen sucht. So erfährt die Prinzregentenzeit eine bemerkenswerte Verschiebung in unserem jüngsten Bewußtsein. Hinter aller historisierenden Gebrochenheit, muß zugegeben werden, pulste inniges Leben, und es ist ein eigenartiges Gefühl, zu beobachten, wie diese Zeit scheinbar muffiger, hohler, verlogener Prunksucht in ein anderes Licht rückt, wie sie immer unverwechselbarer und immer liebenswerter wird.

Der Widerspruch zwischen Wollen und Tun war vielfach schon in der nun endgültig zu Grabe getragenen Romantik offenkundig. Ludwig I., dessen Walhalla noch den deutschsprachigen Raum im Sinne eines abendländischen Reichs umfaßte, in dem Österreich neben Bayern und Preußen seinen Platz beanspruchte, hatte zwar der Krone, aber seiner Sorge um das bayerische Vaterland nicht entsagt und erhob im Kriegsjahr 1866 vergeblich seine warnende Stimme. In den gleichen Jahren auch, als das Mittelalter in höchster Gunst stand und immer kraftloser altdeutsch imitiert wurde, opferte man der Spitzhacke die echten Zeugnisse der Spätgotik, noch 1859 das Zweibrückentor, 1865 den Falkenturm, 1866 das Teckentor in der Westenriederstraße, 1869 das Angertor und 1872 das Kosttor.

Die barbarische Verwüstung des Doms im Jahre 1858, als der Bennobogen Candids und Krumppers entfernt und die herrlich erfindungsreichen schmiedeeisernen Gitter, Grabmäler und Altäre, Zeugnisse einer vielhundertjährigen Geschichte, auf dem Trödelmarkt verschleudert wurden, so daß selbst Schwinds Hochaltarmalereien die Verödung nur deutlicher machten, wäre wohl zur Zeit des Prinzregenten nicht mehr möglich gewesen. Renaissance und Barock standen neuerdings hoch im Kurs. Zu diesem Bild paßt, daß der Prinzregent wieder die Steinzimmer der Maximilianischen Residenz bewohnte, und noch einmal ein „Gesamtkunstwerk" wie das zierreiche Künstlerhaus gelang. Als Nachhall der großen höfischen Triomphi steigerten sich die Künstlerfeste des Münchner Faschings zu schlechthin unüberbietbarer Üppigkeit. Es war die Zeit der großen Bals parés der „Geselligen Vereinigung Münchner Künstler", deren Besuch sich für Damen der Gesellschaft nicht schickte. (Freilich gingen sie dennoch hin, so daß die Visiere auch nach Mitternacht nicht herunterkamen.) Wohl das außerordentlichste und größte solcher Faschingsfeste stand unter dem Motto „In Arkadien". Es wurde am 15. Februar 1898 in allen Räumen des Hof- und Residenztheaters gefeiert. Die technische Oberleitung lag in den Händen Karl Lautenschlägers, des Konstrukteurs der Münchner Drehbühne, der ersten der Welt. Lenbach, nun auf dem Gipfel seines Ruhms, stand an der Spitze des Festkomitees. Daß kein Unkostümierter die Prunkräume betreten durfte, versteht sich: Selbst Kronprinz Rupprecht erschien auserlesen prächtig kostümiert, nur dem hochbetagten Prinzregenten wurde die Erleichterung zugestanden, sich in einen orangeroten Dominomantel mit schwarzem Spitzenkragerl hüllen zu dürfen. Schon vierzehn Tage vorher schwirrten die unerhörtesten Gerüchte durch die Stadt, und als es endlich so weit war, zeigten sich selbst die kühnsten Erwartungen übertroffen. Sämtliche Theaterräume, auch die riesigen Bühnen waren einbezogen, die besten Kräfte, das Ballett, die gesamte Münchner Künstlerschaft und die schönsten Frauen aus den Bürgerhäusern waren aufgeboten. Nach rauschender Française und feenhaftem Umzug, ganz dem Thema des Festes und der aufgebauten südlichen Landschaft angepaßt, mit dem von Blumen überschütteten Dionysos auf seinem Thron, schnellte die Stimmung in olympische Höhen: Euphorischer Ausklang der Jahre, da Münchens Künstler entscheidenden Anteil am öffentlichen Leben hatten.

Der festfreudige Hans Makart, als Sohn eines Salzburger Schloßaufsehers aus kleinen Verhältnissen wie Lenbach stammend, gleichfalls Piloty-Schüler, ging in seinen zwölf Münchner Jahren weit über den fein charakterisierenden Gesellschaftsmaler Arthur von Ramberg (1819—1875) hinaus, ihm eignete echt barocker Schwung, und er zauberte einen Farbenreichtum hervor, der stellenweise Delacroix erreicht. Auf der Auer Dult erstand er einmal eine rote Samtquaste; im Verlauf der Tage, da er unablässig mit ihr spielte, reifte in seiner aufgestachelten Vorstellung der Gedanke zu jener großartigen „Papstwahl" heute im Besitz der Bayerischen Staatsgemäldesammlungen. (Seine letzten Lebensjahre verbrachte Makart in Wien, wo er als repräsentativer Maler der Gründerzeit zum Gegenstück Lenbachs wurde. Er starb 1884 mit erst vierundvierzig Jahren).

Auch Franz Defregger, 1835 auf dem Ederbauernhof im Pustertal geboren (1921 in München gestorben), Hüterbub, Roßknecht und Erbhofbauer, kam — von Unrast getrieben — nach München zu Carl von Piloty. „Er war ein vorzüglicher Lehrer", sagt Defregger. „Er erkannte sofort das Talent, und keine Mühe verdroß ihn, dieses zu entfalten und auszubilden; dabei verlangte er nie die Schablone, sondern schätzte und förderte in Jedem das Individuelle." Wir glauben ihm aufs Wort. Könnte es sonst sein (Carl Albert Regnet nimmt solche Freiheit 1871 zum Anlaß einer Kritik

Franz von Lenbach: Hirtenknabe. 1860.

Richard Ebner: Polstertanz in Osternberg

an Pilotys Schule), daß so gänzlich verschiedenartige Künstler aus seinem Atelier hervorgingen? Neben dem schwermütigen Böhmen Gabriel Max (1840—1915) auch dieser Defregger, der gefeierte Erzähler der Tiroler Geschichte, mit den malerischen Höhepunkten „Speckbacher und sein Sohn Anderl" (heute im Ferdinandeum zu Innsbruck) oder „Das letzte Aufgebot" (im Belvedere zu Wien).

Die richtigen Männer zum Modellsitzen zu bekommen war in Tirol keine Kleinigkeit. „Als ich im Jahre 1873 eines Tages in

Bozen spazierenging", erzählt Defregger, „sah ich plötzlich einen Mann, der mir ausgezeichnet für mein geplantes ‚letztes Aufgebot' paßte. Ich bestellte ihn also ins Gasthaus ‚Victoria', wo ich wohnte, und er kommt auch. Aber als er die Morgensterne, Spieße und Sensen in meinem Zimmer sieht, da und dort einen herumliegenden Anzug, den ich zum Malen brauchte, wird er scheu, denkt weiß Gott, was da geschieht, und ehe ich mir's versehe, rennt er die Stiege hinunter, läßt mich rufen und schreien und ist auf und davon."

Im Auftrag der bayerischen Regierung malte Defregger 1881 für die Neue Pinakothek „Den Sturm der Oberländer Bauern auf den roten Turm zu München in der Mordweihnacht 1705". Dichter wie Hamerling, Karl Stieler und Rosegger priesen seine Bilder. Franz von Kobell sang:

„Dir wind ich den Lorbeer, doch nein, der blüht
In fernen, fremden Gefilden,
Von heimischen Blumen soll dir ein Kranz
Die Stirne schmückend umwinden."

Lenbach hatte zusammen mit Seidl und Gedon im Jahre 1873 die „Allotria" gegründet, die tonangebende Künstlergesellschaft in der Barer Straße oder auch, wie Konrad Dreher sagte, „den Münchner Engpaß, den alle Leute mit interessantem Namen passieren mußten". Bald, seit er Vorsitzender wurde, war sie fest in Lenbachs Hand. Seine und seines Freundes Seidl Herkunft (Seidl war Bäckersohn) legten das Scherzwort von der „Bäcker- und Maurerinnung" nahe. Aber schon vorher hatte es Lenbach verstanden, Künstlern, die ihm nicht genehm waren, das Leben schwer zu machen, so dem größten Maler des bayerischen Realismus — Wilhelm Leibl (1844—1900).

In der kurzen Zeitspanne von 1864 bis 1873 gibt es in München — könnte man überspitzt sagen — drei Namen von erstem europäischen Rang: Leibl, Leibl und noch einmal Leibl. Sein Bildnis der jungen Frau Gedon, 1869 auf der ersten „Internationalen Kunstausstellung" im Glaspalast gezeigt, eines der schönsten Frau-

Julius Exter: Der Schlafwagen (Franz von Stuck)

enbildnisse überhaupt, verblüfft den anwesenden Courbet. Er lädt Leibl, den hoffnungsvollen fünfundzwanzigjährigen Künstler, nach Paris ein. Schon 1870 kehrt Leibl nach München zurück und malt hier sein Bildnis der „Lina Kirchdörffer", das alles Gleichzeitige in den Schatten stellt. Bei der Vergabe frei gewordener Akademieposten wird er trotz solcher Leistungen mit Eigensinn und ärgerlichem Geschick übergangen. 1873 verkriecht der geniale Maler sich vor Münchens Intrigen — wie in ein Schneckenhaus — in die Einsamkeit von Graßlfing, Berbling, Aibling und Kutterling, um als Bauer unter Bauern zu hausen und das Leben einfacher Menschen mit sorgfältiger Ehrlichkeit, in großer farbiger Schönheit zu schildern. Der in Köln geborene Enkel eines altbayerischen Försters findet in seine Heimat zurück.

Johannes Sperl (1840—1914), ein geborener Nürnberger, der Leibl in die Einsamkeit folgte, war der stille Maler oberbayerischer Bauerngärten, Wiesen und Dorfstraßen. Tiefe Freundschaft verband die beiden. Auf nicht weniger als neun Bildern hat Leibl die Figuren in Sperls Landschaft gesetzt, so groß war die Gemeinsamkeit ihrer Anschauungen. Zum Ruhm des Kunstvereins muß gesagt werden, daß er vor Sperl und Leibl nicht versagt hat, jener Kunstverein, in dem neben allen erlauchten Fürsten Europas, nach dem Vorbilde seines Vaters Ludwig, auch Prinzregent Luitpold seit 1838 Mitglied war.

Noch andere sind zu nennen, die sich ihre Unabhängigkeit von Lenbachs feierlicher Pose bewahrten. Ein frischer Luftzug ist im Kreis des Akademielehrers Wilhelm Lindenschmit d. J. aus München (1829—1895) zu spüren. Mit der atmenden Unmittelbarkeit von Bildern wie „Die Ernte" oder „Die Musizierenden" (Neue Pinakothek) sollten aber leider bald große Fresken und Leinwandbilder historischen Inhalts aufräumen. Der Schüler Leo Samberger aus Ingolstadt (1861—1949) konnte sich in einem bis zum Graphischen reichenden, scharf kennzeichnenden, zuweilen urmünchnerisch anmutenden Porträtstil von Lenbach entfernen und Neuland abstecken: Ein außerordentlicher Künstler.

Während schon des Salzburgers Fritz Schider (1846—1907)

Hubert von Heyden: Schopfente

impressionistische Freilichtstudie „Am chinesischen Turm“ entsteht, residieren gleichzeitig in München die großen Malerfürsten mit allem Pomp und Prunk vergangener Jahrhunderte. Nicht lang nach Lenbach ließ sich der 1850 in München geborene Friedrich August Kaulbach (gestorben 1920), gleichfalls von Gabriel Seidl, einen ähnlichen Renaissance-Palazzo — an der Kaulbachstraße — errichten. Das noch etwas engbrüstige Haus seines Oheims Wilhelm von Kaulbach (1805—1874), des Schöpfers der Fresken an der Neuen Pinakothek, mußte dabei weichen. Nach Pilotys Tod im Schicksalsjahr 1886 zum Akademiedirektor ernannt, hatte er im Münchner Kunstleben eine entscheidende Schlüsselstellung inne. Friedrich August Kaulbach gibt sein Bestes in zarten Kinderbildnissen. Auch zahlreiche Einladungskarten zu Künstlerfesten hat er, wie das damals üblich war, gemalt. In der „Lenbachiade“, die er für die Künstlergesellschaft „Allotria“ entwarf, überbieten sich die Einfälle: Eine Dame ist im Salon ihres Landhauses von Kaulbach porträtiert worden. Lenbach steht als Kritiker vor der Staffelei und gestikuliert beim Betrachten des Bildes so lebhaft, daß die nächsten Vasen, Schalen und Lampen in Scherben gehen, Stühle hin und her fallen, ohne daß er es merkt. Daneben lauscht Kaulbach der Kritik, und die höfliche Hausfrau lächelt heroisch über die Verwüstung. — Die Ehre, mit dem Prinzregenten von Bayern in den Allgäuer Bergen dem Waidwerk nachzugehen, wurde auch Kaulbach zuteil. Er malte Luitpold in der Ordenstracht des heiligen Hubertus für den Münchner Rathaussaal. Berühmt wurde die blutjunge und liebreizende Münchner Kellnerin Coletta vom Sterneckerbräu als Kaulbachs „Schützenliesl“. Des Malers Hauptkraft erschöpfte sich freilich noch in Genreszenen und Kostümbildern aus der Renaissance.

Weniger der Ruf eines altmeisterlichen Genremalers als eines ausgezeichneten Porträtisten führte auch Albert Schröder (1854—1938) an die Hoftafel des Regenten.

Daneben aber regt sich ungebärdiges Leben. Fritz von Uhde (1848—1911) überträgt die Erkenntnisse des Realismus und Impressionismus auf religiöse Themen in Werken wie „Christus als

Josef Benedikt Engl: Wäscherinnen

Kinderfreund". Bedächtig gewählt und genau genommen sind alle Bewegungen seiner bayerisch weißblauen „Trommlerübung der Einjährigen". Karl Haider, der Altbayer, 1846 im Jagdschlößl von Neuhausen geboren (1912 gestorben), geht in Bildnissen und weiträumigen Landschaften, sich mehr und mehr von Leibl entfernend, seinen einsamen Weg tiefer Schwermut und peinlicher Sachlichkeit. Hugo von Habermann (1849—1929), der Freiherr aus dem alten Dillingen in Bayern, stößt mit seiner „Treppe" in des Lehrers Piloty Atelier zu Cézannes Welt vor; ein Motiv findet sein Augenmerk, das es bislang nicht gab. Von seiner Hand stammen die besten Damenbildnisse der Jahrhundertwende. Die Tradition des Tiermalers Friedrich Johann Voltz setzt Heinrich von Zügel (1850—1941) fort und übertrifft den Vorläufer. Das winzige Männlein — so wird er geschildert — mit Bäcklein rot wie Borsdorfer Äpfel, weißem Spitzbart und lindblauen Augen, keineswegs die schwäbische Zunge verleugnend, pflegte nach Auftrag des einen oder anderen Farbtupfers weit von der Leinwand wegzuspringen und die Wirkung mit zusammengekniffenen Augen zu beobachten, um dann von neuem den Pinsel zu nähern, denn er tupfte und kleckste seine riesigen Tierbilder, seine im Sonnenlicht ziehenden Schafherden auf kühn gelockerte Fernsicht.

Hermann Gröber malt seine an Leibl geschulten, impressionistisch weiterentwickelten bäuerlichen Studien. Der stämmige Chiemgauer mit bärtigem, wettergebräuntem Gesicht machte als Lehrer im 1886 errichteten Neubau an der Akademiestraße seinem Namen alle Ehre, ja, Akademieschüler raunten sich scherzend ins Ohr: „Der ist nicht grob, sondern — gröber!" So riß er einmal die Tür auf, packte eines hoffnungslos untalentierten Schülers Staffelei samt Bild und schleuderte sie im hohen Bogen hinaus, daß sie holterdipolter die Treppe hinunterkrachte. Dann herrschte er — als Höhepunkt solcher „Tempelaustreibung" — den Unglückswurm mit hochrotem Kopf an: „Jetz schaun S', daß S' nachkommen — aber schnell!" Von Gröber, dem Freund Ludwig Thomas, soll der auf allzu krampfige Neuerer gemünzte Ausspruch

< Dominik Quaglio: Viktualienmarkt in München.

Alfred Kubin: Aus der Mappe „Blätter mit dem Tod“

stammen: „Kunst kommt von Können. Wenn sie von Wollen käme, hieße sie Wulst.“

Wilhelm Diez, der Akademienachfolger Schwinds und späte Freund Spitzwegs (1839, Bayreuth — 1907, München), zog eine Schar bedeutender Schüler heran: Einmal Wilhelm Trübner (1851—1917), den Heidelberger (Freund Carl Schuchs — 1846 bis 1903), der den „Aufmarsch der Wache vor der Residenz“ gemalt hat, einen der wesentlichen Impressionisten des deutschsprachigen Raumes. Seine Landschaften von Frauenchiemsee und Seeon zählen (nach Schindler) „zu den frischesten, lichterfülltesten Augenblicksschilderungen alpenländischer Natur“. Und schließlich den Landshuter Max Slevogt (1868—1932), der nach Berlin gehen sollte. Den Altbayern zog es indessen immer wieder nach München: Jagdbegleiter des Prinzregenten, porträtierte er ihn im Galakostüm des Georgiritters, hielt die Impression eines von Farben überfluteten bayerischen Hoffestes mit erregten Strichen fest — und doch versäumte man, ihn an München zu binden. Max Slevogt gehörte zu den Gründern der Münchner Sezession.

Gehen wir einen Schritt zurück und lassen Louise von Kobell das Atelier Friedrich August Kaulbachs beschreiben: „Gegen das Fenster steht auf hohem Sockel die byzantinische Holzstatue eines Bischofs in seinem Ornat und schräg gegenüber eine in Holz geschnittene Maria mit dem Kind. Stammt sie von Veit Stoß oder Riemenschneider? Flott steht in einer Nische ein der italienischen Renaissance angehörender Edelknabe. Unterhalb breitet sich das Fell eines Eisbären aus, auf einem Tische sieht man einige Terrakottafigürchen, welche durch ihre Holbein- und Dürer-Tracht beachtenswert sind, gleich den flandrischen Kostümen in einem Holzrelief, das die Grablegung Christi darstellt. Auf jenem Sokkel ist die antike Büste eines Römers ...“ und so geht es in der Schilderung weiter. Gegen die Unwahrhaftigkeit, die aus solcher kritik- und wahllosen Altertümelei spricht, begehrte die junge Künstlerschaft auf. So kam es, daß 1892 eine Gruppe aus der bislang einträchtigen Künstlergenossenschaft austrat und als Kampfansage gegen Damast und Plüsch, gegen Staub und Grabes-

Alfred Kubin: Der Komet

moder die Münchner Sezession gründete. Auch Fritz von Uhde gehörte zur Sezession, auch Zügel, auch Habermann. Unter ihren Gründern waren Bruno Piglhein (1848—1894), Ludwig Dill (1848—1940) und Lovis Corinth (1858—1925). „Bei diesem Auszug aus der Künstlergenossenschaft", schreibt Fritz Nemitz, „ging es heftig zu. Älteste Freundschaften lösten sich auf, an den Stammtischen warf man sich die Karten an den Kopf und ging auseinander auf Nimmerwiedersehen." Der „Münchner Kunstkrach" war nichts anderes als ein später Protest gegen die zopfigen Verhältnisse an der Akademie, gegen die Entwicklung seit Leibls Fortgang, gegen die Überholten und Überlebten — gegen Lenbach und Kaulbach. (Weniger spektakulär, aber aus gleichem Antrieb war siebzig Jahre früher der Kunstverein gegen Cornelius gegründet worden. Und wie der Münchner Kunstvereinsgründung andere Kunstvereine in den europäischen Städten gefolgt waren, so folgten der Münchner Sezessionsgründung 1897 die Gründung der Wiener und 1898 die der Berliner Sezession.)

Zu den Wortführern der jungen Mannschaft gehörte die Gruppe um Franz Stuck. 1863 in Tettenweis in der niederbayerischen Passauer Gegend als Sohn eines Müllers geboren (1928 gestorben), wurde der erstaunliche Mann schlechthin zum Maler der Prinzregentenzeit. Auch Stuck hat nicht verfehlt, noch vor der Jahrhundertwende durch einen stilvollen Villenansitz in der Nachbarschaft des Friedensengels (schon die Nähe der gleichzeitig entstandenen städtebaulichen Höchstleistung des Prinzregenten ist bezeichnend) sein „Künstlerfürstentum" zu belegen. Was für ein anderes Bekenntnis aber ist dieses nach eigenem Entwurf errichtete Haus, wie klar und flächig, wie sauber ist das Ornament, aufgeräumt ist mit bombastischem Neubarock. Weniger das Werk des idealistischen Malers Hans von Marées (1837—1887), der zehn Jahre in der bayerischen Hauptstadt zugebracht hatte, beeinflußte Stuck, um so mehr Arnold Böcklin (1827—1901), den Max Reger in München besang. Mit dem Bild „Die Wächter des Paradieses" begeisterte Stuck buchstäblich die halbe Stadt, und ein beispielloser Aufstieg begann. Seine symbolistischen oder allegorischen Werke zeigen häufig Akte in Begleitung von ornamentalen Fabelwesen. Vorwürfe wie „Die Sünde" oder „Der Krieg" waren unerhört. Der meisterhafte Bronzeplastiker aber stellte sich eine bezwingend jugendliche Amozone ins Baumgrün vor sein Haus. Dieser Zeitgenosse der in Europa führenden Münchner Jugendstilgeneration war ein Erneuerer auf allen Gebieten und hatte begeisterte junge Seelen auf seiner Seite. Was der vielseitige Mann auch unternahm, war immer von bajuwarischer Daseinsfreude getragen. In seiner sinnlichen Fröhlichkeit und antikischen Feingliedrigkeit ist er oft mit dem gleichaltrigen Münchner Richard Strauss verglichen worden.

Albert Schröder: Kinderbildnis. 1901

Heinrich von Zügel: Schafherde. Voller Impressionismus.

Fritz Schider: Der Chinesische Turm in München

Max Slevogt: Feierstunde

Alfred Kubin: Am Zeichentisch

Wieder flohen die jungen Maler hinaus in die Landschaft, das war bezeichnend für die Sezessionisten. Die seit Schleichs Tagen schon geliebte Vedute von Dachau wurde zu „Neudachau". Adolf Hölzel (1853—1934), der seine Landschaften bis zum frühen Kubismus entwickelte, sei unvergessen.

Auch an einem anderen, weit weniger bekannten Ort ist eine Malerkolonie entstanden, die nun eifrig von den Jungen besucht wurde, in Osternberg, zwischen Braunau und Ranshofen, im Innviertel gelegen, jener uralten bayerischen Kernlandschaft agilolfingischer Hofhaltungen, seit dem Münchner Frieden von 1816 endgültig bei Österreich, aber bayerischer geblieben als das andere Bayern in seiner so wenig europäischen, eher nationalstaatlich-nördlichen Verfremdung. Seit den siebziger Jahren wurde hier sommers, während der Münchner Akademieferien, im altväterischen Gutshof — der dem Kurfürstlich-Kaiserlichen Schiffbaumeister Johann Michael Fink gehört hatte — gewohnt und in der lieblichen Natur gemalt. Karl Johann Becker-Gundahl (1856—1925), neben Stuck ein Haupt der Sezession, wird in den handschriftlich hinterlassenen Erinnerungen des gastgebenden Malers Hugo von Preen (1854—1941) so beschrieben:

„Er ist auf bayerisch-österreichischem Boden groß geworden. Bittere Not war es wie bei so vielen berühmten Meistern, die Becker-Gundahls Jugendjahre begleitet hat. Als Sohn eines armen Lehrers aus der bayerischen Rheinpfalz, der ihn zur Tischlerei zwingen wollte, ging er aus dem Elternhaus fort auf die Wanderschaft als Handwerksbursche, kam nach München und verließ dort sein nur mit Unlust betriebenes Handwerk, um an der Akademie seinem Drange zur Malerei zu folgen. Er gehörte zu den Originalen der Osternberger Künstlerkolonie. Nicht nur unsere Gegend, sondern auch das zu derselben gehörige Volk zog ihn an. Sein bekanntes Bild ‚Austräglerin Ende' trug ihm einen Namen in der Künstlerwelt ein. Es zeigt eine alte Bäuerin auf dürftigem Lager in ärmlicher Stube, an deren einsamem Totenbett nur ein kleiner Hund klagend zum winzigen Fenster hinausheult. Dieses Gemälde wurde von Defregger um einen hohen Betrag gekauft. Später hat es der oberösterreichische Dichter Billinger als Vorwurf zu einem stimmungsvollen Gedicht benützt. Beckers Bekannte erschienen zuerst, Hubert von Heyden (1860—1911), Herterich, Franz Stuck. Pleinair beherrschte die Tätigkeit. Atelier- und Interieurarbeiten waren verpönt. Die hervorragendsten Mitglieder der Sezession waren Osternberger. Stuck redete wenig, schlief gerne, daher auch sein Spitzname ‚Schlafwagen'. Wenn er einmal sprach, dann traf er den Nagel auf den Kopf. Beim Abendtisch mußte einmal jeder erzählen, welchen Beruf er vor der Kunst hatte, da sagte Stuck: ‚I hab d'Sau ghüat.' Beim zweiten Ferienaufenthalt in Osternberg ging ihm, wie er später sagte, der Knopf für die Landschaft auf. Alles Landschaftliche, besonders der berühmt gewordene ‚Forellenweiher', stammt aus dieser Zeit. Wo Tauben sind, fliegen Tauben zu, so ging's auch uns. An erster Stelle nenne ich Defregger, der uns wünschte, daß es uns in Osternberg nicht so ergehen möge wie manchen Orten, die von Malern entdeckt und dann von einem Fremdenheer heimgesucht wurden, so daß die Maler gleich den Heinzelmännlein den Ort wieder verließen. Dann kam auch der bekannte Landschaftsmaler Toni Stadler." (1850—1917).

Preen fährt in seinen Erinnerungen fort: „Einen Sommer ohne Waldfest gab es bei uns nicht. Einmal, als fröhlicher Abschluß, ging es ins Braunauer Theater. Unsere Gesellschaft war etwas durchs Waldfest in Stimmung gebracht und beteiligte sich zur Freude der Zuschauer lebhaft an der Aufführung. Den Schluß des

Paul Klee: Schwabinger Landstraße

Theaters bildeten lebende Bilder, darunter ‚Odysseus belauscht die Nymphen im Bade' und der Tod irgendeines antiken Helden. Da konnte sich Stuck nicht mehr halten und setzte dem bengalisch beleuchteten Helden seinen steifen schwarzen Hut auf. Der Direktor war wütend, die Zuschauer das Gegenteil. Um den Direktor zu besänftigen, spendierte ihm Stuck, nobel wie er immer war, einige Maß Bier und etliche von den langen Sargnägeln, Virginier genannt. Öfters auch ging es in Osternberg im Salettl fröhlich zu. Da kneipten die Maler Samberger und Stockmann. Im Fremdenbuch ist seither eine farbige Zeichnung von Stockmann zu sehen mit den Versen:

‚Drei große Weise standen stumm
Um einen alten Globus rum.
Sie überlegten hin und her,

Wo's schönste Fleckerl Erde wär.
Da brauch ich nicht so lang zu suchen,
Da deut ich einfach gleich drauf hin:
Dös is dös Osternberg, dös liabe,
Bei Braunau drenten, hart am Inn.' "

Hermann Stockmann (1867, Passau—1939) hatte aus dem Jugendstil eine selbständige, volkstümliche Illustrationskunst entwickelt. — Als Nachfahren eines Adolf Oberländer (1845, Regensburg—1923, München), der so gern Maler gewesen wäre, aber unser Herz mit seinen Zeichnungen für die „Fliegenden Blätter" erfrischt, traten im Umkreis von Stuck (einem hervorragenden Zeichner und Mittelpunkt der jungen Werkkunst) neue Namen des Buchschmucks und Plakats (Senefelders Erfindung etwa auf farbkräftigen Beispielen für die Münchner Brauereien anwendend), auch als Mitarbeiter der programmatischen, satirischen Zeitschriften „Jugend" und „Simplicissimus", auf den Plan: Neben vielen anderen Meistern Ignatius Taschner (1874—1913), Franz von Reznicek (1868—1909), Eduard Thöny (1888—1949), Ludwig Hohlwein (1874—1949) und Thomas Theodor Heine (1867—1948), der daneben ein hervorragender Maler war.

Das neue Jahrhundert begann mit einer Spaltung der Sezession, die den Radikaleren bald nicht mehr radikal genug war. Karl Caspar (1879—1956), Marie Caspar-Filser (1878—1968), der Stuck-Schüler Albert Weisgerber (1878—1915 gefallen) traten aus und gründeten die „Neue Sezession", die Sezession der Sezession. An Weisgerbers „Mutter Erde", dieser von Föhnwolken überjagten, träumend ruhenden Frau, deren nackter Leib mit den großflächigen Lichtern, die auf ihm spielen, mit den Felsen und Blättern zu einem weichen Ornament verschmilzt, ist alles neu und doch nichts aufgelöst, ist alles fortgesetzt. In solcher ausgeprägt münchnerischen Kunst wird noch die Wirklichkeit geliebt und gedeutet. A l l e s auf einmal erneuern zu wollen, blieb anderen vorbehalten, denn die Entwicklung war in sturzbachähnliche Bewegung gekommen und der Spaltungen kein Ende mehr.

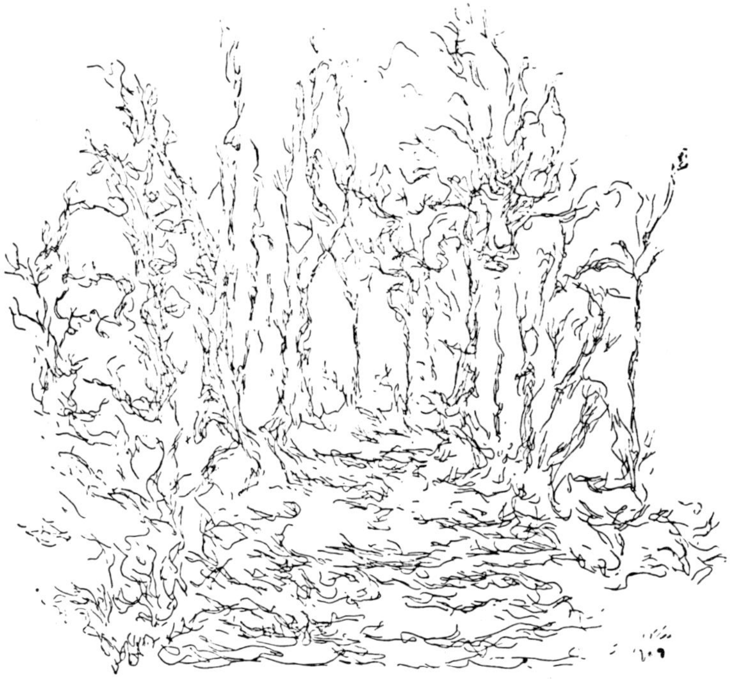

Paul Klee: Verlassener Garten

Die Erfindung der Photographie hatte den Stil der Naturdarstellung in Schwierigkeiten gebracht; breite Bereiche waren der maschinellen Technik zugefallen, die Kunst war „erpreßt“, was Spitzweg schon recht witzig ausgesprochen hatte:

„Übrigens wunderbar bleibt, wie doch die Maler, die alten,
Ohne die Photographie brachten es wirklich so weit.“

Auch als Protest gegen die photographisch dargestellte Natur und gegen die Photographie selbst, nach deren Vorlage Lenbach zuletzt häufig porträtierte, also geschmäcklerisch kolorierte Photographien im Umlauf setzte, sind einmal Stucks allegorische Faune und Furien, die Sezession, dann die „Neue Sezession“, später, seit 1909, die „Neue Künstlervereinigung“ und schließlich gar die Geburt der abstrakten Malerei zu verstehen.

Eine der liebenswürdigsten Gestalten in der Gruppe um Franz Marc, Wassily Kandinsky (1866—1944), Alexej Jawlensky (1864—1941) und Gabriele Münter (1877—1962) war sicher der in Böhmen geborene Alfred Kubin (1877—1959). Am zweiten Tag nach seiner Ankunft in München frühlings 1898 besuchte der Einundzwanzigjährige zum ersten Mal im Leben eine große Galerie — die Alte Pinakothek: „Ich war wie aufgelöst vor Seligkeit und Erstaunen und wagte nur auf den Fußspitzen von einem Saal in den anderen zu gehen. Ich war ganz fassungslos vor einer solchen Ausstrahlung des menschlichen Geistes und blieb, ohne etwas zu essen oder zu ermüden, von morgens neun bis zum abendlichen Schluß um sechs Uhr in diesen Räumen. Endlich mußte ich mich trennen, konnte aber die ganze Nacht nicht schlafen. Einen solch überwältigenden Eindruck habe ich später nie wieder von einer Galerie gehabt."

Im Café „Elite" an der Schellingstraße tagte der Verein „Sturmfackel", in dessen Namen schon ein bedingungsloses Programm anklang. Dort war Kubin mit Weisgerber zusammen in hitzige Diskussionen verwickelt. Wieder und wieder kreisten sie um Stuck, zu dessen Schülern immerhin die Umstürzler Marc, Klee und Kandinsky zählten. Schon 1906 allerdings gab Kubin sein Untermietzimmer in der Theresienstraße auf, bezog in Zwickledt bei Wernstein ein abgelegenes Bauernhaus, wieder im Innviertel (seine Arche in der Sintflut einer heillosen Welt), und war seither nur noch — immer seltener — Gast in München. Der überspitzt empfindsame, oft jäh vom Tode bedrohte Mann, aus dessen frühen, an Max Klinger und James Ensor geschulten Graphikmappen und Aquarellblättern die Dämonen des Böhmerwaldes grauenerregend starren, haftet bajuwarisch-zäh am Gegenstand in seinen gespenstisch-krausen Gänse-, Hühner- und Rabenfederzeichnungen, beschwört ein Dämmerreich der Wassertiere und Vampyre, schaut aus aufgerissenen Augen die Bedrohung und den Zerfall.

Wohl besuchte Kandinsky den erst später zu der 1911 gegründeten Gruppe des „Blauen Reiters" gestoßenen Paul Klee (1879—1940) zwei Häuser weiter in der Ainmillerstraße 32, wohl wohnte

Franz Marc: Skizzenbuchseite

man in Schwabing im Bannkreis der beiden Pinakotheken, aber der Schwerpunkt der Tätigkeit lag draußen auf dem Land, in Wasserburg am Inn, in Bichl und Murnau. Ausgangspunkt war die altbayerische Volkskunst, das Votivbild, das sich mit Kandinskys Ikonen-Erinnerung traf, die Hinterglasmalerei vor allem, Kinderkunst in ihrer unabhängigen Koloristik. Der Wille zum Primitiven, zum Archaischen war eine Antwort auf die geschichtsgesättigte, virtuose Prinzregentenzeit. Rilkes Wort liegt nahe: „Alles Vollendete fällt heim zum Uralten."

Aus reinem Herzen schuf Franz Marc, der Sohn eines Münchner Malers, farbige Legenden; gut kannte er die glühenden Domfenster, suchte die Tiere in einer Wesentlichkeit zu erfassen, die — wie er glaubte — hinter allem Schein liegt. Es wäre nicht mehr zu früh gewesen, an jenem Haus, in dem er lebte und tätig war, Schellingstraße 33, wenigstens zu seinem 50. Todestag eine Tafel anzubringen; am 4. März 1916 ist er — sechsunddreißigjährig — bei Verdun gefallen. So eine Erinnerungstafel wäre vielleicht nicht in seinem Sinn, da er unsere dingliche Welt wenig liebte; aber wir dürfen nicht danach fragen, ist sein Wirken doch längst Geschichte geworden. „Was 1910 gemacht wurde", meint Richard Seewald, der es erlebte, in seinen Erinnerungen, „war 1920 schon vorbei und 1924 längst begraben."

Haben wir überhaupt noch ein Recht darauf, die in allen grausigen Vernichtungsorgien dieses Jahrhunderts weit gründlicher, als es sich die Wortführer des „Blauen Reiters" je träumen ließen, geschändete und zerstörte Wirklichkeit n i c h t zu lieben? Wie reifliche Ironie berührt es, daß auch der „Blaue Reiter" an die Stelle der Geschichte — Geschichte setzte. Wir sollten ihn nicht für das, was nach ihm kam, verantwortlich machen. Sicher gibt es noch gute Malerei, aber: Schwieriger als in den verlogen kostümierenden Tagen der Jahrhundertwende ist es ja seit Kandinsky geworden, schlechte Malerei als solche zu erkennen. Verwundert es, wenn ganze Bildflächen mit derselben Farbe zugestrichen — „eingefärbt" — oder gar „leinwandfarben" belassen werden? Wenn ein Bettuch mit dem Abdruck eines nackten, in Farbe getauchten Mädchens ausgerechnet im Münchner Künstlerhaus feilgeboten wird? Lenbachs Äußerung „Die modernsten Ausstellungen sind vielfach Produktausstellungen geisteskranker Anilinfärber" nötigt uns Schmunzeln ab. Bedenken wir aber dennoch, daß permanente Revolution sich zur Reaktion schlimmster Art auswachsen kann, denn wo alles erlaubt ist, wird die Auflehnung unmöglich, kann nichts anders, nichts mehr neu gemacht werden.

Vielleicht nicht jener Russe, der in München 1910 die abstrakte Malerei erfand, Wassily Kandinsky, sondern Franz Marc, der Münchner, ist eine — vorläufig — letzte Sternstunde der Malerei in München.

Franz von Stuck: Die Sünde.

Ludwig Hohlwein: Plakat für die Parfümerie Tochtermann, München.
Jugendstiltypische Reihung.

Albert Weisgerber: Mutter Erde. „Die Sezession der Sezession“

Franz Marc: Reh im Wald. 1912.
„Eine Wesentlichkeit des Tieres, die hinter allem Scheine liegt."

ANHANG

Abbildungen im Kunstdruckteil

Bei Seite

20 Drusianameister: Auferweckung der Drusiana. Aus der Augustinerkirche in München. Etwa 1390 bis 1400. Temperamalerei mit Goldgrund auf Nadelholz. Glatter Silbergrund, der mit Goldlack lasiert wurde. H. 179,5 cm B. 138,5 cm. Bayerisches Nationalmuseum, München.

20 Meister der Pollinger Tafeln, tätig in München: Geburt Christi. 1444. Ursprünglich Flügelbild des Marienaltares der Klosterkirche Polling. Stiftung Herzog Albrechts III. von Bayern – München. Eine echte bayerische Krippe. Holz. H. 125,5 cm B. 84,5 cm. Bayerische Staatsgemäldesammlungen, Alte Pinakothek, München.

21 Meister der Tegernseer Passionstafeln, tätig in München um 1430 bis 1450: Kreuzigung Christi. Am gemalten Architekturrahmen Prophetenstatuetten. In den Außenfeldern links die Heiligen Koloman und Castorius, rechts die Heiligen Quirinus und Chrysogonus. 1803 aus Kloster Tegernsee gekommen. Nadelholz. H. 186 cm B. 294 cm. Bayerische Staatsgemäldesammlungen, München.

21 Jan Pollak: Der Fischzug Petri. Vom ehemaligen Hochaltar der Peterskirche in München. 1490. Gespreizte Bewegtheit und aufpeitschende Unruhe. Holz. H. 175 cm B. 188 cm. Stadtpfarrkirche Sankt Peter, München.

25 Jan Pollak: Der Tod des heiligen Korbinian. Vom ehemaligen Hochaltar in Weihenstephan. 1484/1485. Mit Ausblick auf die Hügel von Freising und Weihenstephan. Zierschrift am Nimbus des Heiligen: „SANCTUS CORBIANUS ORA PRO ME." Am Pluvialesaum: „SANND! CORBIANUS. PIT. FUR. UNS. ARME." Fichtenholz. H. 147 cm B. 129 cm. Bayerische Staatsgemäldesammlungen, Alte Pinakothek, München. *Farbtafel.*

32 Hans Mielich: Erbprinz Albrecht von Bayern. 1545. Der nachmalige Herzog Albrecht V. Aus der herzoglichen Kunstkammer. So vornehm wie möglich hat Mielich porträtiert, weil das Bild in Wien die Werbung um Anna, eine Tochter Kaiser Ferdinands I., unterstützen sollte. Das Granatapfelmuster des Hintergrund-Gobelins versinnbildlicht Fruchtbarkeit ... Lindenholz. H. 87 cm B. 68 cm. Bayerische Staatsgemäldesammlungen, Alte Pinakothek, München. *Farbtafel.*

36 Hans Mielich: Aus den Miniaturen zu den Bußpsalmen von Orlando di Lasso (Mielich-Codex Bd. 2, Mus. Ms. A 2, S. 187). Gemalt 1560 bis 1571 im Auftrag Herzog Albrechts V. – Darstellung Orlando di Lassos mit der Bayerischen Hofkapelle im Georgisaal der Neuveste. Deckfarben (Tempera) auf Pergament. Zur plastischen Durchzeichnung von Architektur- und Dekorationselementen Höhungen mit Pinselgold, gelegentlich Verwendung von Silber, zum Beispiel an den Girlanden haltenden Genien. Blattgröße H. 59 cm B. 43 cm; Bildrahmung H. 55,5 cm B. 42,5 cm. Bayerische Staatsbibliothek, München.

36 Hans Mielich: Bildnis des Münchener Hofnarren Mertl. 1545. „Drôlerie als Erholung vom Repräsentationsbild." Lindenholz. H. 64,8 cm B. 49 cm. Leihgabe des Historischen Vereins von Oberbayern. Alte Pinakothek, München.

37 Niklas Prugger: Kurfürst Maximilian I., der Große, von Bayern. 1648. „Aliis lucendo consumor" („Anderen leuchtend, zehre ich mich selber auf"). Öl auf Leinwand. H. 205 cm B. 120 cm. Bayerische Staatsgemäldesammlungen, Alte Pinakothek, München.

37 Johann Andreas Wolff: Madonna mit Kind. Legende von der Gründung des Klosters Ettal. Leinwand. H. 165 cm B. 96,5 cm. Bayerische Staatsgemäldesammlungen, Benediktinerabtei Ettal.

40 Pieter de Witte, genannt Peter Candid: Bildnis der Herzogin Magdalena. Tochter Wilhelms V. von Bayern, jüngste Schwester des Kurfürsten Maximilian I., lebte 1587 bis 1628. Nadelholz. H. 97 cm B. 71,5 cm. 1912 aus der Ahnengalerie Schleißheim gekommen. Bayerische Staatsgemäldesammlungen, Alte Pinakothek, München. *Farbtafel.*

48 Joseph Vivien: Kurfürstin Theresia Kunigunda, Tochter des Polenkönigs Johann III. Sobieski, zweite Gemahlin Kurfürst Maximilian Emanuels. Die Herrscher Polens und Bayerns waren 1683 bis 1688 bei der Verteidigung des christlichen Europa vor den Gewalten des Halbmonds Kampfgefährten gewesen. Leinwand. H. 235 cm B. 169 cm. Bayerische Staatsgemäldesammlungen, Residenz, München, *Farbtafel.*

52 Joseph Vivien: Kurfürst Maximilian Emanuel von Bayern. Pastell. H. 128,5 cm B. 101 cm. Bayerische Staatsgemäldesammlungen, Schloß Lustheim.

53 Joseph Georg Edlinger: Graf Sigismund von Haimhausen. Der erste Präsident der Bayerischen Akademie der Wissenschaften und Initiator der Nymphenburger Porzellanmanufaktur (1708 bis 1793). Hauptwerk der Frühzeit. Öl auf Leinwand. H. 68 cm B. 54 cm. Hessisches Landesmuseum, Darmstadt.

60 Bernardo Bellotto, genannt Canaletto: Schloß Nymphenburg, Parkseite. Ausschnitt. Datiert 1761. Unter Kurfürst Maximilian III. Joseph, dem Sohn Kaiser Karls VII., gab es noch Gondelregatten. Öl auf Leinwand. H. 132 cm B. 235 cm. Residenzmuseum, München. *Farbtafel.*

68 Georg Desmarées: Der Künstler mit seiner Tochter Maria Antonia. Von dem bayerischen Hofmaler 1760 für Kurfürst Max III. Joseph gemalt. Der 63jährige Künstler hat sich, vor seiner Staffelei sitzend, beim Malen dargestellt. Öl auf Leinwand. H. 159 cm B. 119 cm. Bayerische Staatsgemäldesammlungen, Alte Pinakothek, München. *Farbtafel.*

76 Joseph Georg Edlinger: Selbstbildnis im dunklen Rock. 1803. Leinwand. H. 64 cm B. 50 cm. Bayerische Staatsgemäldesammlungen, Alte Pinakothek, München.

77 Joseph Georg Edlinger: Maria Anna Barbara Edlinger, die Gattin des Künstlers. 1803. „Mariandl" mit dunkler Haube und Halspelz. Pendant zum Selbstporträt. Leinwand. H. 64 cm B. 50 cm. Bayerische Staatsgemäldesammlungen, Alte Pinakothek, München.

84 Joseph Georg Edlinger: Bildnis Albaneder. Der alltäglichste Mensch, der alte, der arme, wird darstellungswürdig. Leinwand. H. 50 cm B. 62,5 cm. Stadtmuseum, München.

84 Moritz von Kellerhoven: Bildnis des Galerieinspektors Johann Georg von Dillis. Vermutlich 1794. Das Porträt zeigt den genialen Künstler und Museumsmann im Alter von 35 Jahren zur Zeit seiner ersten Italienreise. In feingestimmter Seelenmalerei schildert Kellerhoven einen Mann mit wachem Blick, von altbayerischer Physiognomie, in der sich Aufklärung und priesterliche Güte nicht widersprechen. Öl auf Leinwand. H. 61 cm B. 48,2 cm. Bayerische Staatsgemäldesammlungen, Alte Pinakothek, München.

85 Johann Georg von Dillis: Blick von der Praterinsel zum Gasteig. „Der von Naturanlage weitaus begabteste Münchner Landschafter." Öl auf Pappe. H. 25,5 cm B. 19 cm. Besitz Dr. A. von Miller Erben, Lochham.

85 Johann Georg von Dillis: Blick auf Dietramszell. Dillis war mit dem Schloßherrn von Dietramszell, Forstrat Mathias von Schilcher, befreundet und oft dessen Gast. Öl auf Leinwand. H. 118 cm B. 187 cm. Besitz: Familie von Schilcher, Dietramszell.

88 Johann Georg von Dillis: Das Trivaschlößl. Nahe dem Schwabinger Tor und der Theatinerkirche lag das für den Geheimen Rat von Osterwald erbaute Schlößl, das dann in den Besitz des Hofrates von Triva überging, von dem es seinen Namen hat. Zuletzt war es im Besitz des Freiherrn Karl Albert von Aretin; Dillis gab dessen Sohn Adam von 1788–90 Zeichenunterricht. 1802 wurde das Bauwerk abgebrochen. Am unteren Bildrand ein Weg, auf dem eine Frau geht. Hinter den Bäumen erhebt sich das dreigeschossige Barockhaus. Rechts nimmt man hinter einer Pappel und einer Steinbrücke weitere Häuser wahr. Bezeichnet rechts unten: „G. v. Dillis f. 1797." Öl auf Leinwand. H. 19 cm B. 26 cm. Bayerische Staatsgemäldesammlungen, München.

89 Johann Georg von Dillis: Isarsteg, Partie aus der Vorstadt Au bei München. 1806. Selbst in Paris bleibt der Künstler seiner Heimat treu. Radierung. H. 14 cm B. 19,5 cm. Staatliche Graphische Sammlung, München.

96 Johann Georg von Dillis: Der Tegernsee. Blick auf Sankt Quirin, den Wallberg, den Setzberg und das Tal von Kreuth. Mit diesem Bild erfreute Dillis den greisen König Max zu seinem Namenstag am 12. Okto-

ber 1825, kurz vor dessen Tod. Aus dem Nachlaß von König Max I. Joseph. Öl auf Kupfer. H. 40 cm B. 53 cm. Bayerische Staatsgemäldesammlungen, Neue Pinakothek, München. *Farbtafel.*

100 Johann Georg von Dillis: Partie an der Würm. Das letzte Ölbild des Meisters. Er schreibt selbst: „Gemalt im Jahr 1840: Eine Landschaft an der Würm, wie ein Hirsch und Wildpret durchs Wasser zieht." Leinwand. H. 36,2 cm B. 50 cm. Privatbesitz, Passau.

100 Wilhelm von Kobell: Blick auf Tegernsee vom Weg zur Neureuth. 1833. Höhe der Meisterschaft. Öl auf Holz. H. 38,2 cm B. 32,8 cm. Bayerische Staatsgemäldesammlungen, Neue Pinakothek, München. Leihgabe des Residenzmuseums.

101 Wilhelm von Kobell: Terrasse bei Föhring. Um 1830. Stilistisch mit den Almen- und Reiterbildern dieser Zeit vergleichbar. Das modische Beiwerk, wie Haartracht und Hutmode, ist um 1830 zu datieren. Aquarell auf weißem Papier. H. 19,8 cm B. 26,3 cm. Passepartout-Ausschnitt. Staatliche Graphische Sammlung, München. *Farbtafel.*

108 Wilhelm von Kobell: Reiter und Bäuerin mit Kind vor oberbayerischer Seenlandschaft. 1824. „Nettigkeit des Pinsels und Reinheit des Kolorits" (Goethe). Öl auf Holz. H. 23,3 cm B. 18 cm. Privatbesitz, München. *Farbtafel.*

109 Wilhelm von Kobell: Feldweg. Um 1825. Alfred Lichtwark konnte die schönsten Studien aus Familienbesitz in die von ihm geleitete Hamburger Kunsthalle entführen. Öl über Bleistift auf weißem Papier. H. 21,5 cm B. 30,8 cm. Kunsthalle, Hamburg.

109 Wilhelm von Kobell: Der Gemsenjäger. 1826. Ein Beispiel für Kobells unsentimentale Haltung. Das Thema wird 1828 ähnlich behandelt („Auf der Gaisalm"). Öl auf Leinwand. H. 37 cm B. 29,7 cm. Kunsthalle, Hamburg.

116 Wilhelm von Kobell: Auf der Landstraße. 1822. Eines der späten Begegnungsbilder. Bayerische Staatsgemäldesammlungen, München.

116 Wilhelm von Kobell: Isarlandschaft mit Querpfeife (Schwegl) blasendem Pferdeburschen. 1819. Öl auf Holz. H. 40,5 cm B. 53,5 cm. Bayerische Staatsgemäldesammlungen, Neue Pinakothek, München.

117 Albrecht Adam: Gräfin Bassenheim zu Pferd. Öl auf Leinwand. H. 80 cm B. 70 cm. Bayerische Staatsgemäldesammlungen, Bayerisches Staatsministerium der Finanzen, München.

117 Johann Jakob Dorner der Jüngere: Der Isarturm bei Föhring. Um 1834. Verwandt dem „Brunnenhaus am Gasteig" von Max Joseph Wagenbauer. Hier wie dort wird die damalige Ursprünglichkeit der Landschaft dicht vor den Toren Münchens deutlich. Öl. H. 59 cm B. 84 cm. Sammlung Georg Schäfer, Schweinfurt. (Ehemals Generalmajor Friedrich von Kobell, München.)

120 August von Seinsheim: Maria in der Glorie. Das Bild ist bis 1974 so gut wie vergessen gewesen. In dem von A. Andresen („Die deutschen Maler-Radierer des 19. Jahrhunderts") 1878 veröffentlichten Oeuvreverzeichnis des Münchner Künstlers heißt es: „Großes Altarblatt, 12 bayerische Fuß

hoch: Die Mutter Gottes auf dem Thron mit dem stehenden Jesuskind auf Wolken, von vier Engeln und den vierzehn heiligen Nothelfern umgeben. Eigene Composition: Studien und Carton hierzu in Rom im Jahr 1816 und 1817 gemacht. Das Bild ist in der Dorfkirche zu Grünbach, dem Landgut meines Bruders Carl, welcher am untern rechten Ende des Bildes mit mir, dem Maler, als Donataire betend angebracht ist. Die Einweihung fand am 2. August 1822 statt." Inschrift in der linken unteren Ecke: Aram hanc Deo Optimo Maximo posuit Carolus Comes de Seinsheim: Imaginem, quanivides, pinxit aedique huic donavit Augustus Comes de Seinsheim: Vierque memor Benonis Scharlii, de illustri familia sua Optime meriti MDCCCXXII.
(Friedrich Overbecks Bild „Der Triumph der Religion in den Künsten" das Anklänge zeigt, ist erst zwei Jahrzehnte später, 1840, entstanden.) Daß die Stiftung des Altars mit dem Dank an den Schloßverwalter und Braupionier Benno Scharl verknüpft wird, beweist, daß dessen Verdienste unübertrefflich gewesen sein müssen. (Benno Scharl ist wie der Grünbacher Schloßherr, Graf Karl selbst, auf dem Friedhof von Hecken begraben.) Öl auf Leinwand. Dorfkirche von Grünbach, Bezirk Erding. *Farbtafel.*

128 Max Joseph Wagenbauer: Blick auf den Starnberger See mit Leutstetten, Starnberg und Alpenkette. Vor 1807. Von König Max I. Joseph 1807 gekauft. Öl auf Leinwand. H. 72,3 cm B. 80,5 cm. Bayerische Staatsgemäldesammlungen, Neue Pinakothek, München. *Farbtafel.*

132 Max Joseph Wagenbauer: Ansicht von Haag an der Amper. 1802/1803. Links Schloß, rechts Pfarrkirche Sankt Laurentius. RS: „Prospekt des grafl. Lodronischen Schlosses Haag, Wagenbauer 1803." Aquarell. H. 24 cm B. 34,1 cm. Staatliche Graphische Sammlung, München. *Farbtafel.*

140 Johann Jakob Dorner der Jüngere: Waldlandschaft. 1840. Öl auf Leinwand. H. 79,2 cm B. 98,8 cm. Bayerische Staatsgemäldesammlungen (Depot), München.

141 Joseph von Stieler: Charlotte von Hagn (später verehelichte von Owen). 1828. Die neunzehnjährige Münchner Schauspielerin im Kostüm der Thekla. Dieses Bild nahm Stieler als „Lockspeise" mit nach Weimar, um Goethe für Porträtsitzungen zu gewinnen. Porträt der Schönheitengalerie. Öl auf Leinwand. H. 70 cm B. 58 cm. Bayerische Verwaltung der staatlichen Schlösser, Gärten und Seen. Früher in den Konversationszimmern des Festsaalbaus der Münchner Residenz, seit 1946/47 im Schloß Nymphenburg.

144 Joseph von Stieler: Helene Sedlmayr, nachmals verehelichte Miller. 1831. Die achtzehnjährige, in München bedienstete Trostberger Schustertochter trägt die typische altmünchner Tracht. Öl auf Leinwand. H. 70 cm B. 59 cm. Porträt der Schönheitengalerie. Bayerische Verwaltung der Staatlichen Schlösser, Gärten und Seen. Früher in den Konversationszimmern der Residenz, später Schloß Nymphenburg.

144 Joseph von Stieler: Brautbild der Josephine Stieler. 1834. Der Maler nahm sie 1833 zur zweiten Frau und gab sie seinen fünf verwaisten Kindern zur Mutter. Josephine von Miller wurde 1808 in München geboren.

Sinnend sitzt die Wunderschöne im schimmernden Seidenkleid. Der Brautschleier und ein Kranz frisch gebrochener Rosen schmücken ihr Antlitz. Ihr Blick geht weit in die Ferne, als umfasse er ihr ganzes künftiges Frauenleben. Sie wird die Mutter des Arztes Guido, des Malers Eugen und des Dichters Karl Stieler. Sie wird aus Treue zu Bayern und zur angestammten Religion eine unerschrockene Kämpferin gegen Bismarcks antibayerische und antiösterreichische „Realpolitik". Öl auf Leinwand. H. 113 cm B. 88,5 cm. Privatbesitz, Augsburg. Hängt im Stielerhaus am Tegernsee.

145 Joseph von Stieler: Bildnis Goethes. 1828. „Ja, wie sich der Blume Flor erneuet durch den Samen, den sie ausgestreuet, zieht ein Kunstwerk auch das andre nach." Öl auf Leinwand. H. 78,2 cm B. 64 cm. Bayerische Staatsgemäldesammlungen, Neue Pinakothek, München. *Farbtafel.*

152 Georg Dehn: Marienplatz im Jahre 1892. Bezeichnet: „G. Dehn. Muenchen 1892." In dem mittleren der fünf Häuser über dem Fuhrwerk (die Häuser wurden später zur Erweiterung des Neuen Rathauses abgebrochen) wohnte 1632 Gustav Adolf von Schweden. Rechts am Rand ist der 1874 fertiggestellte erste Teil des Neuen Rathauses an der Dienerstraße zu sehen. Leinwand. H. 51,5 cm B. 64 cm. Stadtmuseum, München. *Farbtafel.*

153 Joseph Anton Koch: Schmadribachfall. 1821/22. „Aus der Natur wird die grobe Materie genommen und wird in ein Kunstwerk umgebildet." Von dieser Schweizer Alpenlandschaft ging der entscheidende Einfluß auf Carl Rottmanns Gebirgsbilder aus. Öl auf Leinwand. H. 132 cm B. 110 cm. Bayerische Staatsgemäldesammlungen, Neue Pinakothek, München.

153 Carl Rottmann: Sparta mit Taygetos. Nach 1835 für König Ludwig I. gemalt. Stein. H. 157 cm B. 208 cm. Bayerische Staatsgemäldesammlungen. Aus dem Griechenlandzyklus der Neuen Pinakothek, München.

156 Gustav Seeberger (1812, Marktredwitz – 1888, München): Blick vom Alten Peter über München gegen Westen. 1843. Am unteren Bildrand die Häuser der Kaufingergasse. (Gustav Seeberger hat den befreundeten Ludwig von Schwanthaler des öfteren in dessen Wohnung an der Lerchen-, späteren Schwanthalerstraße gemalt.) Öl auf Leinwand. H. 55,5 cm B. 50 cm. Münchner Stadtmuseum. *Farbtafel.*

157 Moritz von Schwind: Die Morgenstunde. 1858. Schwinds Töchterlein hat eben seine Schlafstätte verlassen und öffnet das Fenster, durch das ein klarer Morgen über duftblaue Berge hereinlacht. Öl auf Leinwand. H. 34,8 cm B. 41,9 cm. Bayerische Staatsgemäldesammlungen, Schackgalerie, München. *Farbtafel.*

164 Moritz von Schwind: Die Hochzeitsreise. 1862? Vor dem Gasthof eines Gebirgsstädtchens (vermutlich Tölz) steht der mit Blumen geschmückte offene Reisewagen. Die junge Frau sitzt schon darin ... Öl auf Eichenholz. H. 53,6 cm B. 42,2 cm. Bayerische Staatsgemäldesammlungen, Schackgalerie, München. *Farbtafel.*

165 Moritz von Schwind: Die Waldkapelle. Um 1858. „Das Schönste ist das Allernotwendigste auf der Erde." Eichenholz. H. 33,8 cm B. 38,6 cm. Bayerische Staatsgemäldesammlungen, Schackgalerie, München.

165 Carl Spitzweg: Spanisches Ständchen. 1856. Die Nachtbeleuchtung zeigt bühnenhafte Elemente. Die hier zu beobachtenden Tonschwankungen zwischen Grün, Gelb und Blau haben Moritz von Schwind beeinflußt. Öl auf Leinwand. H. 67,8 cm B. 53,4 cm. Hier Ausschnitt. Bayerische Staatsgemäldesammlungen, Schackgalerie, München.

172 Eduard Schleich der Ältere: Ebene in den oberbayerischen Voralpen. Ohne Jahresangabe. Urland: Himmelsbläue wirft der See zurück. Dazwischen lehmbraune Erde und großes Wolkenschauspiel vor dem Gewitter. Eines der schönsten frühen Schleichgemälde. Öl auf Holz. H. 25 cm B. 50 cm. Bayerischer Privatbesitz. *Farbtafel.*

172 Eduard Schleich der Ältere: Das Isarbett bei München. Der Künstler zeigt in seinen großangelegten Fluß- und Seenlandschaften die Farben Oberbayerns und eine reiche Durchbildung der Luftperspektive. Öl auf Leinwand. H. 200 cm B. 236 cm. Bayerische Staatsgemäldesammlungen, München. *Farbtafel.*

173 Carl Spitzweg: Der arme Poet. Bezeichnet unten rechts: Spitzweg München 1839. Das Bild stieß auf Ablehnung im Münchner Kunstverein. Spitzweg hat vermutlich den Dichter Etenhuber, der 1720–82 in München lebte, als Vorbild für den Poeten gewählt. Öl auf Leinwand. H. 36,2 cm B. 44,6 cm. Bayerische Staatsgemäldesammlungen, Neue Pinakothek, München. *Farbtafel.*

176 Carl Spitzweg: Gehöft am Teich. Um 1860. Spitzweg als souveräner Landschafter. In der Gruppierung der Farben dem „Institutsspaziergang" (Bayerische Staatsgemäldesammlungen) verwandt. Bezeichnet unten links: Rhombus. Öl auf Leinwand. H. 14 cm B. 30,3 cm. München, Privatbesitz. *Farbtafel.*

184 Carl Spitzweg: Das Picknick. (Künstlergesellschaft im Grün oder „Déjeuner en herbe".) Um 1864. Ein Höhepunkt in Spitzwegs Werk. Das Wagnis, an zwanzig Personen zu vereinigen, ist gelungen. Unter den dargestellten Künstlern sind außer Spitzweg selbst die Maler Schwind, Schleich, Neureuther, Ludwig Hartmann und Ferdinand Waldmüller. Öl auf Leinwand. H. 26,1 cm B. 48,5 cm. Bayerische Staatsgemäldesammlungen, Neue Pinakothek, München. *Farbtafel.*

188 Carl Spitzweg: Hinter den Kulissen. Um 1855. Immer mehr verlieren sich die Umrisse. Öl auf Leinwand. H. 33,3 cm B. 40,2 cm. Bayerische Staatsgemäldesammlungen, Neue Pinakothek, München.

188 Wilhelm Leibl: Bildnis der Frau Gedon. 1869. Leibls „Schicksalsbild". Es entstand in zahllosen Sitzungen über Monate hin. Leibl ging in seinem Realismus so weit, die Spuren der Schwangerschaft in der Fleckigkeit der Haut und in der Körperhaltung wiederzugeben. Auf der ersten „Internationalen Kunstausstellung" im Münchner Glaspalast verblüffte es den anwesenden französischen Maler Gustave Courbet. Öl auf Leinwand. H. 119,5 cm B. 95,7 cm. Bayerische Staatsgemäldesammlungen, Neue Staatsgalerie, München.

189 Wilhelm Leibl: Bildnis des Malers Charles Schuch. Etwa 1875. Öl auf Leinwand. H. 58 cm B. 49 cm. Bayerische Staatsgemäldesammlungen. Neue Staatsgalerie, München.

189 Johannes Sperl: Frühlingslandschaft. Sperl arbeitete zusammen mit Leibl in Graßlfing, Berbling, Aibling und Kutterling. Auf neun Bildern hat Leibl die Figuren in Sperls Landschaft gesetzt. Holz. H. 36,2 cm. B. 15,5 cm. Bayerische Staatsgemäldesammlungen, München.

196 Franz von Defregger: Die Werbung. „Von heimischen Blumen soll dir ein Kranz Die Stirne schmückend umwinden" (Franz von Kobell). Leinwand. H. 92,5 cm B. 110 cm. Bayerische Staatsgemäldesammlungen, München.

196 Eduard Grützner: Vor der Vesper (Mönch am Eßtisch). „Der Spitzwegische Mönch, der sich heimlich am Glase Wein delektiert, zur Gattungsmalerei ausgebaut." Altmeisterlich anmutende Akribie. Öl auf Leinwand. H. 49 cm B. 41 cm. Bayerischer Privatbesitz.

197 Adolf Eberle: In der Stube. Öl auf Leinwand. H. 64 cm B. 81 cm. Privatbesitz

197 Wilhelm Heinrich Trübner: Bildnis Fräulein von Holzhausen zu Pferd. 1901/1902. Einflüsse von Leibl, Courbet und Hans Thoma sind nachweisbar. (Trübner war Schüler von Wilhelm Diez.) Öl auf Leinwand. H. 154 cm B. 129 cm. Bayerische Staatsgemäldesammlungen, Neue Pinakothek, München.

200 Franz von Lenbach: Hirtenknabe. 1860. Klar und wirklichkeitsgesonnen, von prallem Licht überflutet ... (Verwandt mit den „Hirtenknaben" von 1859 in der Städtischen Galerie, München.) Öl auf Leinwand. H. 104 cm B. 151 cm. Bezeichnet: F. Lenbach 1860. Erworben um 1862. Bayerische Staatsgemäldesammlungen, Schackgalerie, München. *Farbtafel.*

208 Dominik Quaglio: Viktualienmarkt in München. Der Marienplatz war als Schrannenplatz zu klein geworden. König Max I. ließ durch Entschließung vom 12. Mai 1807 den Markt zur Heiliggeistkirche verlegen. Öl auf Leinwand. H. 70 cm B. 90 cm. Münchner Stadtmuseum. *Farbtafel.*

212 Albert Schröder: Kinderbildnis. 1901. Glückstrahlend blickt uns der kleine Bub im bodenlangen Kittel an, genau wie es in einem Gedicht der damaligen „Gartenlaube" heißt: Von allen Schätzen, die sein eigen, trug er das Schönste heut herbei. Der ganzen Welt möcht er es zeigen, wie köstlich sein Besitztum sei. Und kann er auch kein Wörtlein sagen, fühlt er doch wie ein König sich, und seine frohen Augen fragen: „Sagt, wer ist glücklicher als ich?" – Nicht ohne Stolz bekennt der Verfasser, daß der Dargestellte sein Vater ist. Öl auf Leinwand. H. 82 cm B. 62 cm. Privatbesitz, München. *Farbtafel.*

212 Heinrich von Zügel: Schafherde. Voller Impressionismus. Öl auf Leinwand. H. 119 cm B. 192 cm. Bayerische Staatsgemäldesammlungen, München.

213 Fritz Schider: Der Chinesische Turm in München. 1872. Schider, Schüler von Alexander von Wagner und Arthur von Ramberg, war mit der

Tochter von Leibls Schwester verheiratet. Öl auf Leinwand. H. 140 cm B. 111 cm. Städtische Galerie in der Lenbach-Villa, München.

213 Max Slevogt: Feierstunde. Der in Landshut/Niederbayern geborene führende Impressionist des deutschen Sprachraums konnte sich in dem von Lenbach beherrschten Münchner Kunstleben nicht durchsetzen. Leinwand. H. 126 cm B. 155 cm. Bayerische Staatsgemäldesammlungen, Neue Staatsgalerie, München.

220 Franz von Stuck: Die Sünde. 1893. Auf dem Weg vom Münchner Jugendstil zum Blauen Reiter nimmt Franz von Stuck eine unverwechselbare Position ein. Vorwürfe wie „Die Sünde" waren unerhört. Öl auf Leinwand. H. 95 cm B. 60 cm. Bayerische Staatsgemäldesammlungen, Neue Staatsgalerie, München.

220 Ludwig Hohlwein: Plakat für die Parfümerie Tochtermann, München. Jugendstiltypische Reihung: Übersetzung eines figürlichen Motivs ins Ornament. Farblithographie. H. 107 cm B. 83 cm. Plakatsammlung des Stadtmuseums, München.

221 Albert Weisgerber: Mutter Erde. Der nackte Leib einer von Föhnwolken überjagten, träumend ruhenden Frau: „Die Sezession der Sezession." Leinwand. H. 121 cm B. 136 cm. Bayerische Staatsgemäldesammlungen, München.

221 Franz Marc: Reh im Wald. 1912. Eine Wesentlichkeit des Tieres, die hinter allem Schein liegt. Öl. H. 110,5 cm B. 80,5 cm. Städtische Galerie, München.

Foto-Nachweis, Fundstellen, Leihgaben

Farbaufnahmen von Joachim Blauel, München: S. 25, 32, 40, 48, 68, 101, 145, 157, 172, 200

Farbaufnahmen der Bayerischen Landesbank München: S. 128, 132

Farbaufnahmen des Stadtmuseums München: S. 152, 156, 208,

Farbaufnahme: Archiv der Bayerischen Versicherungskammer, München — Robert Braunmüller: S. 60

Farbaufnahme von Ardeo, Erding: S. 120

Farblichtdruck der Gartenlaube, Leipzig, von 1902: S. 212

Farblichtdruck der Kunst- und Verlagsanstalt Franz Hanfstaengl, München: S. 96

Foto Dr. Richard Messerer, München: S. 100

Foto Benno Keysselitz (Katalog „Bayerische Frömmigkeit", Schnell und Steiner, München): S. 21 b

Foto Lambert Müller Verlag, München: S. 116

Foto Bruckmann Verlag KG, München: S. 212 b

Nicht eigens aufgeführte Fotografien stammen von den Besitzern.

Vierfarb-Klischees und Farb-Lithos wurden liebenswürdigerweise zur Verfügung gestellt:

Von der Bayerischen Landesbank, München: S. 128, 132

Vom A. Korsch Verlag, München (der Gemälde „Viktualienmarkt" von Dominik Quaglio und „Marienplatz" von Georg Dehn aus dem Kalender „Alt München"): S. 152, 208

Von der Bayerischen Versicherungskammer, München (Galvano nach einem Vierfarbensatz): S. 60

Vom Bruckmann Verlag, München (Galvanos nach Vierfarbsätzen): S. 164, 173, 176, 184

Von der Ausstellungsleitung Haus der Kunst, München: S. 101, 108

Schwarzweiß-Klischees und Schwarzweiß-Lithos wurden freundlicherweise zur Verfügung gestellt:

Vom Historischen Verein von Oberbayern, München: S. 84, 85, 85, 88, 100, 117, 140, 144. Abdruck mit freundlicher Genehmigung Dr. A. v. Miller Erben, Lochham, und der Familie v. Schilcher, Dietramszell

Von der Ausstellungsleitung Haus der Kunst, München: S. 109, (zwei) 165, 188

Vom Kunstversteigerungshaus Hugo Ruef, München: S. 196

Vom Lambert Müller Verlag, München: S. 100, 116

Strichätzungsklischees wurden liebenswürdigerweise zur Verfügung gestellt:

Von der Ausstellungsleitung Haus der Kunst, München: S. 101, 159

Vom Hornung Verlag, München: S. 207

Vom Historischen Verein von Oberbayern, München: S. 115

Vom Verlag Lambert Müller, München: S. 185, 191, 197, 211, 213, 215, 217, 219

Von der Innviertler Künstlergilde, Braunau, Ried, Schärding: 201, 203, 205

Illustrationen im Text

133 Peter von Cornelius: Walpurgisnacht. Zeichnung. Aus „Künstler über Kunst", Langewiesche-Brandt Verlag.

145 Moritz von Schwind: Lachner-Rolle. Die Allerheiligenhofkirche, das Odeon und die Hofoper, Lachners Münchner Wirkungsstätten. Federzeichnung. Staatliche Graphische Sammlung, München.

147 Wilhelm von Kaulbach: Portraitskizze Wilhelms von Kobell (vermutlich); um 1850. Aus „Wilhelm von Kobell", Katalog, München, 1966. Privatbesitz.

149 Moritz von Schwind: Pfeifenkopf. Radierung. Aus „Mörike-Storm-Briefwechsel", Göschen'sche Verlagshandlung, 1891.

151 Moritz von Schwind: Zeichnung zur „Schönen Lau" von Eduard Mörike. Aus „Mörike-Storm-Briefwechsel", Göschen'sche Verlagshandlung, 1891.

155 Moritz von Schwind: Der gepeinigte Herr Winter; Holzschnitt für die Münchner Bilderbögen. Aus „Biedermeier in München", Südd. Verlag, 1963.

159 Moritz von Schwind: Winter (Reisig tragender Mann); Radierung, um 1844. Aus „Carl Spitzweg und sein Freundeskreis", München, 1968. Staatliche Graphische Sammlung, München.

165 Carl Spitzweg: Landstädtchen (Erding). Bleistiftzeichnung. Aus „Münchner Landschafter im neunzehnten Jahrhundert", Delphin-Verlag. (Mon.)

167 Franz von Pocci: Die Geburt des Kasperls aus dem Ei. Aus „Geschichten und Lieder mit Bildern von Franz Pocci", München, 1913, Holzschnitt, in „Biedermeier in München", Südd. Verlag, 1963.

169 Franz von Pocci: Zeichnung zu Franz von Kobells „Schnaderhüpfln". Münchner Lesebogen.

175 Franz von Pocci: Kasperl Larifari. Holzschnitt. Aus „Für fröhliche Kinder", Callwey Verlag.

177 Eugen Napoleon Neureuther: Zeichnung aus den Schnaderhüpflumrandungen; Ausschnitt. Aus „Das Neureuther-Album", Schmidt-Verlag. (Mon.)

181 Carl Spitzweg: Der Renegat. („Ein Spießbürger, ins Türkische übersetzt.") Holzschnitt für die „Fliegenden Blätter".

185 Unbekannter Künstler: Ausblick aus Spitzwegs Stube am Heumarkt (mit dem „Alten Peter"). Aus „Gehört gelesen", Juni 1962.

191 Eduard Grützner: Der alte Spitzweg an der Staffelei; Kreidezeichnung, bez. 1884. Aus „Gehört gelesen", Dez. 1967.

193 Eugen Napoleon Neureuther: Vignette aus den Umrankungen zu Franz von Kobells Schnaderhüpfln.

195 Karl Haider: Gebirgssee (Schliersee); Feder und Tinte. Staatliche Graphische Sammlung, München. Aus „Münchner Landschafter im neunzehnten Jahrhundert", Delphin-Verlag. (Mon.)

197 Wilhelm Leibl: Am Fenster; Kohlezeichnung. Aus „Gehört gelesen", August 1962.

201 Richard Ebner: Polstertanz in Osternberg; Federzeichnung. Aus dem Osternberger Gästebuch. Mit freundlicher Genehmigung von Frau Prof. Irmgard Schmoll von Eisenwerth, Braunau.

203 Julius Exter: Der Schlafwagen; Karikatur auf Franz Stuck; Federzeichnung. Aus dem Osternberger Gästebuch. Mit freundlicher Genehmigung von Frau Prof. Irmgard Schmoll von Eisenwerth, Braunau.

205 Hubert von Heyden: Schopfente. Bez. 1896; Federzeichnung aus dem Osternberger Gästebuch. Mit freundlicher Genehmigung von Frau Prof. Irmgard Schmoll von Eisenwerth.

207 Josef Benedikt Engl: Wäscherinnen. Zeichnung für den Münchner Simplizissimus. Aus „Der Zeichner Josef Benedikt Engl", Richard Pflaum Verlag, o. J., Privatbesitz. Mit freundlicher Genehmigung von Georg Engl, München.

209 Alfred Kubin: Aus der Mappe „Blätter mit dem Tod". Berlin, 1918. Federzeichnung. Aus „Dämonen und Nachtgesichte", Piper Verlag.

211 Alfred Kubin: Der Komet. Federzeichnung. Aus „Abendrot", Piper Verlag, in „Gehört gelesen", Oktober 1962.

213 Alfred Kubin: Am Zeichentisch. Federzeichnung. Aus „Gehört gelesen", Dezember 1970.

215 Paul Klee: Schwabinger Landstraße. Aus „Klee: Handzeichnungen", Insel Verlag, in „Gehört gelesen", Mai 1962. Privatbesitz, Bern.

217 Paul Klee: Verlassener Garten. Aus „Klee: Handzeichnungen", Insel Verlag, in „Gehört gelesen", August 1962. Privatbesitz, Bern.

219 Franz Marc: Skizzenbuchseite. Bleistift. Aus „Gehört gelesen", Juni 1961. Staatliche Graphische Sammlung, München.

Anmerkungen

zu Seite

14 Krakau muß nach dem neueren Stand der Forschung nicht unbedingt als Geburtsort Meister Jans angesehen werden. Nur seine Herkunft drückt die Bezeichnung „Pollak" oder „Pollack", also „der Polack" aus. Daß er binnen weniger Jahre so großen Einfluß in der eigensinnig abgeschlossenen altbayerischen Stadt erlangen konnte, spricht eher dafür, daß er heimischen Geblüts war und sich nur längere Zeit in Krakau aufgehalten hat.

31 ff. In diesem Kapitel ist neuaufgefundenes, unveröffentlichtes Quellenmaterial verwendet, vor allem über Pruggers Kaiserliche Privilegien und über die Hofnamen des ehemaligen Dorfes Trudering.

48 Es sei der (an zwei Stellen unerheblich gekürzte) Wortlaut des im Haus-, Hof- und Staatsarchiv in Wien verwahrten Privilegs mitgeteilt. Das Dokument gibt zugleich Zeugnis von der Hochschätzung, deren sich Niklas Prugger bei seinen Zeitgenossen erfreute:
„Wir Ferdinand der dritte (Titulus maior) bekennen offentlich mit dießem Brief und thuen kundt allermeniglich, daß uns unser und des Reichs lieber getreuer Niclaus Pruckher Churfürstl. Bayerischer Hof-Mahler zu München, alleruntertheniget zu vernemmen geben, daß, obwohlen Er daß Handwerckh oder Kunst der Mahlerei nit bey ainem Maister sondern an hohen orthen erlehrnet habe, So getraue er ihme doch sein arbeit so wohl als ein ander Mahler welcher es dem Handwerckhsgebrauch nach erlehrnet, zu verrichten inmaßen bißhero das Werckh hoffentlich zu erkennen geben haben werde. Er mieße aber nichtsdestoweniger vernemmen, daß die Mahler seine Lehrjungen nit passieren und für gültig erkennen wollen, als darumb weilen er wie obgedacht daß Handwerckh oder Kunst bey kainem Maister erlehrnet und derowegen kainen Lehrbrief vorzuweisen habe, und uns dahero gehorsamest gebetten, daß Wir Ihme hierüber ein solches Privilegium kraft dessen alle von Ihme gegebene Lehrbrief und außgelehrnete Jungen deren Maisterstuckh und Handwerckhsbräuch enthebt auch für guet und gültig erkennt werden mögen, allergnedigst Zu ertheilen gerueheten. Wann wir nun gnediglich angesehen solch obernanntes Nicolai Pruckhers unterthenigste Bitte, zumahlen aber und in erwegung der von unserer freundlich geliebten Schwester der Churfürstin in Bayern liebden für ihne Pruckher eingelegten beweglichen recommendation, so haben wir demnach mit wohlbedachtem mueth, guetem rath und rechtem wissen mehrbesagtem Nicolao Pruckher diese besondere Kaysl. gnadt getan und Freyheit gegeben, thuen und geben Ihme dieselbe auch auß Röm: Kays: Machtvollkommenheit hiermit wissentlich in kraft dieß Briefs, also und dergestalt, daß alle seine außgelehrnte Jungen, so mit sein Pruckhers Lehrbriefen versehen, der Maisterstuckh und handwerckhsbräuch enthebt und durch daß ganze heyl: Röm: Reich frey und sicher passiert, zur arbeit befördert und für dichtig erkennt und gehalten werden sollen. .... Und gebieten darauf ad longum ins Reich etc. allen und jeden unsers und deß heyl. Reichs unterthanen

und getreuen, insonderheit aber allen und jeden Maistern und Gesellen deß Mahlerhandwerckhs oder Kunst ernst und festiglich mit diesem brief und wollen, daß sie ermeldten Nicolaus Pruckher bey diesem unsern ertheilten Kaysl. privilegio kreftiglich schutzen, schirmen und handthaben, ... und also darwider nit thuet, noch das jemand anderen von Euch zu thun gestattet in keine Weis als lieb einem jeden seye, unsere schwere Ungnad und straf und darzu ein Pöen nemblich 10 Markh lötiges Golds zu vermeiden, die ein jeder so oft er freventlich hierwider tete uns halb in unser und des Reichs Kamer und den andern halben Theil vielbesagtem Niclaus Pruckher oder den Seinigen so hierwider beleidigt wurden unmaßleßlich zu bezahlen verfallen sein solle. Mit Urkund dieß Briefs besiegelt mit Unserm Kayserl. anhangenden Insiegel. Der geben ist Wien, den 7. Feb. 1656."

Der Name der „freundlich geliebten" Schwester des Kaisers, der großen Fürstin und Gönnerin Meister Pruggers, ist eng mit der Geschichte des Gnadenorts Altötting verbunden, den man nicht nur ein bayerisches Nationalheiligtum, sondern auch ein wittelsbachisches und habsburgisches Reichsheiligtum nennen muß. Oft kam sie mit ihrem Gemahl, dem Kurfürsten Maximilian, zum Heiligtum Unserer Lieben Frau, und manch kostbare Weihegabe hat sie der Altöttinger Schatzkammer gewidmet. Als sie im Jahre 1636 dem Kurfürsten einen Sohn schenkte, Ferdinand mit Namen wie ihr Vater und ihr Bruder, trugen die Eltern den Erstgeborenen nach Altötting, um ihn der Gottesmutter zu weihen. Jakob Balde feierte diese Weihehandlung in einem seiner Gedichte. Da heißt es: „Warum denn soll ich, heilige Jungfrau, das Kind dir nicht weihen? ... Vor dir, Mutter, spiele der Knabe, wie *dein* Kind einst spielte. Wenn der Mittag naht, durchhauch ihn ganz mit deiner Anmut süßestem Atem. Und kommt sein Abend, so schenk ihm Stille, reinen Frieden der Seele."

50 Hofkammerpräsident Johann von Mändel ruht in seinem Familiengrab auf dem ehemaligen Friedhof der Münchner Liebfrauenkirche.

58 ff. Auch hier findet unveröffentlichtes Quellenmaterial Verwendung, so über Edlingers Herkunft, über sein Ende und über sein Nachleben in den Erinnerungen seiner Familie.

59 August Karl Maximilian Maria, Graf von Seinsheim, Schöpfer des 1816 in Rom konzipierten und 1820–22 in München ausgeführten Grünbacher Hochaltarblatts mit der Glorie der Gottesmutter und den Vierzehn Nothelfern, war in jungen Jahren häufiger Gast in Edlingers Malerstube an der Herzogspitalgasse. Er wurde am 11. Februar 1789 im Palais seines Vaters, des Reichsgrafen Maximilian Clement von Seinsheim (der ein Gönner der Illuminaten und Förderer Mozarts war), an der Prannergasse geboren. Fahrten nach Sünching und Grünbach zu den elterlichen Landbesitzungen bezeichnete er bis ins Alter als seine schönsten Jugenderinnerungen. Neben dem Studium der Jurisprudenz an der Landshuter Universität, bildete er sich beharrlich in der Kunst, zuerst bei Simon Klotz, Professor der Theorie der Bildenden Künste, später bei Akademiedirektor Johann Peter von Langer und dessen Sohn, Professor Robert

von Langer. Edlinger gab ihm den entscheidenden Anstoß, die Künstlerlaufbahn einzuschlagen, für die er sich endgültig nach abgeschlossenem Staatskonkurs 1812 entschied. Dem Umgang mit der deutschen Malerschule in Rom (voran mit Johann Friedrich Overbeck) verdankt er die Meisterschaft. Zahlreiche schöne Altarblätter in halb Europa, vor allem aber in Bayern (zum Beispiel in der Ottokapelle in Kiefersfelden) stammen von seiner Hand. Als verkannter und vergessener, völlig aus der Mode gekommener „Nazarener" ist der von König Ludwig I. hochgeschätzte Graf am 18. Dezember 1869 in der Arcostraße gestorben. Das Haus trug damals die Nummer 7. Er ruht im Familiengrab des Münchner Zweiges der Familie auf dem Alten Südlichen Friedhof.

74 Ludwig Emil Grimm wurde als jüngerer Bruder der berühmten Märchenbrüder Jakob und Wilhelm Grimm am 14. März 1790 in Hanau, nächst Aschaffenburg, aber schon im Kurhessischen, geboren. Grimms Stärke liegt auf dem Gebiet der romantischen Zeichnung und Illustration. Er wurde in München von dem Kupferstecher Akademieprofessor Karl Ernst Heß gefördert (Heß war 1806 mit der nach München verlegten Düsseldorfer Galerie der Wittelsbacher in die Isarstadt übergesiedelt). Mit dessen Söhnen Heinrich (Fresken in der Allerheiligen-Hofkirche) und Peter („Einzug König Ottos in Nauplia") verband ihn Freundschaft. Seinen schriftlich hinterlassenen Lebenserinnerungen, die in farbigen Schilderungen des damaligen romantischen München unter den Königen Max I. und Ludwig I. gipfeln, ist dieser amüsante Bericht von einem Besuch beim alten Hofmaler Edlinger entnommen. Grimm war dreimal in München: Zum ersten Mal von 1809 bis 1814, fünf Jahre lang als Kunststudent an der Münchner Akademie, dann noch einmal 1816 und zum letzten Mal 1837, jeweils nur wenige Monate. Grimm beschloß sein Leben als Lehrer an der Kasseler Kunstakademie im Jahre 1863.

87 ff. Carl Graf von Seinsheim, den Ringseis in seinem Bericht als Reisebegleiter des Kronprinzen Ludwig erwähnt, war der ältere Bruder des Malers August von Seinsheim.

97 ff. Dieses Kapitel enthält unveröffentlichte Einzelheiten über die Geschichte der Hofmark Emming.

118 ff. Manche hier eingeflochtene Details aus dem Leben der Münchner Hofschauspielerin Charlotte von Hagn sind so gut wie vergessen gewesen. Auch die genaue Fixierung der Entstehungszeit einiger Werke Stielers war erst nach der Auffindung des Stielerschen Oeuvre-Verzeichnisses möglich.

122 Dominik Quaglio ist ein Sohn des Münchner Hoftheaterarchitekten Guiseppe Quaglio, der 1778 mit Kurfürst Karl Theodor von Mannheim nach München gekommen war.

130 Zur Überraschung des Verfassers wurde ihm nach der Veröffentlichung der Erstfassung dieses Buches (im Herbst 1964) Joseph Stielers bislang der Forschung unbekanntes, aus dem Nachlaß des Schauspielers Kurt Stieler – eines Großneffen des Malers – aufgetauchtes, eigenhändiges Werkverzeichnis von den Erben vorgelegt, dem insofern besondere Bedeutung zukommt, als der bescheidene Meister keines seiner Bilder je signiert, ge-

schweige datiert hat. Das Oeuvre-Verzeichnis ist mittlerweile zur Grundlage einer Stieler-Dissertation (Ulrike von Hase) gemacht worden.

135 Joseph Schlotthauer, zu dessen Ehrenrettung hier ein erster Ansatz gemacht ist, würde eine umfassende Würdigung verdienen.

137 Der Historien- und Kirchenmaler Josef Anton Fischer gehörte der romantischen „Künstlergesellschaft zu den drei Schilden" an (mit Schwanthaler, Ohlmüller, Schlotthauer, Pocci, den Brüdern Schraudolph, Brentano und den beiden Görres). Seine unter Overbecks Einfluß stehenden Wandgemälde in der Maria-Hilf-Kirche (Au) sind leider zerstört.

150 Ludwig von Schwanthalers romantische Künstlergesellschaft „Zu den drei Schilden", der auch Franz von Pocci angehörte, wurde 1831 gegründet.

157 Wie sollte es anders sein: Auch Moritz von Schwinds Tanneck, in dessen oberer Schlafkammer die unvergleichliche „Mogenstunde" entstand, ist in den sechziger Jahren unseres Jahrhunderts verschwunden. Ein teures und ortsfremdes Gebäude aus Beton und Glas hat es verdrängt.

162 ff. Mündliche Mitteilungen eines Spitzweg-Zeitgenossen ermöglichten dem Autor einige Korrekturen am herkömmlichen Spitzwegbild. Es handelt sich um die mündlichen Mitteilungen des 1966 in einem Haus an der Riemerstraße – wenige Schritte außerhalb Riems in Richtung München – über neunzigjährig gestorbenen Rentiers Hasenmüller, eines Sohnes von Spitzwegs Hausherrn am ehemaligen Heumarkt, der Spitzweg noch persönlich gekannt hat und bis in seine letzten Lebenstage lebendig erzählen konnte. Er ist, nach eigenen Angaben, einer der Lausbuben gewesen — sein Bruder war dabei —, die manches Spitzwegtäflein — vor dem Eintreffen des Nachlaßverwalters — für 2 Mark an den Mann brachten.
Auch die Tatsache, daß Spitzweg eine hübsche und schöne Zeit in Erding verbracht hat, ist zuletzt nur noch in der alten Herzogstadt selbst bekannt gewesen, so daß sich sogar Spitzwegs feine Handzeichnung des Blicks über die geschwungene Münchner Brücke, hinauf zum unverwechselbar eingehelmten Turm der Stadtpfarrkirche St. Johann Baptist von den Münchner Zünftlern die Bezeichnung „Landstädtchen" statt „Erding" gefallen lassen mußte.

164 Dr. phil. Franz Xavier Pettenkofer war 1811 bis 1814 Oberarzt der Bayerischen Armee (woher sich vielleicht der französisierte Xaverl erklärt) und wurde 1823 zum Hof- und Leibapotheker ernannt. Er war in den Jahren 1826 bis 28, als Spitzweg in der Hofapotheke mit Mörser und Stöpsel hantierte, des künftigen Künstlers Lehrmeister. Franz Xavier Pettenkofer, der 1783 in Pobenhausen geboren wurde und 1850 in München starb, war ein Onkel des berühmteren (1818 geborenen) Max von Pettenkofer, ebenfalls Leibapotheker und bahnbrechend als Begründer der wissenschaftlichen Hygiene.

194 ff. Dieses Kapitel bringt die Erstveröffentlichung einiger Passagen aus den schriftlich hinterlassenen Erinnerungen des Landschafters und Porträtisten Hugo von Preen. Er erzählt von der Osternberger Künstlerkolonie, die denen von Chiemsee und Dachau ebenbürtig, aber so gut wie unbekannt ist.

211 In den Jahren 1891 bis 1899 lebte und schuf der Maler Lovis Corinth in dem Münchner Haus Giselastraße 7.

216 Ludwig Kirchners Aufruf zur Gründung der ersten Vereinigung expressiver Künstler, der „Brücke", erging 1906. Die Gründung des „Blauen Reiters" folgte 1911. Während dessen erster Ausstellung in der Münchner Galerie Thannhauser, die am 18. Dezember 1911 ihre Pforten öffnete, zeigten im großen Oberlichtsaal schon Karl Caspar und seine Frau Maria Filser ihre Werke. Der Kunstkritiker Fritz von Ostini besprach sie in den „Münchner Neuesten Nachrichten" so: „... an älteren Stücken Caspars, wie dem ‚Mädchenakt in Frühlingslandschaft', erkennt man ..., daß die Freiheit, die der Maler im Figürlichen manchmal wagt, nicht etwa dem Mangel an formaler Sicherheit entspringt, sondern nur dem Streben nach Ausdruck." Das Stichwort „Ausdruck" macht deutlich, wie weit sich Karl Caspar im Grund schon von seinem Lehrer Ludwig Herterich, dem Sezessionisten und Mitglied der Osternberger Künstlerkolonie, entfernt hatte. Zwei Jahre später, 1913, war die Konsequenz gezogen, wurde die „Neue Sezession" gegründet; sie zeigte 1914 in der künstlichen Eisbahn an der Galeriestraße (im Volksmund genannt „Schachterleis") ihre erste Bilder- und Plastik-Schau. Unter den ausgestellten Werken waren Plastiken von Scharff, Bleeker und Lehmbruck, Bilder von Seewald, Purrmann, Unold und Kanoldt, Kokoschkas gerade vollendete „Windsbraut" und Karl Caspars finster-leuchtendes Gemälde „Loths Flucht". „Mit Caspar als Zentrum", notiert Klee in seinen ‚Tagebüchern', „wurde die ‚Neue Sezession' gegründet, und Caspar wurde der Zusammenhalter dieser wichtigen Künstlergruppe." Ihr erster Präsident Albert Weisgerber war 1915 in Fromelles in Belgien gefallen. (Nach dem am 13. Mai 1974 im Bayerischen Rundfunk gehaltenen Vortrag „Farbe und Ausdruck" von Remigius Netzer.)

220 Die vorliegende Geschichte der Münchner Malerei schließt mit dem Jahr 1916. Was später kam, gewährt dem Historiker des letzten Jahrhundertdrittels zu geringen Abstand, als daß er eine gerechte Beurteilung wagen und, was noch schwieriger ist, eine gültige Auswahl aus der Fülle des Gebotenen treffen dürfte. Die Erforschung und Darstellung einer Kunstentwicklung, wie sie nach der Zäsur des ersten Weltkriegs einsetzte, sollte einer späteren Generation vorbehalten bleiben.

Register

Kursive Zahlen weisen auf Abbildungen im Text hin

Auswahl weiterer bedeutender Münchner Maler vor 1918

Adam, Benno, ältester Sohn und Schüler des aus Nördlingen stammenden Tiermalers Albrecht Adam; 1812, München—Kelheim, 1892

Adam, Franz, zweiter Sohn Albrecht Adams; Schüler Wilhelm von Kobells: Schlachtenbilder, meisterhafte Pferdebilder; 1815, München — 1886, München

Adam, Eugen, dritter Sohn Albrecht Adams; Schlachtenmaler; 1817, München — 1880, München

× *Adam, Heinrich,* Bruder Albrecht Adams; hervorragende Münchner Veduten und Landschaften; 1787—1862, München

Adam, Julius, vierter Sohn Albrecht Adams; Landschaften mit Tieren; 1826, München — 1874, München

Adam, Julius, II, Sohn des Vorigen; Landschafts- und Tiermaler; 1852, München — 1913, München

Adler, Christian; Porzellanmaler; 1786—1842

Alt, Theodor; seit 1865 in München; Zugehörigkeit zum Leiblkreis; Bildnisse und Veduten; 1846, Hof — 1937, Ansbach

Amort, Kaspar, der Jüngere; um 1640—1684 (siehe Register)

Anschütz, Hermann; Historie, Portrait; 1802, Koblenz — 1880

Arnold, Karl; Maler und Karikaturenzeichner; Illustrator des Münchner „Simplizissimus"; Schüler von Raupp, Ludwig von Löfftz und Franz von Stuck, 1883 bis 1953, München

Aron, Toni, 1859 geboren; Interieurs, Bildnisse, „Wirtin Coletta Buchner"

Bach, Alois, aus Eschlkam; Schüler von Heinrich Heß, beeinflußt von Wagenbauer und Bürkel, befreundet mit Schleich, Langko, Spitzweg; Landschaften, Genres; 1809—1893, München

Baisch, Hermann; oberbayerische Landschaften mit Tieren; 1846, Dresden — 1894, Karlsruhe

Barth, Franz Xaver, Historien-, Kirchen-, Glasmaler; Mitarbeiter Schwinds bei der Ausmalung des Wiener Opernhauses; malte Kartons für Zettlers und Mayers Hofkunstanstalt; 1821, Velden — 1894, München

Baumann, Adolf, Historienmaler, Nazarener (Kreuzigung im Münchner Isartor); 1829, München — München 1865

Baumgartner, Peter; spätromantische Veduten, Szenen, Interieurs; München, 1834 — 1911, München

Baur, Karl Albrecht, aus München, Diez- und Löfftzschüler, beeinflußt von Ludwig Willroider, Landschafter; 1851—1907

Beham, Georg — siehe Pecham

Bergmann, Ignaz, Maler und Lithograph; 1797, Vorstadt Au bei München — München, 1865

Boshart, Wilhelm, aus Aisching am Chiemsee; Schüler von Max Haushofer und Eduard Schleich; Landschafter; 1815—1878

Buchner, Georg, aus Ampfing; Lindenschmit-Schüler; Landschaften, Genres; 1858 bis 1914

Busch, Wilhelm; der Niedersachse lebte von 1854—1866 in München, reifte hier zum Malerpoeten, schuf 1000 Holzschnitte für die „Fliegenden Blätter" von Braun und Schneider, machte den Verlag und sich selbst berühmt mit dem Buch „Max und Moritz"

Buttersack, Bernhard, aus Liebenzell; Meisterschüler von Baisch; Sezessionist; Landschafter; 1858—1925

Corregio, Ludwig, aus München; Landschafter; Schüler seines Vaters, des Stillebenmalers Josef Corregio (1810—1891); 1847—1930

Corregio, Max, aus München, Bruder des Vorigen; 1855—1908

Degler, Johann; zuerst Farbenreiber, dann Schüler des Münchner Hofmalers Andreas Wolff, wurde 1698 Meister in München, vollendete nach dem Tod seines Lehrers (1716) das Hochaltarbild der Dreifaltigkeitskirche. Als Hofmaler schuf er viele Altarblätter für Münchner und andere bayerische Kirchen; 1666, Vilnöss, Tirol — 1729, Tegernsee

Dehn, Georg; Veduten — „Marienplatz im Jahre 1892"; München, 1843 — 1904, München

Demel, Augustin Joseph; bedeutender Dekorationsmaler; zu seinen Hauptwerken zählen die 1778/79 ausgeführten architektonischen Fassadenmalereien am (alten) Münchner Rathaus; 1724, München — 1789, München

Doll, Anton; feingegliederte Landschaften; Aquarelle; 1826, München — 1887, München

Donauer, Georg; dritter Sohn Donauer Johanns, des Älteren, aus München; „fürstlich württembergischer Maler", geboren 1571 oder 1572, Todesjahr unbekannt

Dürr, Wilhelm, der Jüngere; Diez-Schüler; wirkungsvoll komponierte, in einer am Freilicht geschulten Koloristik durchgeführte religiöse Bilder; 1857, Freiburg i. Br. — München, 1900

Eberle, Adolf; volkstümlich-bäuerliche Genres mit feiner Durchbildung der Figuren; 1843, München — 1914, München

Eberle, Robert, Tiermaler; 1815—1860

Ebert Carl, aus Stuttgart; Landschafter; gehörte zur Künstlerkolonie von Polling; schloß sich Schleich und Morgenstern an; 1821—1885

Ebner, Richard, Genres, gehörte der Osternberger Künstlerkolonie an; gestorben in München 1911 (siehe Register)

Echter, Michael; Historienmaler; Spätromantiker; Schüler von Ferdinand Olivier und Heinrich Heß (Kirchen, Festsäle der Münchner Residenz, Maximilianeum, erster Illustrator von Richard Wagners „Ring der Nibelungen"); 1812, München — München, 1879

Eibner, Friedrich; Architekturmaler, Aquarellist; malte im Auftrag König Ludwigs II. („Ritterschlag in der Hofkapelle"); 1825, Hilpoltstein in der Oberpfalz — München, 1877

Elbel, Hermann, Schüler des Hofmalers Georg Desmarées: Portraits „Kaiser Karl VII." und „Kaiserin Amalie" in den Marterzimmern der Münchner Residenz; tätig in München um die Mitte des 18. Jahrhunderts; über die Lebensdaten des Künstlers sind im Staatsarchiv München und Oberbayern keine

Unterlagen vorhanden. Dagegen ist unter VA 4/95 im Jahr 1751 ein Martin Elbel als kaiserlicher Trabant erwähnt. Ob es sich um einen Bruder handelt?

Erbslöh, Adolf; großflächige Landschaften und Akte; 1881, New York — 1947, Irschenhausen

Erler, Fritz; Maler, Graphiker; 1899 Gründungsmitglied der „Scholle"; 1868, Frankenstein — 1940, München

Exter, Julius; zunächst entschlossener Impressionist (Mitglied der Osternberger Künstlerkolonie), malte er später unter dem Einfluß Uhdes und Böcklins religiöse Bilder: „Kreuzigung", „Karfreitag"; 1863, Ludwigshafen a. Rh. — München, 1939

Feldbauer, Max; Maler und Graphiker; führendes Mitglied der Münchner Künstlervereinigung „Scholle"; 1869, Neumarkt/Oberpfalz — München, 1948

Feldhütter, Ferdinand, Landschaftsmaler („Tegernsee", „Schloß Possenhofen"); 1842, München — 1898, München

Fischer, Anton, Kupferstecher („Maria mit Kind"), gestorben um 1760/70 in München

Fischer, Georg; nach Lipowskys „Baierischem Künstlerlexikon", 1810, I, 40 „geboren zu Braunau", ließ sich 1698 zu Landshut nieder und begab sich 1700 nach München

Vischer (Fischer), Georg (oft verwechselt mit dem fälschlich Johann Georg Fischer genannten Johann Fischer aus Augsburg); Maler in München, 1625 Meister, später Hofmaler; Bild: „Christus und die Ehebrecherin", bezeichnet: „Georgius Vischer gemacht 1637", Galerie Schleißheim

Fischer, Joseph; geboren 1761 in München; Schüler von Johann Jakob Dorner, dem Älteren, malte 1810 — nach Lipowsky — „in der Gallerie"; von ihm stammen verschiedene Altarblätter in bayerischen Kirchen

Fleischmann, Friedrich, Graphiker und Maler; 1791, Nürnberg — 1834, München

Fleischmann, Andreas; Kupfer-, Stahl- und Mezzotinstecher, Sohn des obigen, Schüler von Piloty und Löhle; 1811, Nürnberg — 1878, München

Flüggen, Joseph, aus München; Historienmaler, Sohn des Genremalers Gisbert Flüggen; 1842—1906

Foltz, Philipp; Fresken, Illustrationen; 1805—1877, München

Frölicher, Otto; Münchner Landschafter; 1840, Solothurn — München, 1890; 1871 in Barbizon

Gabl, Alois, Schüler Schraudolphs, Rambergs und Pilotys, von Defregger beeinflußt. Malte anfänglich Motive aus Tirol („Hans Piger, die Tiroler zum Kampfe anfeuernd"), später aus Oberbayern („Die Heiligen Drei Könige mit ihrem Stern"). Gehört zu den bedeutendsten Münchner Genremalern; geboren 1845, Wies im Pitztal, gestorben 1893, München

Gail, Wilhelm; Maler und Graphiker, Heß-Schüler; Architekturmalerei („Hebung des Kopfes der Bavaria aus der Gußgrube"); 1804, München — 1890, München

Gascar, Henri; Maler unter Kurfürst Ferdinand Maria; 1634/35—1701

Geer, Maximilian von; Maler in München („Gartenansicht von Schloß Schleißheim"); 1680—1768

Georgi, Walter; Gründungsmitglied der „Scholle“; 1871, Leipzig — 1924, Karlsruhe

Gerhardt, Eduard, Architekturmaler, arbeitete auch für den Grafen Schack; 1813, Erfurt — 1888, München

Gertner (Gärtner), Peter; Maler in Landshut und München, malte 1501 Herzog Georg den Reichen und 1534, als Vorläufer von Hans Mielich, Herzog Wilhelm IV. mit Gemahlin Jakobäa und den Kindern Theodor, Albrecht, Mechtilde

Grünenwald, Jakob; Landschafter aus dem Umkreis von Carl Spitzweg und Eduard Schleich („Starnberger See mit Zugspitzmassiv“); 1822, Bünzwangen — 1896

Gysis, Nikolaus; Historie, Genre; 1842, Tinos (Griechenland) — 1901, München

Hagn, Louis von; großartige Interieurs; München, 1819 — 1898, München

Halberg-Krauss, Fritz; Wenglein-Schüler; später Vertreter der intimen Münchner Landschaftsmalerei; sah das Große im Kleinen, „porträtierte“ das „Land vor den Bergen“, bannte den Zauber verschwindender Idyllen in der Umgebung der landverschlingenden Großstadt; 1874—1951

Hamilton, Franz de, Tier- und Stillebenmaler; Geburtsdatum ungewiß; 1683 bis 1689 bayerischer Hofmaler; gestorben um 1700, vielleicht Augsburg

Hauschild, Wilhelm Ernst, Historienmaler (Linderhof, Herrenchiemsee, Neuschwanstein); 1827, Schlegel — 1887, München

Haushofer, Max; Mitglied der Künstlerkolonie in Frauenchiemsee; Chiemseelandschaften, spätromantische Darstellungen der oberbayerischen Bergwelt; München, 1811 — 1866, Nymphenburg

Hebenstreit; Glasmalerfamilie in München, erwähnt zwischen 1554 und 1630: Hans, Georg, Heinrich, Sigmund und Ferdinand Hebenstreit

Heigel, Franz Napoleon, Sohn des Vorigen, Miniatur- und Aquarellmaler; 1813, Paris — 1880, München

Heigel, Joseph, Porträt- und Miniaturmaler, Radierer; 1780, München — 1837, Paris

Heigl, Martin, Maler in München, Schüler und Gehilfe des Johann Baptist Zimmermann, Hofmaler, Freskant (Wilparting, Burgkirchen a. d. Alz, Tading, Altenerding, Mühldorf, Buch am Buchrain, Langengeisling, Maria Thalheim), geboren in Konstanz, gestorben 1776 in München

Heinlein, Heinrich; ursprünglich Architekturschüler von Gärtner, später Landschafter; 1803, Weilburg — 1885

Hengeler, Adolf; Genre, Karikaturzeichnungen, Illustrationen; 1863—1931, München

Hermann, Karl; malte in den Jahren 1828—1835 24 Bilder nach Wolfram von Eschenbachs „Parzival“ in den Gemächern der Königin in der Münchner Residenz; 1802—1880

Herterich, Ludwig; Diez-Schüler; Mitglied der Osternberger Künstlerkolonie; Figuren-, Porträt- und Monumentalmalerei (Porträt: Johanna von Stegn, 1887; Heiliger Georg, 1891); 1856, Ansbach — München, 1932 (siehe Register)

Hey, Paul; Veduten, Aquarelle; 1867—1952, München

Heydeck (Heideck), Karl Wilhelm, Freiherr v.; Schlachtenbilder („Treffen bei Brienne"); 1788, Saaralben — 1861, München

Heyden, Hubert von; Mitglied der Osternberger Künstlerkolonie; Tier- und Landschaftsmaler, Graphiker; einer der Hauptvertreter des deutschen Impressionismus; 1860, Berlin — München, 1911 (siehe Register)

Hiltensperger, Georg; malte in den Gemächern des Königs der Münchner Residenz; 1806, Haldenwang bei Kempten — 1890, München

Hirt du Frênes, Rudolf; Umkreis Pilotys, später Leibls; Landschaften, Porträts; 1846, Gräfentonna — Miltenberg am Main, 1916

Hoechle, Johann Baptist; malte erfolgreich unter Kurfürst Karl Theodor; 1754 bis 1832

Hoechle, Johann Nepomuk; Sohn des Vorigen, geboren zu München, 1790, siedelte nach Wien über, wo er 1835 starb

Hörmannsdorfer, Ambrosius; Maler, Marmorierer, Stukkator; arbeitete im Münchner alten Residenztheater; gestorben 1781 in München

Hofner, Johann Baptist; Pilotyschüler, Tiermaler in München, Lehrer und Freund Franz von Lenbachs. 1832, Aresing bei Schrobenhausen — 1913, München

Horstig, Eugen; Diez-Schüler; gehörte der Osternberger Künstlerkolonie an; Genrebilder, Landschaften; 1843, Schlesien — München 1901

Jank, Christian; Landschafts-, Architektur- und Dekorationsmaler, Radierer; Schüler Emil Kirchners; von König Ludwig II. zum Hoftheatermaler ernannt, wirkte bahnbrechend auf dem Gebiet der Bühnenmalerei; malte in den Schlössern Linderhof und Neuschwanstein; 1833, München — München, 1888

Jank, Angelo, Sohn des Vorigen; Maler und Illustrator in München; illustrierte in der Münchner Jugend; Plakate, Landschaften mit Staffagen, Jagd-, Reit- und Rennbilder; 1868, München — München, 1940

Jungwierth, Franz Xaver; Zeichner und Kupferstecher; geboren 1720 in München, dort gestorben 1790

Käppler, Johann, Maler in München; Schüler von Johann Donauer, dem Älteren; 1605 Meister der Münchner Malerzunft; malte Brustbilder der Wittelsbacher; zeichnete für die Münchner Wandteppichmanufaktur (siehe Register)

Kaulbach, Hermann; Sohn Wilhelms von Kaulbach; Schüler von Karl Piloty; Historie, Genre, Kinderbilder; München, 1846 — 1909, München

Keller, Albert von; mystisch religiöse Themen, Bildnisse, Gesellschaftsstücke; 1844, Gais, Kanton Appenzell — München, 1920

Kirchner, Albert Emil; Architekturmaler, Landschaftsmaler, Illustrator; 1813, Leipzig — München, 1885

Klotz, Simon, Maler in München; Fresken, Ölgemälde; mythologische und religiöse Themen; Klassizist romantischer Prägung der Münchner Schule; 1776, Mannheim — München, 1824

Kuhn, Max; Münchner Veduten; Aquarelle; 1838—1888

Kuschel, Max; Porträts, Landschaften, religiöse Bilder, antike Mythologien; gehörte der Osternberger Künstlerkolonie an; Sezessionsgalerie Schleißheim: „Heiliger Hain"; 1862, Breslau — München, 1935

Lang, Albert; impressionistische Landschaften; 1847—1923, München

Lange, Julius, aus Darmstadt; Landschafter; 1855 mit Albert Zimmermann als Professor der Landschaftsmalerei in Mailand; 1817—1878

Lichtenheld, Wilhelm; Landschaften, Architekturansichten; 1817, Hamburg — 1891, München

Löffler, August; Landschaftsmaler, Radierer; Rottmannschüler (Ölskizzen aus dem Orient); 1822, München — 1866

Löfftz, Ludwig von; Genre, Bildnis, Landschaft; bedeutend als Lehrer; 1845, Darmstadt — 1910, München

Lossow, Heinrich, Schüler seines Vaters Arnold Hermann Lossow; dekoratives Genre (Aquarell: „Der Keferloher Markt"); 1843, München — Schleißheim, 1897

Lotze, Moritz, Maler und Lithograph; oberbayerische Gebirgslandschaften; 1809, Freibergsdorf — 1890, München

Macke, August; Mitglied der Künstlervereinigung „Blauer Reiter"; schuf in München in wenigen Jahren ein Werk voll Grazie, Schönheit und Farbenpracht; 1887, Meschede — 1914 (gefallen in Frankreich)

Marr, Joseph Heinrich; Genremaler; seit 1825 in München ansässig; malte Szenen aus dem oberbayerischen und tirolerischen Volksleben in der Art Bürkels, aber satirischer („Heimkehr von der Großhesseloher Kirchweih im Gewitterregen", 1844); 1807, Hamburg — 1871, München

Marr, Carl von; Maler in München, geboren in Milwaukee/Wisconsin; Lindenschmit-Schüler; Professor und Direktor der Münchner Akademie der Bildenden Künste, Präsident der Münchner Künstlergenossenschaft, Leiter der Glaspalastausstellungen; 1909 geadelt; malte historische Szenen, Bildnisse, dekorative Akt- und Figurenkompositionen; 1858—1936

Mayr, Johann Ulrich; Bildnis- und Figurenmaler; Radierer der Augsburger Schule; auch in München tätig („Kurfürstin Maria Anna von Bayern", zweite Gemahlin Kurfürst Maximilians I.); gestorben 1704 in Augsburg (siehe Register)

Meggendorfer, Lothar; Genremaler, Illustrator; Schüler von Alexander Wagner und Wilhelm von Diez, Begründer der „Meggendorfer Blätter"; 1847, München — 1925, München

Mignard, Paul; Bildnisse in der Zeit Kurfürst Ferdinand Marias und Kurfürstin Adelheids; 1639—1691

Millner, Carl; Landschafter, Schüler von Julius Lange; seine Bilder, meist Gebirgslandschaften, hängen in der Neuen Pinakothek und in der Schackgalerie, München; 1825, Mindelheim — 1895, München

Monten, Carl Dietrich; Schüler von Peter Heß; Historienmaler; Düsseldorf, 1799 — 1843, München

Moretti, Joseph Pasqualin, genannt Joseph Pasqualin; Miniaturmaler; geboren 1700 als Sohn eines Münchner Hofbeamten in München — gestorben in München, 1758

Müller, Carl Friedrich Moritz, gen. Feuermüller; Genremaler; 1807, Dresden — 1866, München

Müller, Victor; Historien- und Genremaler; 1829—1871, München

Münzer, Adolf; Mitglied des „Scholle"-Kreises; 1870—1952

Muhr, Julius; Genre-, Bildnis- und Landschaftsmaler, 1819, Pleß — 1865, München

Nachtmann, Franz Xaver; Maler und Lithograph; Stilleben, Landschaft, Bildnis; 1799, Bodenmais — 1846, München

Oberhofer, Hans; Gewölbemalereien in der Kaisertreppe der Münchner Residenz; um 1585 geboren; 1605 Meister

Pecham (Beham), Georg; Maler und Radierer; Schüler des Melchior Bocksberger; Hofmaler Herzog Wilhelms V.; 1593 Meister in München, 1604 gestorben in München

Pechmann, Heinrich von; Schüler von Philipp Foltz; Genre, Historie; arbeitete in Linderhof und Neuschwanstein; 1826, Würzburg — 1905, Oberstdorf

Perlberg, Christian Johann Georg; Bildnisse, Interieurs („Der Teppichhändler", 1837); 1806—1884

Petzl, Joseph, aus München; Langer-Schüler; Genre-Maler, Landschafter; 1803 bis 1871

Piloty, Ferdinand, der Ältere; Lithograph; Schüler von Moritz v. Kellerhoven und Christian v. Mannlich; 1786, Hamburg — 1844, München (siehe Register)

Piloty, Ferdinand, der Jüngere; Sohn des Vorigen; Maler und Illustrator; Fresken im neuen Bayerischen Nationalmuseum in München und im Maximilianeum; 1828, München — München, 1895 (siehe Register)

Piloty, Karl von; Bruder des Vorigen; Historienmaler; geschichtliche Bilder in riesigen Ausmaßen(„Seni an der Leiche Wallensteins"), bedeutender Lehrer; 1826, München — Anbach bei München, 1886 (siehe Register)

Pitzberger, Albert; Landschaften und Porträts; 1850—1915, München

Pixis, Theodor; Historien-, Genre- und Bildnismaler, Illustrator, Radierer und Lithograph; Schüler von Philipp Foltz und Wilhelm von Kaulbach; Fresken im alten Bayerischen Nationalmuseum; Kartons mit Szenen aus Wagner-Opern; 1831, Kaiserslautern, bayer. Pfalz — 1907, Pöcking am Starnberger See

Puschkin, Joseph; Münchner Veduten; 1823—1905, München

Putz, Leo; Gründungsmitglied der „Scholle"; 1869, Meran — 1940, Meran

Quaglio, Angelo I, Maler, Kupferstecher, Lithograph; 1778, München — München, 1815

Quaglio, Angelo II, Neffe des Vorigen; Theatermaler; 1829, München — München, 1890

Quaglio, Angelo III, Neffe des Vorigen; Landschafts- und Theatermaler; 1877, München — München, 1917

Quaglio, Franz; Landschaftsmaler; 1844, München — 1920, Wasserburg/Inn

Raupp, Carl; Landschaftsmaler; Gründer und Haupt der Künstlerkolonie auf Frauenwörth („Chiemsee-Raupp"); 1837, Darmstadt — 1918, München

Refinger, Bartholomäus, Maler in München; erwähnt 1563

Refinger, Carl, Maler in München; erwähnt 1579

Rehberg, Friedrich; Maler und Lithograph; früher Pseudoklassizist; 1758—1835

Reinicke, René; Figuren, Genre, Landschaft; 1860—1926

Reiter, Bartholomäus; Maler und Radierer in München; Schüler von Hans Ostendorfer und Andreas Heneberger; gestorben 1622

Rhomberg, Josef Anton; Nazarener („Maria mit dem Jesuskind auf dem Schoß"); 1786, Dornbirn — 1855, München

Rösch, Georg Sigmund; Maler, Zeichner, Kupferstecher; Stiche von Kaiser Karl VII.; Zusammenarbeit mit Cuvilliés; geboren in Augsburg — gestorben in München, 1766

Röth, Philipp; Intimer Münchner Landschafter („Paysage Intime"); 1841, Darmstadt — 1921, München

Ruppert, Otto von; aquarellierte Münchner Veduten („Hotel zum Oberpollinger um 1900"); auch Landschaftsmaler; 1841 geboren

Saiter, Daniel; malte in den Reichen Zimmern der Münchner Residenz; 1649 bis 1705

Sauer Joseph Eduard; Genre-, Bildnis- und Landschaftsmaler; 1868, Buchelsdorf bei Neustadt — Pasing bei München, 1909

Schertl, Josef; Landschaftsmaler (Trostberg, Walchensee); 1810, Augsburg — München, 1869

Schachinger, Gabriel; Freskant, Bildnismaler (König Ludwigs II.); Schüler von Karl von Piloty; 1850, München — Eglfing bei München, 1912

Schaeffler, Matheus; Miniaturmaler („Verehrung eines Marienbildes durch Kurfürst Max Emanuel von Bayern")

Scharner, Michael; Miniaturmaler in München (Ferdinand Maria, Henriette Adelheid, Max Emanuel); tätig um 1666 bis 1676

Schiestl, Mathäus; Schüler von Diez und Löfftz; nur vorübergehend in München; Altarbilder, Legende, Märchen; 1869—1915

Schleich, Eduard, der Jüngere, aus München; Wenglein-Schüler; Landschafter; 1853—1893

Schlitt, Heinrich; Lindenschmit-Schüler; Monumentalmalereien, Fresken, unter anderen im Münchner Ratskeller; Illustrator; kennzeichnend ist seine Staffage von Kobolden und Wurzelmännlein in kleinflächigen Landschaften; Schlitt gehörte der Osternberger Künstlerkolonie an; geboren 1849 in Biebrich (Wiesbaden), gestorben in München

Schlittgen, Hermann; neben René Reinicke, Adolf Hengeler und Lothar Meggendorfer führender Illustrator der „Fliegenden Blätter"; 1859, Roitzsch — 1930, Wasserburg/Inn

Schönfeld, Johann Heinrich; Münchner Maler und Radierer; Audienzdarstellungen im Goldenen Saal der Münchner Residenz; 1609—1682/83

Schönfeld, Heinrich; Theater- und Architekturmaler, Lithograph; 1809—1845

Schöninger, Leo; Porträts; 1811—1879, München

Schöpf, Johann Nepomuk; Maler und Radierer, Sohn und Schüler des in Stadtamhof geborenen Johann Adam Schöpf; erhielt vom Münchner Hof 1761 200 Gulden für eine Studienreise nach Italien, malte u. a. für Nymphenburg; 1765 kurfürstlich-bayerischer Hofmaler; Gemälde in Amberg, Schloß Fürstenried, Regensburg, Stift Reichersberg am Inn (Deckenbilder in der Bibliothek und im Bayerischen Saal); geboren um 1735 Prag, gestorben nach 1785 (München?)

Schöpfer, Abraham; Maler in München; 1533 erwähnt; Schüler und Nachfolger Wolfgang Hubers

Schöpfer, Hans, der Jüngere, Sohn Hans Schöpfers, des Älteren (siehe Register); gestorben 1610

Schöpfer, Wilhelm, Sohn des Vorigen; gestorben 1634

Schöpfer, Anton, Sohn des Vorigen; Wappenmaler; gestorben 1660

Schöpfer, Hieronymus, 1597 erwähnt; Schüler von Hans Werl in München

Scholderer, Otto; Bildnisse, Stilleben, Landschaften; steht in Beziehung zu Hans Thoma und Wilhelm Leibl; Frankfurt/Main, 1834 — 1902, Frankfurt/Main

Schoyerer, Josef; Landschafter; Berching, 1844 — 1923, München

Schraudolph, Johann von; 1808—1879 (siehe Register)

Schraudolph, Claudius von, der Ältere, Bruder des Vorigen; 1813—1891 (siehe Register)

Schraudolph, Claudius von, der Jüngere, Sohn des Vorigen, 1843—1902 (siehe Register)

Sckell, Ludwig; Landschafter; 1842, Obergünzburg — 1905, München

Seeberger, Gustav, aus Marktredwitz; seit 1865 Professor der Perspektive an der Münchner Akademie; Veduten, Landschaften; 1812—1888 (siehe Register)

Seitz, Franz; Schlotthauer-Schüler; Lithographien, Figurinen; 1817—1883, München

Seitz, Rudolf, Sohn des Vorigen; Illustrationen, Innenarchitektur; München, 1842 — 1910, München

Simm, Franz Xaver (aus weitverzweigter Künstlerfamilie); von Makart, Führich und Albert Zimmermann beeinflußte Genres und große geschichtliche Figurenbilder, als Sohn des Malers Joseph Simm geboren 1853 in Wien, gestorben 1918 in München

Sporrer, Philipp; scharf charakterisierte, fast satirisch aufgefaßte bäuerliche und bürgerliche Figuren; 1829, Murnau — 1899, München

Stademann, Adolf; stimmungsvolle Landschaften; München, 1824 — 1895, München

×*Stadler, Toni;* Landschafter (bevorzugte das Erdinger Moos in allen jahreszeitlichen Stimmungen) und Lithograph; 1850, Göllersdorf, Niederösterreich — München, 1917 (siehe Register)

Steffan, Johann Gottfried; Schüler von Heß, Schnorr v. Carolsfeld und Schlotthauer; Landschafter; 1815, Wüdenswill, Zürich — 1905, München

Steinicken, Christian; Veduten, Aquarelle; gestorben 1896

×*Stephan, Joseph;* Landschafter, Tiermaler, Radierer (Ansichten von Markt Schwaben und Dachau sowie vier Ideallandschaften in der Münchner Residenz); um 1709, München — begraben in München am 17. September 1786

Strähuber, Alexander; Schüler von Julius Schnorr v. Carolsfeld; Zeichner, Lithograph, Maler; 1814, München — 1882, München

Strützel, Otto; Landschafter; 1855, Dessau — 1930, München

Stuber, Joseph Anton; bayerischer Hofmaler, Sohn des Kaspar Stuber; älterer Bruder des Nikolaus Gottfried Stuber; 1684, München — 1741

Stuber, Joseph Damian; Hoftheatermaler; Sohn des Vorigen; 1718—1787 (Vertreter der berühmten Malerfamilie aus Weißenhorn in Bayer. Schwaben, deren Hauptzweig seit 1674 in München lebte; siehe Register)

Thoma, Hans; Landschaften, ideale Figurenbilder, ländliches Genre, Bildnisse; 1839, Bernau, Baden — 1924, Karlsruhe

Thiersch, Ludwig; Historien- und Kirchenmaler; Schüler von P. Heß und J. Schnorr; malte 1860—64 in St. Petersburg (Leningrad); 1825, München — 1909

Unterstainer, Johann Baptist; Maler in München, Schüler von Andreas Wolff; historische und mythologische Darstellungen für Kirchen und Klöster

Vogel, Heinrich (Gemälde: Königin Therese und König Ludwig I. im Königsbau der Münchner Residenz); 1818—1904

Voltz, Ludwig (Bruder des Friedrich Johann V.); 1825—1911 (siehe Register)

Wagner, Alexander von; Pilotyschüler; Tierbilder, Historien („Prinzregent Luitpold mit Jagdgesellschaft"); 1848, Budapest — München, 1919

Watterschoot (Waterschoot), Heinrich; Landschaftsbilder mit Tierstaffagen, Jagd- und Schlachtendarstellungen; Lehrer Joseph Stephans; kam 1715 mit dem heimkehrenden Kurfürsten Max Emanuel von Antwerpen nach München; gestorben, laut Totenbuch St. Peter, am 21. 1. 1748

Waxschlunger, Franz Anton; Sohn des Johann Paul W. (siehe Register); 1706 bis 1731

Waxschlunger, Johann Georg; Sohn des Johann Paul W. (siehe Register); Jagdstücke, Jagdstilleben in der Münchner Residenz und in den Bayerischen Staatsgemäldesammlungen; heiratete 1720 in München

Weber, Heinrich; Diez-Schüler; Genre, Porträt; 1843, Esplingerode — 1913

Weber, Paul (Gottlieb Daniel); Landschafts- und Tiermaler; 1846/47 auf Orientreise im Gefolge des Prinzen Luitpold von Bayern. Beeinflußt durch die Schule von Barbizon, vertritt Weber einen dem Impressionismus sich nähernden intimen Naturalismus. Er gehört zu den führenden Vertretern des Paysage intime im deutschen Sprachraum; 1823, Darmstadt — 1910, München

Werl, Hans (Johann David); Kammermaler in München („Maria in der Glorie", Hofkapelle); gestorben 1608 (siehe Register)

Werle, Hans Georg, Schüler von Herterich und Diez, geboren 1866

Werner, Joseph; Maler in München; um 1682

Willroider, Joseph; 1838—1915 (siehe Register)

Willroider, Ludwig, Bruder des Vorigen; 1845—1910 (siehe Register)

Wink (Winck), Johann Amandus, Schüler seines Onkels Christian Wink; dekorative Stilleben; Übergang vom Rokoko zum Klassizismus; 1748, Eichstätt — 1817, München

Wyttenbach, Friedrich Anton; Landschafts- und Tiermaler; 1812—1895 (heiratete in München 1838)

Zick, Januarius; Religiöses, mythologisches Genre; Übergang vom Rokoko zum Klassizismus; München, 1730 — 1797, Ehrenbreitstein

Zimmermann, Albert August; spätromantische Landschaften; Zittau, 1808 — 1888, München

Zimmermann, Reinhard Sebastian; glänzend komponierte historische Interieurs („Franzosen im Schloß Schleißheim“, 1858); 1815, Hagnau am Bodensee – München, 1893

Zimmermann, Ernst Karl Georg, Sohn des Vorigen; Bildnisse; 1852 München – München, 1901

Schrifttum und Quellen

Auswahl

Adam, Albrecht: Aus dem Leben eines Schlachtenmalers, Stuttgart, 1886
Allgemeine Deutsche Biographie (ADB) Band 5, S. 229, Band 29, S. 395, Band 33, S. 449, Band 36, S. 189
Alckens, August: Die Gedenktafeln der Stadt München; München, 1935
Altbayerische Monatsschrift 1903/1904, Karl Trautmann: Ein Altmünchner Künstlerheim: Das Roman-Anton-Boos-Haus von der Hundskugel
Alte Pinakothek, München, Kurzes Verzeichnis der Bilder; amtliche Ausgabe 1958, München, 1957
Andresen, Andreas: Die deutschen Maler-Radierer des 19. Jahrhunderts, 3; 1878
Augsburger Allgemeine Zeitung, 29. 12. 1869, Beilage, Nekrolog A. v. Seinsheim
Augsburger Postzeitung, 22. Dez. 1869, Beilage 61, Nekrolog A. v. Seinsheim
Bayerische Frömmigkeit, Katalog der Ausstellung, München, 1958
Bayerische Frömmigkeit, 1400 Jahre christliches Bayern, Katalog, München, 1960
Bayerland 1926, 43, 501: Großvaters Erinnerungen an Münchner Künstlerbälle/ Wie ich zur Malerei kam
Bayerland 1932, S. 134
Bayerland, 32, 170—74 (1921): Marie Gräfin von Seinsheim: Erinnerungen meines Großvaters Graf August von Seinsheim
Bayerland 1932, S. 465
Bayersdorfer, Adolf: Carl Rottmann; München und Berlin, 1871
Beenker, Hermann: Das 19. Jahrhundert in der deutschen Kunst, S. 410—412; 1944
Bekh, Wolfgang Johannes: Der Stadtmaler Hans Mielich
—*:* Niklas Prugger, der Hofmaler aus Trudering
—*:* Joseph Georg Edlinger
—*:* Johann Georg von Dillis, Bayer und Europäer
—*:* Wilhelm von Kobell, ein Kapitel der Münchner Landschaftsmalerei
—*:* Moritz von Schwind
—*:* Die Grafen von Seinsheim auf Schloß Grünbach
—*:* Abendröte; die Erdenspur des romantischen Malers August von Seinsheim
—*:* Drenten, hart am Inn; die vergessene Osternberger Künstlerkolonie (neun Sendungen des Bayerischen Rundfunks, 1961—1974; Manuskripte)
—*:* Schützenswerte Häuser der Landeshauptstadt München, eine Inventarisation; wissenschaftliche Veröffentlichungen des Heimatpflegers von Oberbayern; München, 1963
Die Grafen von Seinsheim auf Schloß Grunbach, abgedruckt in „Gehört, gelesen", 20. Jahrgang, April 1973; Wilhelm von Kobell, in: Gehört, gelesen, 10. Jahrgang, Februar 1963; Johann Georg von Dillis, in: Gehört, gelesen, 15. Jahrgang, Dezember 1967
Beringer, Joseph August: Badische Malerei im 19. Jahrhundert, Karlsruhe, Leipzig, 1913

Beringer, Joseph August: Badische Malerei von 1770 bis 1920; Karlsruhe, 1922
Bernhart, Joseph: Das Spitzwegbuch; 1934
Boehn, Max von: Carl Spitzweg, Leipzig, 1937
Börger, Hans: Wilhelm von Kobell, Hamburg, 1924
Bötticher, Friedrich v.: Malerwerke des 19. Jahrhunderts, I, 254; 1891
—: Malerwerke des 19. Jahrhunderts, II/2; 1901
Bolz, Clemens: Verzeichnis der in den städtischen Friedhöfen München beerdigten und verdienten Verstorbenen; 1928
Bosl, Karl: Bayerische Geschichte, München, 1971
Braun, Isabella: Franz Graf Pocci, München, 1876
Braungart, Richard: Eduard Grützner; München, 1916
Briefwechsel Schwind-Mörike; herausgegeben von Jakob Bächtold, Stuttgart, Göschen, 1891
Brockhaus, Konversationslexikon von 1853, Band 9
Buchner, Ernst: Katalog: Die Anfänge der Münchner Tafelmalerei; München, 1935
Bühler, Anna Lore: Josephine Stieler, in: Oberbayerisches Archiv 87, München, 1965
Butry, Walter: München von A bis Z, München, 1958
Christoffel, Ulrich: Die romantische Zeichnung von Runge bis Schwind; 1920
Dalberg, Wolfgang Heribert von: Briefe
Dehio-Gall: Handbuch der Kunstdenkmäler in Oberbayern, München, 1960
Deutsche Romantikerzeichnungen (Arthur von Schneider Hg.), München, Prestel Verlag, o. J.
Devrient, Eduard: Geschichte der Deutschen Schauspielkunst, Berlin, 1929
Dürck-Kaulbach, J.: Erinnerungen an Wilhelm von Kaulbach und sein Haus; 1918
Ebner, Herwig: Von den Edlingern in Innerösterreich, Klagenfurt, 1956
Eggert, Klaus: Die Anfänge der Akademie der Bildenden Künste in München; Oberbayerisches Archiv (Hist. Verein von Oberbayern); München, 1962
Elsen, Alois: Carl Spitzweg, Wien, 1948
Feulner, Adolf: Skulptur und Malerei des 18. Jahrhunderts in Deutschland, Handbuch der Kunstwissenschaft, S. 212 f.; 1929
Fuchs, Georg: Deutsche Form, p. 116, München, 1907
Führer durch die Erzabtei St. Ottilien
Führich, Lukas von: Nachruf auf Moritz von Schwind, München, 1871
Geheimes Hausarchiv: Akt „Johann" Georg Edlinger
Geheimes Hausarchiv, München: Briefe von J. G. Dillis
Grazer Tagespost, 1906, Nr. 359, Artikel von H. Brandstetter über Joseph Georg Edlinger
Grimm, Ludwig Emil: Erinnerungen aus meinem Leben, Leipzig, 1911
Haack, Friedrich: Künstlermonographien, 31. Band; 1898
Häuserbuch der Stadt München, Bände I bis III
Hartig, Otto: Zur Biographie des Malers Hans Müelich, München, 1925
Hartig, Michael: Die Peterskirche in München, Schnells Kirchenführer, München

Hauke, Wolfgang: Der Landschaftsmaler Johann Jakob Dorner d. J., Oberbayerisches Archiv 91, München 1969
Hauptstaatsarchiv Bayern: Akt Barbara Edlinger (Pensionsbegehren und Bescheid); Anton Edlinger; Joseph Sebastian Edlinger; Adelsakt Joseph Sebastian von Edlinger; Akt Sigismund von Haimhausen
Haus-, Hof- und Staatsarchiv Wien, Akten der Reichskanzlei, Gewerbe-, Fabriks- und Handelsprivilegien: Fasz. 8, fol. 392—397
Heidelberger Kunstgeschichtliche Abhandlungen, 9. Bd., 1930
Heine, Barbara: Max Joseph Wagenbauer, Oberbayerisches Archiv 95, München, 1972
Hettner, Hermann: Moritz von Schwind, Volksbücher der Kunst: Velhagen und Clasing, Bielefeld und Leipzig, o. J.
—*:* Kleine Schriften; Braunschweig, 1884
Höhn, Heinrich: Münchner Landschaftsmalerei vom Ende des 18. und Anfang des 19. Jahrhunderts; 1909
—*:* Studien zur Entwicklung der Münchner Landschaftsmalerei, Straßburg, 1909
Holdenrieder, Hilde: Trudering, Michaeliburg, Waldtrudering; Selbstverlag, München, um 1945
Holland, Hyazinth: Karl Spitzweg; München, 1916
—*:* (A. Dreyer, Hsg.): Erinnerungen eines 90jährigen Altmünchners, 1919
Hubensteiner, Benno: Der Zeichner Josef Benedikt Engl, München, Pflaum-Verlag, o. J.
—*:* Bayerische Geschichte; 1. Auflage, München, ohne Jahresangabe
Hufnagel, Max Joseph: Berühmte Tote im Südlichen Friedhof zu München, München, 1969
Jahrbücher des Münchner Kunstvereins
Kalkschmidt, Eugen: Carl Spitzweg, München, 1945
Katalog, Kunstausstellung, München, Anfang Juli 1876
Katalog der Ausstellung der Galerie Heinemann: Münchner Maler unter Ludwig I., München, 1921
Katalog der Gedächtnis-Ausstellung zum 200. Geburtstag des Malers Wilhelm von Kobell (Siegfried Wichmann); München, 1966
Katalog: Kunstausstellungen München, 1806—1816
Katalog zur Ausstellung anläßlich des 150. Geburtstages von Carl Spitzweg in der Städtischen Galerie; München, 1958
Kobell, Franz von: Gedichte in oberbayerischer Mundart, München, 1862
Kobell, Louise von: Münchner Portraits, München, 1897
Kreisarchiv Oberbayern, München, Akt: Hofbildhauer Egell, Maler Andreas Seidl, Hofmaler Oefele
Kreisarchiv von Oberbayern und München, Akt GR 126/1 und GR 127 über die Tätigkeit der Illuminaten in Bayern
Kubin, Alfred: Dämonen und Nachtgesichte; München, 1959
Kunstdenkmäler im Königreich Bayern, II, Heft XIII, p. 135, Aufsatz von Frimel
Kunstwerke der Welt, Sendereihe des Bayerischen Rundfunks, Lambert-Müller-Verlag, München, 1964—1967

Landsberger, F.: Die Kunst der Goethezeit, S. 100—102; 1931
Lange, Ludwig: Die griechischen Landschaftsgemälde von Karl Rottmann; 1854
Lebendiges München, München, 1958; darin Eduard Nick: Vom Geist der Musik
Lenk, Leonhard: Goldener Sattel auf dürrer Mähre, in: München, Bayerlandverlag; München, 1958
Lessing, Waldemar: Wilhelm von Kobell, München, 1923
—*:* Johann Georg von Dillis, München, 1951
Lichtwark, Alfred: Auswahl aus den Schriften (Hrsg. W. Mannhard und K. Scheffler), 1917
—*:* Briefe, 2 Bände; 1923
—*:* Briefe an Max Liebermann; 1947
Lieb, Norbert: Münchner Barockbaumeister, München, 1941
—*:* München, Callwey, München, 1952
Lipowsky, Felix Joseph: Bairisches Künstlerlexikon. I. 67. München, 1810.
Maillinger, Joseph: Bilderchronik der Stadt München I und IV
Mannlich, Christian von: Beschreibung der Gemäldesammlungen München und Schleißheim, I, S. 146. II, S. 375, München, 1805
Messerer, Richard: Georg von Dillis, Leben und Werk: Oberbayerisches Archiv des Historischen Vereins von Oberbayern, München, 1961
Monachium, München, 1958, darin: Max Joseph Hufnagel: Berühmte Grabstätten des alten München
Monatshefte für Kunstwissenschaft 1908, p. 851 f., 868 ff., Aufsatz von August Goldschmidt
Müller, Christian: München unter König Maximilian Joseph, Band II, Seite 297, Mainz, 1817
Müller, Karl Alexander von: Der Hofmaler Josef Stieler, Sendung im Bayerischen Rundfunk am 6. August 1958, erschienen in der Buchreihe „Unbekanntes Bayern"
München 1869—1958, Aufbruch zur modernen Kunst, Siegfried Wichmann (Leibl und sein Kreis; Vom Jugendstil zum Blauen Reiter; Gegenwart); Katalog zur Ausstellung im Münchner Haus der Kunst, 21. Juni bis 5. Oktober 1958
Münchner Adreßbuch vom Jahr 1850
Münchner Jahrbücher der bildenden Kunst, I., p. 16—27, Aufsatz von August Goldschmidt über „Johann" Georg Edlinger; 1906
Münchner Jahrbücher der bildenden Kunst, Aufsatz von Otto Weigmann: Die retrospektive Ausstellung im Münchner Glaspalast, 1906; p. 157—158
Münchner Merkur, Jahrgang 1962, ungezeichneter Artikel über Schloß Possenhofen
Meisterwerke der Münchner Pinakotheken, Katalog der Ausstellung, 21. September bis 21. Oktober 1951, Amberg, Oberpfalz
Münchner Propyläen, 1869, darin: Hermann Allmers: Für Rottmanns Arkadenfresken
Münchner Propyläen, Aufsätze über Carl Spitzweg und Eduard Schleich; München, 1869

Nagler Georg Kasper: Neues Allgemeines Künstlerlexikon, Band IV, S. 78/79; München (1835—1852)
—: Allgemeines Künstlerlexikon, 16 (1846)
Nemitz, Fritz: Stadt der Maler, in dem Buch „München“, München, 1958
Neue Deutsche Biographie, Band E, 1959, Aufsatz von Erika Hanfstaengl über Edlinger, Joseph Georg
Noak, Friedrich: Deutschtum in Rom; 1927
Oberbayerisches Archiv (Historischer Verein von Oberbayern), München, 1961; Richard Messerer: Georg von Dillis, Leben und Werk
Oldenbourg, Rudolf: Die Münchner Maler im neunzehnten Jahrhundert, 1. Teil: Die Epoche Max Josephs und Ludwigs I., München, 1922
Paulus, Richard: Bayerische Kunst, 1913, Heft 1 und 2: Der Bildnismaler G. de Marées
—: Vorwort zum Katalog der Ausstellung der Galerie Paulus, München, 1929
Pecht, Friedrich: Geschichte der Münchner Kunst im 19. Jahrhundert, p. 13—15, 1888 (Mehrere Aufsätze dieser lebendig geschriebenen — erlebten — Kunstgeschichte wurden zugrunde gelegt.)
Pöllmann, P. Ansgar OSB: Gottesminne, Jahrgang 1907, 5. Heft, Mai, Münster i. W.: Über Franz von Pocci
Pölnitz, P. Winfried Freiherr von OSB, im Oberbayerischen Archiv von 1936: Münchner Kunst und Münchner Kunstköpfe 1799—1831
Preen, Hugo von: Erinnerungen an die Osternberger Künstlerkolonie (Becker Gundahl, Stockmann, Samberger, Stuck etc.) Manuskript im Besitz von Frau I. Schmoll von Eisenwerth, Braunau am Inn; erster Abdruck in: W. J. Bekh: Maler in München; München, 1964
Rambaldi, Karl Graf von: Die Münchner Straßennamen und ihre Erklärung; München, 1894
Rattelmüller, Paul Ernst: Vor unserer Tür (Der Südliche Friedhof in München); München, bei Carl Hurth, 1957
Reber, Franz von: Die Erwerbung von Raffaels Madonna Tempi durch König Ludwig I. (Jahrbuch der Münchner Geschichte, Bd. 3, S. 222 ff., München 1886)
—: Die Korrespondenz zwischen dem Kronprinzen Ludwig von Bayern und dem Galeriebeamten G. Dillis; Sitzungsberichte der K. B. Akademie der Wissenschaften zu München, Jahrgang 1904; München, 1905
Reclams Kunstführer: Baudenkmäler, Bayern, Stuttgart, 1959
Rèe, Paul Johannes: Peter Candid, Leipzig, 1885
Registratur der Älteren Pinakothek: Briefe Kronprinz und König Ludwigs
Regnet, C. A.: Münchner Künstlerbilder; München, 1871
Renner, P. Frumentius OSB: Aufsatz über St. Ottilien, ungedruckt
Residenz München, Amtlicher Führer (Heinrich Kreisel—Hans Thoma); München, 1937
Rhaetia Herold, Jahr 29, Nr. 250, S. 7—10: Der Münchner Buchhändlerstreit
Riezler, Siegmund: Geschichte Bayerns; 8 Bände, Gotha
Ringseis, Emilie: Die Erinnerungen des Joh. Nep. v. Ringseis, Regensburg und Amberg 1886

Roennefahrt, Günther: Carl Spitzweg, Beschreibendes Werkverzeichnis, München, 1960

Röttger, Bernhard Hermann: Der Maler Hans Mielich, München, 1922

—: Hans Mielich; München, 1925

Schaden, Adolf von (Hrsg.): Artistisches München, 1834; München, 1835

Scherl, Gabriele: Unbekanntes Bayern: Joachim von Sandrart, Sendung im Bayerischen Rundfunk am 20. Mai 1962

X *Schindler, Herbert:* Große Bayerische Kunstgeschichte, 2 Bände, München 1963

Schlittgen, Hermann: Erinnerungen; München, 1926

Schmeller, Johann Andreas: Tagebücher, herausgegeben von Paul Ruf; München, 1954, 1956, 1957

—: Tagebücher, Band I, S. 523, Bd. II, S. 128 (zitiert)

Schmidt, W. in: Allgemeine Deutsche Biographie, V, 648; 1877

Schnabbe, Otto: Der alte Einsiedler; Sendung des Bayerischen Rundfunks am 23. September 1960

Schröder, Justin: Mummenschanz, in: Altmünchner Faschingseinladungen, Sendung im Bayerischen Rundfunk, 1935: Manuskript

Schrott, Ludwig: Biedermeier in München; München, 1963

Schütz, Lieselotte: Hans Mielichs Illustrationen zu den Bußpsalmen des Orlando di Lasso, Diss., München, 1966

Spengler, Karl: Münchner Straßenbummel; München, 1960

—: Es geschah in München; München, 1962

—: Hinter Münchner Haustüren; München, 1964

—: Historien und Histörchen; München, 1967

—: Unterm Münchner Himmel; München, 1971

Speth, Balthasar: Kunstkritiken im „Kritischen Anzeiger", München

—: Die Kunst in Italien, 3 Bände, München, 1819—1823

—: Erinnerungen an Johann Georg von Dillis, München, 1844

Spitzweg, Carl: Reime und Bilder, mit einer Einleitung von Hermann Uhde-Bernays; Umschlagzeichnung von Emil Preetorius, Delphin Verlag, München, o. J.

Spitzweg, Wilhelm: Der unbekannte Spitzweg (Mitteilung bislang unveröffentlichter Briefe); München, 1958

Stadtarchiv, München: Münchner Familienbögen

Stadtarchiv München: Polizeibögen 1780 bis 1819

Stieler, Karl: Ein Winteridyll, 3. Auflage, Stuttgart, 1886

Stieler, Joseph Karl: Autographisches Werkverzeichnis, bei Dr. Bernhard Schmid, Augsburg

Strell, M.: Tourenführer: Der Osten von München, München, um 1905

Thieme, Ulrich und *Becker, Felix:* Allgemeines Lexikon der Bildenden Künstler, Leipzig, 1907—1950

Thieme-Becker: Künstlerlexikon, Band 30, S. 386, Stichwort „Schwind M. v."

—: Allgemeines Lexikon der Bildenden Künstler, 10. Band, Stichwort: Edlinger (Paulus)

—: Allgemeines Lexikon der Bildenden Künstler, Band XXVII, 1933, Aufsatz von W. Zils über Niklas Prugger

Trautmann, Franz: Die Altmünchner Meister, im: Jahrbuch für Münchner Geschichte, München, Lindauer, 1887

—: Meister Niklas Prugger, der Bauernbub von Trudering, München, 1879

Trautmann, Karl: Altbayerische Monatsschrift IX, Heft 1/2: Aus den Erinnerungen der Herzogspitalstraße, p. 7, 8

—: Was die alte Herzogspitalstraße erzählt (Gelbe Hefte, IV, 9), München, 1928

—: Kulturbilder aus Altmünchen, 1. Reihe, p. 142—146, München, 1914

—: Kulturbilder aus Altmünchen, 3. Reihe, München, 1923 „Der Gottesacker bei Sankt Salvator und seine Toten"

—: Kurfürst Maximilian I. von Bayern als Kunstfreund, München, 1915

—: Kulturbilder aus Altmünchen, Band I, München, 1918, S. 81 ff.; II, München, 1919, S. 61; III, München, 1919, S. 48

—: Über die Facadenmalerei in Altmünchen, in: Monatsheft des Historischen Vereins von Oberbayern, 6. Juni 1894

—: Aus den Erinnerungen unserer Theatinerstraße, München, 1930

Tschudi, Hugo von: Katalog der Jahrhundertausstellung, München, 1906

—: Ausstellung deutscher Kunst, XIV, München, 1906

—: Die Kunst unserer Zeit, XVIII, München, 1906

Ücker, Bernhard: Ein König verläßt sein Land; Sendung im Bayerischen Rundfunk, 1963

—: Als Bayern den Deutschen Bund verteidigte; Sendung im Bayerischen Rundfunk, 1963

Uhde-Bernays, Hermann: Münchner Landschafter des 19. Jahrhunderts, München, 1921

—: Carl Spitzweg, München, 1920

—: Die gute alte Zeit; Zeichnungen von Carl Spitzweg; München, Holbein-Verlag, o. J.

Vollmer, Hans (Herausgeber): Allgemeines Lexikon der bildenden Künstler im 20. Jahrhundert; Leipzig, 1953—1962

Westenrieder, Lorenz von: Bayerische Beiträge, München, 1781, III. Jahrgang, I

—: Jahrbuch der Menschheitsgeschichte in Bayern, 1782, I, 169; 1783, II, 174

—: Beschreibung der Haupt- und Residenzstadt München, p. 403, München, 1783

—: Historische Kalender von 1800 bis 1810

Wichmann, Siegfried: Carl Spitzweg und sein Freundeskreis; Katalog der Ausstellung; München, 1968

Ein Wiener Biedermeierbuch (über die Freundschaft Schubert-Schwind) o. J.

Wolf, Georg Jakob: Die Entdeckung der Münchner Landschaft; München, 1921

—: Ein Jahrhundert München, 3. Aufl. Leipzig, 1935

Ziegler, Adolf: Monachium; Manz, München, 1958

Zils, Wilhelm: Geistiges und künstlerisches München in Selbstbiographien, S. 352 (Eugen Stieler); München, 1913

Zimmermann, Max: Hans Mielich und Herzog Albrecht V. von Bayern, Diss., München, 1885

Zimmermann, Reinhard: Erinnerungen eines alten Malers, München, 1884

Dank sei gesagt Dr. Max Joseph Hufnagel im Staatsarchiv München — Oberbayern für die Bereitstellung und Sichtung benötigter Archivalien, Dr. Michael Schattenhofer und Dr. Ludwig Morenz im Münchner Stadtarchiv für die Erlaubnis zur Einsichtnahme in Münchner Familienbögen und für Auskünfte über die Strafjustiz im mittelalterlichen München, akadem. Maler Helmut Hoffmann für die Ermittlung des Sterbedatums von Max Kuschel, Frau Barbara Heller im Matrikelamt, München, für Mithilfe bei der Erforschung der Familienumstände des Malers Joseph Georg Edlinger, August Graf de la Rosée, München, für Mitteilungen aus der Familiengeschichte der la Rosée, Fräulein Agnes von Krempelhuber, München, für Auskünfte über die Beziehung zwischen den Familien v. Kobell und v. Krempelhuber, der Leitung der Buchhandlung Lindauer für Mitteilungen über die Entwicklung der gleichnamigen Buchhandlung in der Kaufingerstraße, H. H. P. Frumentius Renner OSB für Auskünfte über die Geschichte der Erzabtei St. Ottilien beziehungsweise Emming, Dr. Bernhard Schmid, Augsburg, für die Mitteilung unbekannter Details aus dem Leben Joseph Stielers und für die Erlaubnis, Einblick in Stielers Werkverzeichnis zu nehmen, Frau Prof. Irmgard Schmoll von Eisenwerth, Braunau, für die Genehmigung zum Abdruck einiger Zitate aus den handschriftlich hinterlassenen Erinnerungen des Malers Hugo von Preen, dem Matrikelamt Graz für schriftliche Auskünfte über die Vorfahren des Malers Joseph Georg Edlinger sowie dem Münchner Stadtmuseum, der Münchner Städtischen Galerie, den Bayerischen Staatsgemäldesammlungen, der Bayerischen Staatlichen Graphischen Sammlung und dem Bayerischen Nationalmuseum für die Erlaubnis zur Einsichtnahme in ihre Archive. Auch allen ungenannten Helfern, die durch mündliche Mitteilung ihres Wissens und ihrer Erinnerungen zum Entstehen dieses Buches beigetragen haben, sei Dank gesagt.